政协委员履职风采

ZHENGXIE WEIYUAN LVZHI FENGCAI

李东东

李东东　著

中国文史出版社

《政协委员履职风采》丛书
编辑委员会

李东东（2017 年）

2008 年 3 月 13 日，十一届一次会议，新闻出版界的九位女委员在天安门广场留影。从左至右：黄庆，王乃坤，范冰冰，海霞，李瑞英，李东东，陈洪，杨澜，许明。

2009 年 3 月 8 日，十一届二次会议第三次全体会议上，李东东委员作《加大投入，优化政策，发挥新闻出版业在“保增长”中的重要作用》的发言。

2010年3月6日，十一届三次会议，在新闻出版界小组讨论会场，与全国政协最高龄委员沙博理一同观看界别委员新闻摄影通讯录。

2011年3月4日，十一届四次会议，全国政协委员、中央电视台新闻主播李瑞英在政协委员驻地摆起宣传台，呼吁大家关注贫困地区孩子缺乏字典问题。新闻出版界委员李东东、杨澜 、海霞、聂震宁，体育界委员谢军、叶乔波等应邀助阵。

2012年3月12日，十一届五次会议，新闻出版界别留下了本届委员的合影。

2013年3月11日，十二届一次会议第四次全体会议，选举政协第十二届全国委员会主席、副主席、秘书长、常务委员。李东东、赵本山委员监票第18号票箱。

2014年3月7日，十二届二次会议新闻中心举行记者会，卞晋平、刘佳义、赖明、李东东委员就如何充分发挥人民政协作为协商民主重要渠道作用、健全社会主义协商民主制度回答记者提问。

2015年3月10日，十二届三次会议第三次全体会议上，李东东委员作《加快推动传统媒体和新兴媒体融合发展》的大会发言。

2016年3月3日上午，十二届四次会议会前，在人民大会堂东大厅参加两会党员负责同志会议。

2017年3月10日，十二届五次会议第三次全体会议后，文艺、社科、新闻出版界几位委员相遇，高兴地合影留念。

目录
contents

自述：我的“红蓝寄家国”

建言献策　尽责履职

政协第十一届全国委员会

【提案】

【会议发言】

政协第十二届全国委员会

【提案】

【会议发言】

文史资料工作

随感·报道

自述：我的“红蓝寄家国”

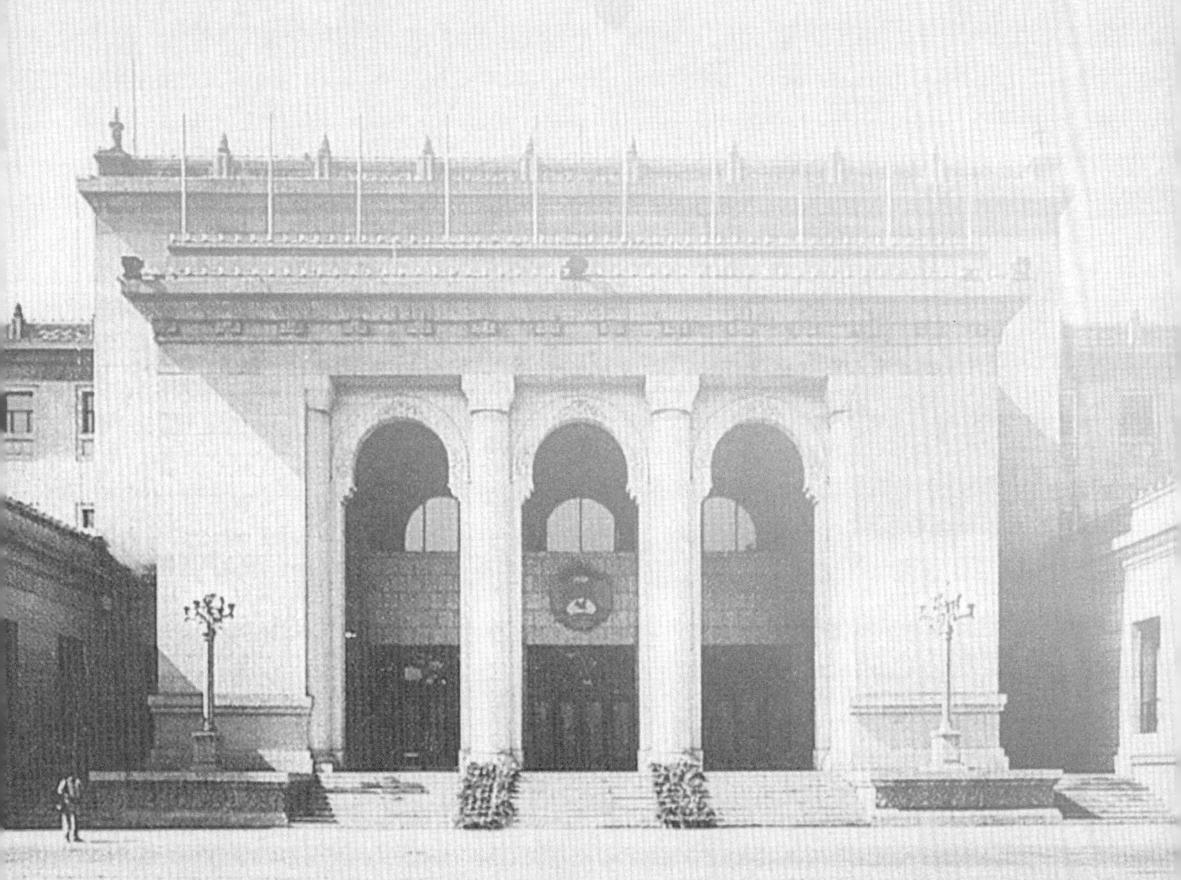

从2008年春到2017年春，作为政协第十一届、十二届全国委员会委员，十年来的每年3月3日下午，我和两千多名全国政协委员一道，迎着春风劲吹的猎猎红旗，精神抖擞地从天安门广场走向人民大会堂，参加一年一度的全委会开幕会议。委员们再度相聚，满面春风，欢声笑语。大会堂的大礼堂穹顶，红星与繁灯交相辉映；国歌奏起，肃穆与激情油然而生。此时，我便不由得在心中默默告慰2006年3月3日下午长行的老父亲：今天女儿虽然不能前往八宝山革命公墓看望父亲，但依照父亲教诲“为国尽忠就是最大的尽孝”，我会把对您老人家的怀念，化作积极参政议政的动力，化作认真建言献策的行动，忠诚履行政协委员的职责。

时间真如白驹过隙，十年弹指一挥，忽忽间似乎到了某种回顾、归纳、总结的时候了。具体到提笔撰写政协委员履职风采的这篇自述，还真让我小有踌躇——述什么？述自己在政协的履职？还是在新闻出版、宣传文化战线的工作？还是大半辈子的文字生涯？文史出版社张春霞编辑告诉我，每位委员的情况各不相同、行文角度大相径庭，不必太过纠结，顺其自然就好。于是，我就顺着政协委员文库归集我的作品时红笔蓝笔寄家国的思路，选择我对父辈的继承、我的新闻文化工作和文字生涯以及履职期间的相关编辑工作这一脉络，择几小题来自述一下。

不忘前辈红蓝笔

当文章从我与政协、我与父亲写起时，就不可避免地先要写到父亲与政协了。而我父亲李庄与政协的关系，不是因为担任政协委员，而是他受组织指派，和他的同事们以党的新闻工作者身份采访报道了中国人民政治协商会议第一次会议，亲身参与了新中国开国的新闻报道工作。这些情况，近十年间不断有报刊或网络媒体采访、约稿，我也不同程度写过了；此文因具总结归纳性质，故仍有所涉及。

父亲是抗战干部。七七事变后，与无数不甘当亡国奴的知识青年一样，离开家庭寻找救国道路，“一声炮响上太行”，参加革命。八年抗战胜利，解放战争后期，“一肩行李下太行”，在河北省平山县西柏坡附近的里庄，参与党中央机关报的恢复创建，成为《人民日报》创始人之一，历任编委、副总编辑、总编辑。1986年退居二线后，笔耕不辍，著书立说直至耄耋之年，2006年辞世。用我母亲的话说，他一辈子只做了一件事——办报，或者说做党的新闻工作。应该说的是，这“一件事”中颇具重大意义的一件事情，就是对新政协召开、对新中国诞生的报道了。

1949年初，中国人民解放军先头部队在1月31日进入北平，开始和傅作义部队交接。随着第一批部队入城的有十几二十位穿着军装的文职人员，他们是党中央机关报的部分领导和工作人员，包括范长江、李庄等同志。他们随大军进城以后，立即分别接管国民党在北方的重要报纸《华北日报》和国民党中央通讯社北平分社，然后又相继接管了国民党的其他宣传机构——这就看出枪杆子和笔杆子在打天下、保江山的过程中同样重要。

1948年5月，中国共产党向全国号召要举行政治协商会议来建立新中国。当时党中央曾经考虑召开全国人民代表大会，来完成建立新中国的任务，但是因为条件不具备，后来决定召开政治协商会议代行人民代表大会职责。中国人民政治协商会议第一次会议实际上兼具了全国人民代表大会和全国政协的职能，代表全国人民的意志，宣告了中华人民共和国的成立，发挥了重要的历史作用。

经过一年多的准备，政协会议于1949年秋在中南海怀仁堂召开。怀仁堂原为清廷西苑里的仪銮殿，推翻帝制、重建之后改名怀仁堂。1949年的北平，饱经战乱，百业凋敝，找不到一个能容纳千八百人开会的会场，怀仁堂连同宫殿四周廊下，成为当年设备最好的会场。在这样比较局促的情况下，不可能给新闻记者多少名额，特别是在主席台区。各民主党派出于对中共的尊重，在怀仁堂主席台区给了中共中央机关报《人民日报》和新华通讯社各一个文字记者名额，人民日报记者李庄和新华社记者李普，加上摄影记者和中央人民广播电台、中央新闻纪录电影制片厂不多的几个记者，能够在主席台区进行采访。他们没有固定的座位，文字记者手里只有一支笔和一个本子，要一刻不停聚精会神地关注主席台和主席台区发生的一切。会场怎么布置的，毛主席怎么走进会场，说了什么，各位领导人、各界代表们怎样说怎样做，包括什么表情等等，都要靠新闻工作者记录。当时没有录音机、录音笔这样的设备，照相机也只有少数摄影记者拥有，更没有背景资料、通稿等等。李普同志在当天会议结束后，要马上根据现场观察和可靠的正式文本写出消息；我父亲作为党报记者，任务是写特写，要靠自己在现场的观察，以及调动背景知识积累、分析联想写出新闻通讯。

父亲在距之半世纪后的“新中国首届政协盛会侧记”回忆文章中这样写道：“我获得得天独厚的工作条件，能上天安门，进怀仁堂，出入勤政殿采访，为众多同行难以企望。我知道领导给我这些条件，很难说是因为我的水平高、经验多，主要是因为我在中央党报工作，忝为报社首席记者，完全出于‘工作需要’。我自知绝对不能辱没这个光荣称号，不能辜负组织的殷切期望。新华社记者以李普为首包了公报新闻，我决心每天写一篇特写——一篇一主题，事、情并重，随着会议的进程而发表，希望最后汇集起来成为会议的侧面历史记录。”

应当说父亲和他的战友们胜利完成了这一历史性任务。回看这张发黄发脆的竖排版繁体字报纸——中华民国三十八年九月二十二日的中共中央机关报《人民日报》，记录了中华人民共和国开国那天、也就是1949年9月21日新政协开幕的新闻。一版报面上，上半版是中国人民政协第一届会议上毛主席的开幕词，中共中央主席毛泽东开宗明义、两千多字就讲清楚了在世界的东方要建立怎样一个新的中国——中华人民共和国。新闻头条是新华社消息，肩题是“中华人民共和国开国盛典”，主题是“中国人民政协开幕”，副题是“毛泽东主席宣布会议任务”，宣布的任务是：制订中国人民政协组织法与共同纲领，选举中国人民政协全国委员会暨中华人民共和国中央人民政府委员会，制定国旗、国徽，决定国都所在地和年号。倒头条是社论，社论的标题非常醒目扼要——《旧中国灭亡了，新中国诞生了！》。中间位置一篇通讯，即中国人民政协第一届会议特写，主标题《“中国人从此站立起来了”》是从毛泽东主席的开幕词中提炼出来的，因而特别加上了引号。

通讯特写中，父亲不仅把新闻的真实写进了历史，更是把历史的厚重写进了新闻。父亲这样写道：“这是人民民主新中国开基立业的盛典。这个盛典是1949年9月21日，在人民首都北平举行的。毛主席宣布这个盛典正式开幕，乐队立即奏起《人民解放军进行曲》，礼炮在会场外隆隆齐鸣。这是胜利的声音，我们在艰苦的斗争中深深地懂得，胜利是不容易得来的。中国共产党成立了二十八年，人民解放军建立了二十二年，从开始到现在，一直领导全国人民，和国内外的敌人艰苦地战斗着。这二十多年，使青年变成中年，中年变成老年，多少烈士为革命而英勇牺牲了，但是，人民终于胜利了，打出了一个人民民主的新中国。于是全国人民表示竭诚拥护共产党、毛主席和解放军，全场代表也毫无例外地热爱、尊敬共产党、毛主席和解放军。”这是一个新闻记者的现场感触，更是一个共产党人的切身体会。

政治协商会议一共开了8天，新华社每天发布重要消息刊于《人民日报》头条，还有其他许多消息；《人民日报》于会议开幕日发表了社论，并逐日发表新闻通讯——共发8篇会议特写记载了新生的人民共和国诞生的过程。9月28日之前，《人民日报》的报眉上还是用的中华民国纪年，社址在北平王府井大街。到了9月28日那天的报纸，变化就很大了，因为9月27日决定的事情很多——通过中国人民政协组织法，通过中央人民政府组织法，国都定于北平更名为北京，国旗、国歌及纪年均已确定。9月28日的报纸，报眉上是1949年9月28日，此前一天还是中华民国三十八年；而《人民日报》的社址，由北平王府井大街改为北京王府井大街。这些，都是那些激情燃烧的岁月、那划时代的历史性变化的新闻出版记录。

10月1日，在天安门广场召开中华人民共和国中央人民政府成立大会——也就是后来约定认同的“开国大典”，上天安门城楼的新闻工作者还是这几位同志，人民日报的李庄；新华社的李普、侯波；还有中央人民广播电台的齐越和丁一岚，负责现场播音；还有新影的同志；或许还有……李普同志留下了一张摄于天安门城楼上的珍贵照片。因为他遇到了新华社摄影记者侯波同志，侯波同志专门负责为中央领导拍照，看到李普和开国将领们站在一起，给他拍了一张。多年后我问我父亲，那天你站在哪儿，怎么没留下张照片？他说我在侧面站着呢，他没有留下在天安门城楼的照片。父亲后来在新中国成立

50周年时的回忆文章中写到他当时的现场见闻：“10月1日下午，毛泽东主席用那扭转乾坤的巨手，按动电气开关，升起五星红旗，宣告中华人民共和国成立。”

而在10月2日中央机关报的报面上，充分反映了中央人民政府成立也就是常说的开国大典的实况，刊发了包括林韦、江夏、柏生、金凤等众多记者采写的通讯、特写、侧记，等等。应该说是全面动员了编辑部力量，记者们在天安门城楼，天安门广场，大学生游行队伍、群众游行队伍里，空军受阅部队飞机上……天上地下，现场外围，用今天的话说，作了全方位报道。当然，在幕后默默无闻的还有夜班编、印、发等各环节同志们的共同努力。那个时候，党的新闻工作者就是这样忠诚于党和人民的新闻事业，忠于事实，忠于职守，最终，也就忠于历史，为国家为民族留下了中华人民共和国开国的宝贵新闻记录。

我是在人民日报社原副总编辑李仁臣发表于15年前的文章中，首次看到对我父亲关于“红笔蓝笔”的回忆归纳。李仁臣同志在《享受新闻》一文中写道，他于1978年进人民日报社，开始评论员生涯：“稿子写成，送范荣康或钱湜辛同志阅改签发夜班。不少评论最后是经当时值夜班的副总编辑李庄同志红笔改定。后来，李庄同志升任总编辑，依然青灯相伴，朱笔夜批，常以‘国文先生’自嘲。李庄同志上夜班，几十年如一日，一丝不苟，勤勉清醒，备受敬重。”文中又写到，在他由评论部副主任提为副总编辑时，“为做好这份工作，我向李庄同志请教，他谦词连连，却在不经意间给了我重要的点拨，其中有一条就是‘既要用红笔，也要用蓝笔’，我牢记不忘。用红笔者，改他人的文稿，审看大样；用蓝笔者，自己动手写文章，不要搁笔。这十几年来，我遵照办理，一有懈怠便用这句话警策自己，总不忘自己是个编辑，自己是个记者，用红笔，也用蓝笔……”

写到这里，可以由“红笔蓝笔”这个形象的新闻工作指代性符号来归结一下父亲李庄的红笔蓝笔了，先将他的简介录于下——

1937年卢沟桥事变爆发后，19岁的李庄离开家乡，寻找抗日救国的道路。1938年在太行山参加革命后，先后在《民族革命》半月刊、《胜利报》、《晋冀鲁豫日报》、《新华日报》（华北版、太行版）、晋冀鲁豫《人民日报》、华北《人民日报》工作。中共中央从陕北转战到西柏坡后，决定恢复党中央机关报（1947年中央撤离延安时，中央机关报《解放日报》即予停刊），将华北《人民日报》升格改组为中央机关报，李庄由华北《人民日报》编委进入组建班子，参与组建中共中央机关报《人民日报》，是《人民日报》创始人之一。新中国成立后，历任人民日报社总编室主任、编委、副总编辑、总编辑。抗日战争、解放战争特别是抗美援朝期间，采写了大量被广为传诵的著名新闻通讯特别是战地通讯。如《为七百万人民请命》、《被人们欢呼“万岁”的部队》、《复仇的火焰》、《汉江南岸的日日夜夜》等等。《为七百万人民请命》刊登于1946年5月15日晋冀鲁豫《人民日报》创刊号（共两个版），占二版三分之一版面，受到时任晋冀鲁豫中央局书记、晋冀鲁豫野战军政委邓小平同志的表扬。新中国成立前后，他第一批进入北平参加军事接管工作，接着采访中国人民政治协商会议第一届会议，一天一篇通讯，发表了《“中国人从此站立起来了”》等系列报道，忠实记录了新中国的诞生。他撰写的《任弼时同志二三事》一文，几十年来一直被选入语文教科书。朝鲜战争期间，他受命担任中、英、法三国记者国际采访团的领队，在美军仁川登陆前就进入朝鲜，多次出入汉城，深入到朝鲜半岛南部采访，是中国新闻工作者抗美援朝战地采访的第一人。

这样说来，父亲“蓝笔”写就的新闻作品，基本是在抗日战争、解放战争、新中国成立初期，以及抗美援朝阶段；而“红笔”，则是他从20世纪五六十年代开始，直到80年代中期退出领导岗位（除去“文革”期间被停止职务），几十年来上夜班、编稿子、青灯相伴、朱笔夜批的写照，也因此在人民日报和新闻界留下了极好的口碑。

按照他自己关于新闻工作者“既要用红笔，也要用蓝笔”的理念，退出一线、放下红笔后，父亲重拾蓝笔，于多种报刊发表了他自谦的“小文章”外，结集出版了《新纪元集》《我在人民日报四十年》《人民日报风雨四十年》《晚耕集》《难得清醒》等；最终于2004年出版的《李庄文集》，分类选编了父亲一生新闻文字工作的心血结晶。十二届全国政协常委、文史和学习委员会副主任，时任人民日报社总编辑的张研农同志，在《人民日报历史的画卷和财富》中，深情地中肯地这样评价父亲的红笔蓝笔——

一部《李庄文集》，……犹如漫步走进党领导的我国新闻事业发展的历史长廊，犹如侧耳倾听人民日报的进行曲乐章。文集中展现的那艰苦的岁月、澎湃的激情，那光辉的历程、成功的欢乐，那痛苦的曲折、难得的清醒，令人思绪涌动，心潮难平。

李庄同志从旧式家庭步入革命队伍，在党的培养下，融入时代潮流，坚定理想信念，点燃生命豪情，又保持着知识分子率性淡泊、谦冲自牧的品质，这就注定他一生同党和人民同呼吸、共命运，忘我工作，负重前行。李庄同志是《人民日报》的创始人之一，默默耕耘人民日报直至超期服役，自请离休。他长期执蓝笔，做记者；又长期握红笔，当编辑。这使他对做好党的新闻工作有丰富的体验和精辟的见解。……

回眸我的新闻路

写自己的自述，却首先用四分之一的篇幅去写父亲，实在是因为感到我的新闻文化工作和写作生涯有着一种浓浓的继承感，我一点儿也不讳言自己血脉中精神上的红色传承，哪怕在担任新闻出版总署副署长时被港台报刊称为忠党分子；也不讳言父母终生忠诚新闻事业、执着文化追求，对我形成的巨大而无声的影响。

我的新闻工作经历，10年，仅占我49年工作履历的五分之一稍强，但是在我的人生经历中弥足珍贵，不独因为是我的专业、职业，似乎更是一种追求。但因为从未来得及梳理，一时也感到难于下笔。要在几千字里记叙，写长了，篇幅不够，短了，铺展不开，不如先花些笔墨勾勒一下轮廓。翻出2008年中国社会科学院研究生院30周年校庆时，我在校友发言的基础上撰写的《研究生院给了我什么》一文，节录几段，倒似乎能概述一二——

“十年浩劫”，国家动荡十年，高等教育中断十年，“文化大革命”初期在校的中学老三届六个年级的青少年，失去了在青春年华参加高考、走进大学课堂的机会，而早早地走向广阔天地大课堂，经历了各式各样或丰富多彩或坎坷蹉跎的工农兵生涯。其中奋力拼搏、锲而不舍的，后来相继考入大学或研究生院，在离开中学校园十多年后，终于迈进了大学校园，圆了自己接受高等教育的梦，成为时代同龄人中的幸运者。

……从研究生院毕业后，我与新闻系大多数同学一样，走上了新闻工作岗位。当时正是受“四人帮”重创的新闻战线青黄不接、亟需中青年接班人之际，而大家的理念也非常明确：忠诚于党的新闻事业，一辈子做党的新闻工作者。

岁月匆匆，改革开放走过了30年征途，与改革开放同龄的研究生院30周岁了，我们也离开母校25年——四分之一世纪了。在这二十多年时光里，我和同学们见面不多但始终保持着联系和友谊。与“从一而终”一辈子在一个单位工作的大多数学友不同，我算是经历了多个岗位，分别在新闻单位和党政机关工作，岗位转换六次；并且先后两次离开北京，到中南地区和西北地区工作，但从大的领域说，则始终没有离开党的宣传文化战线。1983年至1993年，我在经济日报社工作10年。1994年至1996年，在湖南省张家界市担任分管意识形态工作的市委副书记。1996年至1998年，调任国家体改委担任副秘书长，也是分管宣传工作。1998年秋至2002年春，担任中国改革报社社长兼总编辑。2002年到2006年，调任宁夏回族自治区党委常委、宣传部长。2006年11月，根据中央安排，担任新闻出版总署副署长。

两次离京到外地工作，使我这个学新闻出身、动笔杆为业的新闻工作者，有了新闻工作之外的、更丰富多样的感受。甲戌元宵至乙亥岁末，我在湖南的西北角——张家界市担任市委副书记。从1994年初、农历正月十五，迎着烟花爆竹踏入张家界，到1996年春节回京的两年时间里，我在湘西北的千山万壑间，在当地干部群众中，度过了有声有色、备尝温暖与辛劳的岁月……那段时光，使我了解了地方党委政府是怎么工作的，了解了我们这些“文人”应当怎样转换角色、为老百姓多办实事；而他们，需要什么样的人、怎么样为自己服务。

在担任宁夏回族自治区党委常委、宣传部长期间，有了前一次“外放”的经验，我感到了某种程度的驾轻就熟。遵照中央关于宣传思想工作的一系列指示和自治区党委“小省区要办大文化”的发展战略，积极推进文化体制改革，努力探索西部少数民族地区文化事业发展的新路，推动自治区宣传文化工作实现跨越式前进。理论宣传、社会宣传、新闻出版、广播影视、文学艺术、对外宣传和精神文明建设等多方面工作，取得了可喜进展。在完成繁重的工作任务之余，大约还是研究生院培养我养成的潜心钻研、笔耕不辍的习惯发挥着作用吧，我觉得拿起批文件的红笔时，也不能放下写文章的蓝笔，还是以当年那一灯如豆查资料、赶论文的老作风，先后撰写了《宁夏赋》《银川曲》《在那远离北京的地方》等文学作品，主编了《今我宁夏》《宁夏羊皮书》《宁夏历史名人》等图书套书，从组织指挥和自己动手两个方面，致力于加大对外宣传推介宁夏的力度。大约也正是因了这种文人的情愫和坦诚的胸怀，大家觉得我这个北京调任来的省级干部没架子、没官气、挺亲民，得以与知识分子、与文化人、与老百姓广交朋友，同回汉各族干部群众结下了深挚的友谊。

回首二十多年的经历，我在党政机关工作的时间与在新闻单位工作的时间大体各半，特别是后来，离开新闻工作岗位越来越久了，但大家从感情上仍把我算在新闻队伍中，我也一直这样感觉，从来没把自己当外人。到新闻出版总署工作后，同学们、朋友们都认为我是“归队”了，觉得我联系分管新闻和报纸期刊工作，似乎更能体念大家的甘苦；而每每经手解决一些新闻单位的问题，碰见年轻记者采访遇到困难时，我总是自觉自愿地站在新闻工作一线和新闻工作者的角度，尽力提供帮助。一方面，这是行政管理体制改革的要求，国务院新闻出版行政管理部门自然要为奋战在新闻出版事业一线的同志们服务好；另一方面，我自己就是新闻工作者出身，深知其中的拼搏奋斗、酸甜苦辣，如果不能将心比心，滴水之恩涌泉相报，反倒像时下有些人那样当了官便忘了根本，别说我自己心里过不去，就是我那毕生从事党的新闻事业、如今在天上看着我的亲爱的老父亲，也断断不会原谅我的。

我的新闻工作经历在经济日报社，十年零几个月。岗位分三段，先在农村组，后调总编室，再调增刊部（特刊部）；若以蓝笔喻采写、红笔喻编辑来标记，是先用蓝笔，后用红笔，最后红蓝并用。

最初的“蓝笔”，是采写和编发反映农村改革发展和农民生活的新闻。1983年夏，从社科院研究生院毕业、到组建不久的经济日报社报到，领导谈话时问到我的志向，想去什么部门。不知是不是延安种地、内蒙古放羊留下的情结，我表示想做农村报道，领导大为心喜，当即批准——因为相对当时比较热门的工交、财贸而言，农业和农村报道比较“冷僻”、缺人，那时经济日报社搞农村报道的部门还不成其“部”，叫“农村组”。

那真是一段生气勃勃的时光。改革开放早期，因全党工作重心转向以经济建设为中心应运而生的《经济日报》，在安岗、范敬宜等同志领导下，集聚了一批朝气蓬勃的中青年新闻人，大家都明白，这张年轻的报纸没有《人民日报》《光明日报》这样与共和国同生的党报的资历和积淀，因而全社上下充满了创业的、向上的、打出一个新天地、创出一个新品牌的奋斗精神。而农村组这个经济报道大军中的小部门，几位倾心农村报道关注农民兄弟的编辑记者，为农村改革大潮所鼓舞所激励，重走“上山下乡”路，到农村，到牧区，到刚刚兴起的社队企业、乡镇企业，写新闻，写通讯，写评论，为中央农村政策的贯彻落实、为基层干部群众的负重前行，竭尽全力鼓与呼。

回顾我在经济日报十年的新闻报道，不论在农村部还是总编室还是特刊部，一直延续了关注农村改革和农民生活的主题，大处写到中央一号文件的贯彻落实，小处写到农家过年的小院儿、炕头，《四平千里话“翻番”》《走我国自己的饲料工业发展道路》《这是增进中华民族体质的一件大事——王震同志谈牛奶》《春风又绿“江南岸”》《他们的生活·心态·希望——在辽西山区贫困县建昌县的采访笔记》《那个喝“天水”的小山庄》《探索中国特色的公有制形式》《按新思路跟农民打交道》《今日“华夏第一镇”》……便是我的新闻“蓝笔”了。

在农村组和农村部期间，我还接受过做专题、专版的报道和编辑任务，应该算是我的编辑工作“红笔”的预备阶段。那时还是铅排，《经济日报》这样的大报每天也只有对开四版，版面十分珍稀。一版要闻，二版为主要经济新闻和要闻转版，三、四版为一些主力部门的固定专版，很少有机会遇上小部门临时能拼一块半块专版的事。而每当领到这种“计划外”的专版任务，我都把它看作机遇——虽然读研究生时没有教过版面课，父亲也从未向我讲解过报纸版面，但我一定要从完全不会到完全学会，把做版的山头攻下来。这样，从农村部开始的采、编、做版，成为我的新闻工作“红蓝并用”的开端，就像打仗一样，冲上去了，就不容再失守阵地。那个阶段，没白没黑，加班加点，一门心思向能者学习，有个机会就上手锻炼，总之，催迫自己尽快把办报的全挂子手艺拿下，大大小小的专题、专栏、版面，也在奋斗过程中越做越好了。到1984年参加中央书记处安排的西藏调研回来、做西藏专版时，已腾挪自如，版面语言发挥得很不错了，被评为当年报纸好版面。而我不知道的是，这种努力奋斗的成果也受到了报社领导和有关方面的注意，在1986年编委会决定新闻改革，先改版面风格和面貌时，选定我来实施这一任务，将我从农村部调任总编室。领导与我谈话、宣布任命我做总编室副主任时的第一个具体要求就是：明天开始上夜班，短时间内使报纸要闻版面面貌一新。

不知是不是受到父亲潜移默化的影响，在总编室“为人作嫁”编稿子、上夜班精雕细刻做版面，那黑白颠倒的编辑工作，也成为我的新闻生涯中乐此不疲的事情。值得一提的是，恰在我的总编室生涯初期，遇上了中国印刷业变革的历史性事件——告别“铅与火”，而经济日报是这场报业出版革命的先驱，总编室夜班则正站在新闻编辑工作前沿。于是我成为亲身经历过铅排出报、又是第一批坐在电脑屏幕前守着组版员连夜排要闻版版面的新闻人，经历了新闻内容与编排形式革命性结合的创新、创造、创业，感受艰辛，品尝收获。

1985年5月，《新华社新闻稿》首次采用“华光Ⅰ型计算机——激光汉字编排系统”获得成功。继而，采用计算机激光照排在比之大若干倍的报纸上是否可行？如果实现，由书版向报版的过渡将是又一次意义深远的突破。经济日报站了出来。1985年年中，《经济日报》成为“华光Ⅲ型”大报应用试点；1986年底，在代印的《中国机械报》（周三刊）上告别了铅版；终于到了决胜时刻——经济日报主报、特别是新闻版要上计算机排版了。1987年3月初，《经济日报》正式拿出一个版面进行计算机排版，经过两个多月历练，5月22日，四个版面全部改为了计算机排版，也就是说，在白班预拼版先期实现电脑排版的基础上，夜班现拼要闻版实现了电脑排版。

我的总编室夜班编辑工作，由之前与铅排车间密切合作变为与新生事物——照排车间密切合作。我亲历了这一探索、起步阶段的夜班编辑工作，一边为新技术所提供的美化版面的能力而鼓舞，放手设计版面，谨慎“看守”电脑拼版，一天天地满怀希望顽强坚持；一边要常常应对时不时发生的各种想也想不到的技术问题，特别是“改后出错”现象，最初阶段简直比铅排时还要累，提心吊胆，累心。有时，删掉了前面几个字，不料它们又在后面什么地方冒出来；有时在标题上出问题，要么是显示不出来，要么是校改后又丢了；有时二校改过的错，三校时又出现了，防不胜防；最惊险的一次，后半夜两点多了，突然告诉说早已改定付印的三版找不到了，急得我们围着组版员干着急——生怕因而出晚报，这边盯着要闻版最后一遍检校，那边查找三版的付印改后纸样，差点儿整版重排……奋斗了几个月，当年秋，为确保党的十三大期间新闻报道、报纸版面万无一失，到底是坚持负重起步艰难前行的计算机激光照排组版，还是为求保险重开铅排车间？编委会明确要总编室拿出意见，谭主任和我立下军令状，坚持与照排车间紧密配合，继续电脑组版；但为确保万无一失，也备好铅排车间和另一套人马，将所有拣字、排版师傅的电话和家庭住址一一记录在夜班，以备万一有事，连夜接人。

就在王府井大街277号大院——曾经是中共接管国民党《华北日报》后的党中央机关报人民日报社社址，后来成为经济日报社所在地，国产汉字激光照排系统在编辑部和工厂的倾力合作共同努力下，经受住了起步阶段的种种波折与考验。1987年底，有关部委组织了国家级验收，郑重宣布：这是报纸印刷工艺向现代化迈进的一项重大改革；《经济日报》是世界上第一家采用计算机激光照排组版，整版输出的中文日报。

有了总编室六年的历练，办扩大版和特刊，成为我的新闻工作经历中更富创造性、更加得心应手的阶段。因为其时激光照排技术已很成熟，使我们在组织了好稿子的基础上，版面语言的丰富、版面美化的空间较铅排时有了飞跃的提升。

《经济日报》办扩大版和特刊，始于1992年1月1日（星期三），终于1994年年底。我参加了扩大版的筹办、出刊及1993年改为特刊期间的工作；1994年，我到湖南张家界市工作，毛铁同志到香港工作，即由王晓雄、薛晓峰同志主持。

当时的情况是，经济日报经过1983年创刊至1991年八年奋斗，无论从客观形势的需要还是报社同仁的心气儿，从每天四版扩至八版，已成趋势，条件也逐步成熟。经过努力，国务院办公厅和中宣部联合于1991年夏发文，就“经济日报隶属关系和明年增版”向各地发出通知。国务院同意《经济日报》1992年每周增出八个版，可以说是我们向每日八版目标努力的一个“过渡时期”；而这个过渡时期的长短，在某种意义上，每周增出的八个版的创意和质量便显得十分重要了。

文件下发后，编委会立即召开扩大会，召集各部主任、副主任，集思广益，从务虚逐步务实，决定抓住机遇，办扩大版和周末版。大约在夏末，社领导找我谈话，传达编委会决定，交代了组建增刊部、筹办扩大版的任务，并且特别强调时间很紧，10月份就得试刊，次年1月1日（刚好是星期三）正式出刊。这样，我就与其他几位同志一道，紧张地进入了“角色”。

对于一个既要有别于每日正刊、又要区别于副刊的“第三种刊”，当时这样定义了它的性质：本报1992年将出刊的周三“扩大版”，既不同于每日正刊，又区别于周末副刊。与正刊相比，它更侧重研究、探讨，更具深度、广度；文字风格则较为轻松活泼，力求有文采。与副刊相比，它更重经济味，而非文化味。

1991年10月9日第一次试刊时，各版刊发了精心组织的稿子。一版上，

“大视角”专栏为詹国枢的《话说“灰色收入”》，“国务院纪事”专栏为庹震的《新的起点——国务院搞好大中型企业工作回顾》，“人海撷英”专栏为李铁铮的《穿时装的女部长》……各版的版面，在版式设计包括照片、漫画、刊头运用上，也与正刊有较大不同。

扩大版试刊出刊后，总编辑范敬宜满怀激情地给增刊部的同志写了信，由扩大版而谈及报社同志如何发挥积极性、创造性，精益求精地办好报纸；而10月9日的编前会，则开成了对扩大版的热情洋溢的评报会。大家的鼓励与肯定，意见和建议，充分表达了经济报人对共同事业的使命感。范敬宜同志10月9日的信，这样写到——

东东、毛铁、小国、王青、依萍同志（按版面为序）：

我估计你们今天上班特早。当你们收到这封信的时候，也许正在反复端详手中的“新生儿”，沉浸在难以言状的欢乐之中。世界上有各种各样的欢乐，但是，我想最大的欢乐莫过于创造，莫过于看到亲手创造的成果。

现在是10月9日凌晨一点半，但我丝毫没有倦意，整整一天，我都被那四张大样激动着，确切地说，被“折磨”着。并不是因为这是什么石破天惊的伟大创造，只是因为知道这四块版中的每一篇文章都倾注着你们的心血，每一块版面、甚至每一条线的运用，都包含着你们不倦的思索和探求，这里的一切都凝聚着你们的奋斗精神。这种精神在强烈地感染着我。

扩大版从开始筹办到出第一张试刊，时间不过一个多月，对于这样一个临时搭起来的小班子来说，够紧张的了。我一直对试刊能否如期出台和它的质量、面貌有点担心，但是，在编委会的领导下，在总编室领导的支持下，在编辑部许多热心同志的配合下，你们发挥了主观能动作用，终于拿出了这样一张比较像样（尽管还有许多不足）的试刊，走出了成功的第一步，我深深感到喜悦。同时，它也启发我想了许多问题：如果把全报社的同志的积极性、创造性都充分调动起来 如果使每一个同志每天都感到有那么一种压力，从而时时刻刻都在考虑如何精益求精地做好自己的工作；如果每一个部门都能成为这样一个团结、战斗的小集体；如果大家都生活在这样一种既紧张又协调的氛围之中，我们能做成多少事情！从你们身上，我进一步看到了报社同志内存的潜力。昨天上午毛铁同志问我：“将来能不能让扩大版上报摊?”我深为感动，因为这意味着他开始把对自己劳动成果的关心与报社命运联系在一起了，这比过去只关心自己劳动成果能否理想地体现在报面上，又大大进了一步。如果不仅仅是编委会关心报纸的发行量，而是全社同志都这样关心报纸的发行量，并为之不惜一切地努力，我们还用得着年年为发行工作提心吊胆吗?

……

这一段紧张的工作，对你们肯定也是一种难得的锻炼。你们都从事新闻工作多年，出报对你们已经不算新鲜事情，但是像这样每个人独立完成整个版面的创造过程，可能都是第一次。我一直认为，如果没有独立完成一张报纸从采写、编辑、设计、组版整个过程的实践，就算不了完全的（或者全面的）新闻工作者。因此，千万不要把这个实践过程当作是一种牺牲，而应当把它视为一种偏得。第一步的成功只是开始，今后的路更长。我相信你们一定会从这项新工作中不断地获得乐趣，并乐此不疲。……

正如看到一切美好的事物就止不住激动一样，我在看完试刊后也抑制不住内心的激动，不禁写了这么多废话，既非表扬，也非“指示”，只是向你们表露一下自己的心态，如此而已。

祝你们获得更大的成功。

范　1991.10.9

扩大版正办得生气勃勃的1992年秋，国务院批准《经济日报》从1993年起每日出八版。当时，对未来八版的版面安排，编委会又发动大家研究、讨论，提出设想。基于继续办周三和周六这两个带报头的专刊的思路，扩大版就得另外设计刊名了。因为本报已从四版扩到八版，“扩大版”包含在内，并没在八版的基础上再扩，“扩大”就名不副实了。不少同志为此动了脑筋，于是，“特刊”的名字作为一种设想提出，并被最终认定了。

多少年后，当年增刊部（特刊部）的同志聚在一起，仍然十分怀念那团结、民主、奋斗、敬业的氛围。我想正如范敬宜同志在他那封“看到一切美好的事情就止不住激动”的信中所说，只要大家都考虑的是如何精益求精地工作，都能生活在紧张又协调的氛围中，过去、现在和将来，我们能做成多少事情！

赋心词韵歌盛世

2002年至2006年，我在宁夏工作了五年，构成了我人生旅程中第五段“远离北京”的经历。五年西北生活，因为参与少数民族地区改革发展而备受历练，倍感充实，与回汉各族干部群众结下深厚友谊。我曾想在沉淀一段时日后，认真地书写我的宁夏岁月，不想百事杂陈，居然十年过去也未及动笔；这里所能回顾的，是我到宁夏工作之初，一边熟悉情况一边熟悉干部，被烦冗的工作压得“两眼一睁，忙到熄灯”时撰写的《宁夏赋》——算是我的“蓝笔”之一吧。

我于2002年4月奉调赴任宁夏，向自治区党委书记陈建国同志报到。早我月余到任的陈书记，高瞻远瞩，掌控全局，身先士众，雷厉风行地指挥推进宁夏的改革发展。以身作则之下，书记对各级干部的要求也很严格。特别是中央新调任来的自治区党委常委，光是掌握情况、迅速融入、守土有责再加上创新工作，就忙得不遑暇食，哪还有精力写作？

这就是陈书记半褒半贬不时说到我这个文人习气有点重的新常委的短与长了。1994年春，我在担任张家界市委副书记时，为了向国内外推介刚刚成功更名的年轻的张家界市，也是在繁忙的工作中，点灯熬油地写了《张家界赋》，算是在履行副书记岗位职责的同时，不忘像父亲那样终生不放下“蓝笔”，写下讴歌时代的大小文章。当了宁夏党委常委、宣传部长，组织指挥协调运作，上山下乡深入基层，我那点儿文人习气快修理掉了但也还保留了点儿，不甘于只做行政领导工作，于是又焚膏继晷地找了一个多月辛苦，爬罗剔抉，搜索枯肠，写了《宁夏赋》。

十几二十年来，边忙活着，也没间断写着，为此也不时接受媒体采访，常常要回答一个问题，就是为什么写赋、写赋有多难。而我也就因之常常谈到譬如《张家界赋》《宁夏赋》与《咏张家界》《咏宁夏》的区别。不说古为今用的繁复的文体形式，只就内容而言，一吟一咏皆可构造文章，而写一个地方、一个机构、一个事物的赋，恐怕最大的要旨是须概括得了这个事物。你得上下千年、纵横万里地搜罗查找，仰视俯瞰、苦心孤诣地体味归结，还得边写边问着机构领导专家学者们，这“挂一漏万”该挂的是不是都挂上了？

在宁夏工作生活了四个月时，我就想步自己写《张家界赋》的后尘，勇于概括一下省区级的宁夏。后来好多朋友谈到，宁夏回族自治区建立四十多年了，人们四十年在这里生活工作也没想起写个宁夏赋，李常委才来了四个月……当时我并不敢想后来敬宜鼓励肯定我的“敢以一支纤笔，试为扛鼎之作”，只是觉着一个新闻工作者在一个地方四个月了，应该可以算有了观察，有了调查研究了。

我终于结构好了我心中的《宁夏赋》的框架——首段，概括全貌，提炼要旨；第二段，写出宁夏何以称为“宁夏”的历史沿革（这是我没到宁夏工作前也完全不知道的）；三、四、五、六段，分别以“今我宁夏，虎踞龙蟠”、“今我宁夏，塞北江南”、“今我宁夏，地灵人杰”、“今我宁夏，奋起登攀”，来描述宁夏的红色历史、经济发展、文化建设和美好前景……搭起架子，便是每天后半夜的添砖加瓦、锻字炼句了。几十天后，文章在《人民日报》和《宁夏日报》刊出的那天，恰好是壬午年中秋，也算是个好记的日子。

几个月后的初冬，《宁夏赋书画集》出版，宁夏十多位著名书画家书写、图画《宁夏赋》全文或片段，共同表达对宁夏的衷心赞美之情。范敬宜为之作序——

壬午之春，东君奉调宁夏。赴任四月余，遍访域内山川巷陌，重镇故垒，以其所见、所闻、所感、所思，作《宁夏赋》。余读其赋，才思飞扬，文采烨然，乃击节叹曰："美哉赋也！岂塞下之形胜，假君以灵感；矧燕赵之遗风，出君乎至性者耶！"

吾闻夫赋之为用，乃述德显功，"不歌之颂"。《释名》曰："赋者，敷也，敷布其义谓之赋。"是以其文必极美，其辞必极丽，且因文以寄其志，托理以全其制，非苟尚辞藻而已。故《汉书》曰："登高能赋，可以为大夫。"盖言非感物造端、材智深美不足以为赋也。汉魏以降，描摹一方风物之名赋多矣，其尤者如班固《两都》，张衡《两京》，左思《三都》，皆极状都邑之丰饶，人文之荟萃，可谓登峰造极，令后人垂眉敛手。然今东君不蹑前踪，独辟蹊径，敢以一枝纤笔，试为扛鼎之作，论史则上下千年，叙事则纵横万里，旁搜远绍，穷幽极微。如此胆识，如此笔力，岂独灵感、至性使然，实为盛世潮流激荡于胸臆，不得不发之于外也，若拘之于骈四骊六，则谬矣。

而发表于2013年春的《军事外交赋》，则是应国防部外办之邀，总结和讴歌新中国成立60多年的军事外交工作。在国防部外办于是年新春之际举行的《军事外交赋》创作发表座谈会上，时任总参和国防部外办领导，《军事外交赋》作者、译作者、书法家分别发表了热情、恳切的讲话。我首先谈了"在对军事外交工作的学习认识过程中努力为部队文化建设服务"的心得——2010年初《八一赋》发表后，军队和地方媒体采访我所发表的新闻报道标题，大体是"军旅情怀赋八一"、"盛世写赋颂八一"。就《军事外交赋》的创作而言，同当年写《八一赋》一样，也是因为部队同志们的这份信任和托付，而成为我心中的一种沉甸甸的责任。

最初接触这一比较生疏的领域时想，《八一赋》所反映的内容相对更为浩繁、更为复杂，不容易写也写了，军事外交总是军队工作的一部分，总比写整个军队好写点吧？岂料还真是不然。因为人民军队的历史和功绩，人们还多少知道一些，而对军事外交，我和大多数人一样，基本上是不了解的。刚刚开始看了一些材料后，我和外办的同志们交流，觉得军事外交的属性，既有军事又有外交，既是军事的组成部分，又是外交的组成部分，得找到一个相对准确的范围。如果写大了，成了国家外交；写远了，又写到军事上了……

为了把军事外交和国家外交有机结合又有所区分，把军事外交与军事、与战争有机结合又有所区分，很费了些心思。外办的同志们几次给我讲解，帮我分析、归纳材料，包括军事外交的目的、性质、基本特征、任务以及作用：和平时期——结友朋，危机时期——化干戈，战争时期——争全胜，等等。还梳理了党和国家的军事外交脉络，从夺取政权时期，从新中国成立初期到改革开放，经历了毛泽东、周恩来、邓小平等老一辈无产阶级革命家，到新时期中央领导集体，军事外交在维护国家利益、服务军队现代化建设方面所发挥的作用，取得的辉煌成就，以及今后军事外交的发展前景。

要消化这些材料，理解这些观念，把这样丰富的内容写成几百字的文赋，难免挂一漏万，但政治上必须清醒，精髓和要义不能漏，观点、事实一定要准确，所以大家花了不少时间和精力来陪着我这个外行学习、梳理，回答我最初的非常初级阶段的问题，一步一步有所收获有所前进，使我在有感情有激情写作的同时也得有能力写，以便最终更好地为军队文化建设服好务。

其次，是在切磋琢磨的过程中写出气势写出深度写出特色。在写《军事外交赋》的同时，应总参卫星导航定位总站之邀，我也在写着《北斗赋》。北大教授、著名词赋家龙协涛先生说这两个军事题材的赋都不好写，《军事外交赋》尤其不好写，比较宏观、笼统、特别不具象。到两文分别成稿，我在国家开放大学的一个座谈会上就此征求意见时，龙教授仍认为，《北斗赋》相对单纯些、集中些，《军事外交赋》难度更大，尽管他想象得到我为此付出的精力更多些。我也特别考虑到，这样一个政治性强又是当下工作的题材，千万不能写成白话工作大简介，所以必须写得先声夺人，写出气势；并且要写历史，从历史一路走来，走到今天；以厚重的历史，前人的伟岸，烘托今人的智慧，新时期的辉煌。

《军事外交赋》最后定稿914字，千字以内的赋文，较之白话文看着不长，可是对于书法创作则是很长了。我很感佩于著名书法家、军事博物馆研究馆员卢中南同志的革命友谊，他以自身功力深厚、俊逸潇洒的精美楷书再创作了《军事外交赋》书法作品，使之与词赋书文互成，文墨相生，实现思想性与艺术性比较完美的融合。

外语教学与研究出版社高级编辑、著名翻译家凌原教授，应邀翻译了《军事外交赋》。应该说，这种文赋的翻译，较之现代诗文，较之古体诗词，翻译难度都大得多。比如我举战国时期蔺相如的例子，“引璧睨柱，五步溅血”，八个字就写了“完璧归赵”和渑池会上“秦王击缶”两个典故，既要讲出历史故事，还得是英文诗文韵律，真是难为凌教授怎么译出来的。

当时正是壬辰癸巳之交、两节期间，拥军爱民的氛围浓厚，大家清茶共话，暖意融融，不论中文外文、辞赋书法、军队地方，深感战友们朋友们满怀热情付出辛劳、心血和智慧，都是因为怀着弘扬中华文化的责任担当，加强军地文化交流建设的共同使命。

我的词赋写作，概而括之，从1994年在湖南工作时撰写赋文《张家界赋》后，十余年陆续撰写发表《宁夏赋》《中共中央党校小赋》《国家行政学院小赋》《社科院研究生院赋》《北戴河赋》《八一赋》《玉树参天赋》《铁道大学赋》《清华赋》《协和赋》《廉洁奥运赋》《国家开放大学赋》《北斗赋》《军事外交赋》《嫦娥赋》《铁道兵赋》《故宫人颂》《人民大学赋》等辞赋，从山川秀美的宁夏、张家界、北戴河，到中共中央党校、清华大学、中国人民大学、故宫博物院、协和医院等机构，从“八一”“玉树”“军事外交”等政治概念和精神理念，到紧随时代脚步的“廉洁奥运”“北斗卫星”“嫦娥工程”等，力争反映现实，紧扣主旋律，大赋祖国壮美山河，记录时代奋进气息。2011年夏，马凯同志出席了国务院参事室和中央文史研究馆举行的“部分诗词界人士联谊活动”，参事室和文史馆以“著名词赋作者”邀请我出席会议。

一枝一叶寄友情

这里，曾想梳理一下自己的政协履职，稍一思忖又觉不妥，政协履职，题目太大了，内容差不多是这本委员风采书籍的主旨；于是将之界定为服务委员的工作，并且是一枝一叶的小小侧面——为新闻出版界委员们履职所做纪实性摄影画册。

一年一度春光三月，中国人民政治协商会议隆重召开。十多天时间里，委员们相聚一堂，以高度的历史责任感和充沛的政治热情，商讨国家大事，积极参政议政。会场上，大家专注倾听，踊跃发言；会场外，大家坦诚交流，推心置腹；房间中，认真研读文件，精心准备提案……一年年、一届届参政议政，大家度过了忙碌、充实而难忘的时光，彼此间结下了深厚的友谊。我是组织上定的新闻出版界别党员负责人之一，除了大会期间担任小组召集人认真履职，总觉得应该为大家多做点事，当好“服务员”。

记得十一届一次大会召开之初，除了杨澜、李瑞英、海霞等常在荧幕上露面的委员外，大家彼此间并不熟悉，还对不上人。我就想应该做一本通讯录，使大家尽快彼此认识、方便联系，而传统通讯录“名字加联系方式”似不能很好地实现这个目标，于是便想到做一本新闻摄影纪实画册通讯录，每人一页，用一组履职照片加联系电话的形式呈现。那几天里，白天开会，夜里编画册。挑选委员照片就挺难，一是照片数量太多，工作量非常大；二是同为新委员，有些人我也不熟悉，要很用心地去记住每个人的长相，再仔细地去分辨照片上的人。记得有一次，我把两个长得相像的委员的照片放错了专页，幸亏曾经的编辑经历让我养成了“三审三校”的好习惯，最终核对时发现，把这个错误纠正了过来。很快，《让我们记住——中国人民政治协商会议第十一届委员会新闻出版界委员通讯录》就送到了委员们手中，大家拿到手都惊喜地翻看起来，还互相在彼此的通讯录上签名留念。

在十一届四次会议结束前、临别时，大家提出，希望我能主持做一本画册，为十一届新闻出版界委员们留下纪念。其后忙忙碌碌的几个月，我一边忙协会的工作，一边带着文字和美术编辑，在几千张图片中遴选，精心编排，按照正规出版物的标准去编辑、排版、印刷……终于在第五次会议之前印制好画册。这本新闻摄影纪实画册《参政五载 朋友一生——中国人民政治协商会议第十一届全国委员会新闻出版界委员参政议政团结友谊纪念画册》，归集了新闻出版界政协委员们从2008年到2012年商讨国事、参政议政的工作瞬间，也记下了我们之间恰似大家庭般的深情厚谊与温暖和谐。四十多位委员一个都不少地写下了感人的赠言，分别刊登在每位委员肖像专页。“相约年年见”——是时年96岁高龄的沙博理委员的心意；“五年时短友谊长，难得人生聚一场。来日有缘再相会，议政堂上复磋商。”——全国政协原副秘书长卞晋平的话也是大家的心声；“记住了三月的阳光，也记住了这一张张阳光一样灿烂的笑脸。”——如新华社解放军分社社长贾永这般令人动容的寄语很是不少。

十二届会议，我把这个好传统接续起来，之初，编印了《五年议政友谊长——全国政协第十二届委员会新闻出版界委员通讯录》；同样在第五次也是本届最后一次会议上，让委员们拿到了《只把春来报——中国人民政治协商会议第十二届全国委员会新闻出版界委员参政议政团结友谊纪念画册》。这一记录本届委员会上会外履职风采的纪实摄影画册，既是对历史的温馨回忆，也是对未来的衷心祝愿：牢记政协委员的责任，用赤诚情怀和积极行动，为人民政协事业增光添彩，为国家发展大业奉献力量，也将大家五年里建立的珍贵友谊铭记在册，使之永不褪色。

近两届的履职实践中，我们新闻出版界还有一个特点被广泛关注和肯定，就是努力实现“10天委员”和“365天委员”的结合，不但认真开好每次大会，履行好提案、发言、讨论等会议期间参政议政、建言献策工作，在闭会期间也积极履职，充分发挥界别影响力，为新闻出版广电事业发展出谋献策、有所建树。

2014年“两会”期间，我与卞晋平、刘佳义、赖明委员一道，参加了全国政协十二届二次会议第二场记者会，围绕“政协委员谈推进人民政协协商民主建设”回答中外记者提问。

光明日报记者提问：从媒体上注意到新闻出版界别近年来开展活动比较活跃，你们开展这些活动是基于什么考虑？到目前为止又取得了哪些成效？

媒体这样报道了我的回答：

界别作为人民政协的基本组成单位，是政协区别于其他政治组织最显著的特色，也是政协履行政治协商、民主监督、参政议政职能的主要依托。现在政协委员按界别分组讨论、协商，已经成为政协全会和常委会议共商国是、议政建言的主要形式。但是在政协闭会期间，如何更加充分地发挥界别的作用，依然是个需要深入探讨、研究和实践的重要课题。新闻出版界委员在讨论的时候提出，要使政协组织更加充满活力，就必须充分发挥界别的功能。通过开展界别活动，解决好参加每年10天的全体会议和会外履职的关系，也就是俗称的“10天委员”和“365天委员”的关系。

新闻出版界委员围绕当前国家改革发展和业界改革发展的热点问题开展了一系列的活动，组织本界别委员深入到新媒体、深入到影视制作机构，更好地开展调查研究，进行专题研讨，提出意见建议，应该说收到了积极效果。

我还现场展示了我们界别从十二届一次会议以来的会外履职纪实画册。我告诉媒体朋友，这样做虽然很辛苦很琐细，但有助于把委员们的调研研讨成果和深入基层的工作过程记录下来，增强了凝聚力，委员们都很高兴。为此我还谈到，为实现“10天委员”和“365天委员”的结合，我们坚持探索行之有效的工作模式：联系新闻出版界别的政协副主席卢展工高度重视界别活动；联系我们界别的全国政协文史和学习委员会积极组织活动；我所在的中国新闻文化促进会大力配合，做好相关协调和服务工作，并共同组织了不少活动。回忆多年来的工作，大家感到，新闻出版界之所以能在界别工作中取得这样的成果，与我们积极组织会外活动，并以多种形式密切联系委员，加深彼此的交流与友谊，是很有关系的。

或许是因为我的“要么不做，做就做好”理想主义追求完美的一贯信念，或许为新闻出版界委员们会外履职的同时支持我和我所在的协会工作而感动，或许还加上我手里这支编辑工作“红笔”的惯性，带着中国新闻文化促进会的年轻人，我们坚持数年，编纂了十余本“全国政协新闻出版界委员活动纪实”画册，生动形象地记录了界别紧密联系业界的调研工作、与宣传口和新闻文化界的联合研讨等活动，界别委员人手一册留作纪念，也赠送其他界别委员，报送领导同志和政协机关。十二届五次会议上，3月9日上午，在小组讨论会场，新闻出版界把几年来记录履职成果的全部出版物向中国政协文史馆做了捐赠，这也成为政协宣传文化工作的一个小小文化载体、文化抓手。这些委员活动新闻摄影纪实画册是：

（1）《全国政协新闻出版界委员深入警营调研》——

这本画册记录的是全国政协十二届一次会议闭会后新闻出版界的第一次会外活动。大会闭幕不久，4月上旬，我们及时组织了界别活动“警营一日”，赴武警特警学院调研。活动中，委员们认真观看了军事课目汇报表演，参观了特警训练场地以及反恐战斗实验馆，认真聆听讲解。在交流座谈中，委员们纷纷表示，这样的活动非常有意义，不但加强了军地双方的文化交流，同时也加深了政协委员之间的交流与团结，为更好地开展界别活动、组织界别调研开了好头。

（2）《学习贯彻全国宣传思想工作会议精神　研讨全媒体时代文化责任与网络安全》——

2013年8月30日，为贯彻落实刚刚举行的全国宣传思想工作会议精神，结合党的群众路线教育实践活动，充分履行参政议政职能，积极发挥政协界别优势，发挥社会组织服务社会的作用，全国政协文史和学习委员会与中国新闻文化促进会共同组织部分新闻出版界委员，就“全媒体时代的文化责任与网络安全”专题在奇虎360科技有限公司进行调研座谈。全国政协副主席卢展工出席会议，并与委员们一起进行了研讨交流。

（3）《学习贯彻中共十八届三中全会精神　探索建立健全现代文化市场体系》——

为深入学习贯彻中共十八届三中全会精神，充分发挥界别在推进文化体制机制创新中的作用，全国政协文史和学习委员会于2013年12月13日组织新闻出版界和专委会部分在京委员，赴中影集团怀柔影视基地实地考察并举行了座谈研讨会。本次活动以“学习贯彻中共十八届三中全会精神，探索建立健全现代文化市场体系”为主题，委员们就如何贯彻落实全会精神，推进文化体制机制创新，建立健全现代文化市场体系，进一步推动中国电影事业发展，发表了意见和建议。

（4）《深入贯彻落实十八届三中全会精神　体认当代中国价值观念，弘扬中华民族文化精神》——

2014年1月18日，在全国政协文史和学习委员会指导下，中国新闻文化促进会在京举办以“体认当代中国价值观念，弘扬中华民族文化精神”为主题的深入贯彻落实十八届三中全会精神专题学习会。全国政协副主席卢展工出席会议；国家新闻出版广电总局党组书记、副局长蒋建国出席会议并讲话；新闻出版界部分委员交流发言。

（5）《加快推动传统媒体和新兴媒体融合发展——2014年上海湖北广东专题调研》——

这本画册记录了全国政协文史和学习委员会2014年组织的全国政协新闻出版界委员加快推动传统媒体和新兴媒体融合发展的三次专题调研。分别是6月5日至6日赴上海进行的专题调研；8月29日至30日赴湖北进行的专题调研；11月20日至22日赴广东进行的专题调研。

（6）《加快推动传统媒体和新兴媒体融合发展——中央电视台专题调研考察座谈》——

2014年12月19日，中央电视台、全国政协办公厅新闻局、中国新闻文化促进会联合组织的“加快推动传统媒体和新兴媒体融合发展”专题调研活动在中央电视台新址举行。全国政协副主席卢展工出席活动，新闻出版界部分委员和有关新闻单位负责人参加调研。调研活动中，卢展工副主席和全国政协委员、新闻单位负责人一道，考察了央视新闻演播室、体育频道混合制作岛、总控中心等工作机构，与一线新闻工作者交谈，并就加快推动传统媒体和新兴媒体融合发展进行交流座谈。

（7）《推动媒体融合建设，促进新闻文化发展专题座谈会暨主题论坛》——

2015年1月18日，在全国政协文史和学习委员会、全国政协办公厅新闻局指导下，中国新闻文化促进会在北京钓鱼台国宾馆举办了以“深化改革推动媒体融合建设 新常态下促进新闻文化发展”为主题的专题学习座谈会。政协第十一届全国委员会副主席、中国文学艺术界联合会主席、中国新闻文化促进会名誉会长孙家正出席会议。国家新闻出版广电总局副局长吴尚之、光明日报社总编辑何东平讲话，全国政协委员李东东、翟惠生、邬书林、韩三平等致辞或发言。

（8）《推动传统媒体和新兴媒体融合发展——2015年广西四川专题调研》——

这本画册记录了全国政协教科文卫体委员会2015年组织的两次专题调研。

3月24日至28日，全国政协副主席卢展工率全国政协推动传统媒体和新兴媒体融合发展专题调研组赴广西和四川进行专题调研，调研组成员来自教科文卫体委员会和新闻出版界别。卢展工副主席在调研组于南宁和成都举行的专题调研座谈会上讲话，并和政协委员们一起与地方党委宣传部门、新闻界代表座谈交流，考察省区市有关新闻机构。

（9）《推动传统媒体和新兴媒体融合发展——人民日报调研座谈》——

2015年4月10日，全国政协推动传统媒体和新兴媒体融合发展专题调研组赴人民日报社进行专题调研。调研组成员来自教科文卫体委员会和新闻出版界别。调研组考察了人民网、人民日报客户端运营室、总编室夜班平台、法人微博运营室，并与人民日报社共同召开了专题座谈会，人民日报社社长杨振武介绍人民日报社关于加快推动传统媒体和新兴媒体融合发展的有关情况，人民日报社总编辑李宝善主持会议。

（10）《文化体制改革后新闻出版业面临的新情况、新问题及对策——2015年安徽广东专题调研》——

2015年5月8日至5月14日，全国政协文史和学习委员会与新闻出版界别委员就文化体制改革后新闻出版业面临的新情况、新问题及对策，赴安徽、广东进行专题调研。

5月8日至11日，专题调研组考察安徽有关新闻机构并举行“文化体制改革后新闻出版业面临的新情况、新问题及对策”专题座谈会；5月12日至14日，专题调研组在广东省政协举行专题座谈会，先后考察了广东、广州和深圳有关新闻机构，以及第十一届中国（深圳）国际文化产业博览交易会。

（11）《学习贯彻习近平总书记新闻舆论工作重要讲话 ——不忘初心，担当使命座谈会》

2017年1月17日，由全国政协文史和学习委员会支持、中国新闻文化促进会主办的学习贯彻习近平总书记新闻舆论工作重要讲话“不忘初心 担当使命”专题座谈会在北京钓鱼台国宾馆举行，全国政协新闻出版界部分委员和有关新闻单位负责人出席会议。座谈会全面贯彻党的十八大和十八届三中、四中、五中、六中全会精神，深入学习贯彻习近平总书记在党的新闻舆论工作座谈会上的重要讲话精神，就切实提高新闻舆论工作传播力、引导力、影响力进行了交流研讨。全国人大常委、教科文卫委员会主任委员柳斌杰出席会议并讲话。

俱往矣。岁月匆匆，转眼间，我早已过了“文化大革命”我父亲被作为老干部打倒时的年龄；而我们这一代人，也基本走完了自己“在职”的工作历程。

一代人有一代人的使命，一代人负一代人的责任。相较父辈，除了没经历过战争，新中国成立后特别是“文革”期间党和国家的种种曲折艰辛，我们都经历了；可喜的是，我们又全程经历了改革开放近四十年的奋进历程，并为之尽心竭力地奋斗了几十年。政协文史工作有个“三亲”的说法——亲闻，亲见，亲历，在政协委员岗位上履职初期，我时常被约稿，那时写前辈、写亲闻多；随着岁月迁延，而今更多的是写亲见、亲历了。黄卷青灯一如故，红笔蓝笔两从容。我可能缺乏父亲那样的勤勉和才华，但我愿以同样的忠诚和执着，只要写得动，就不放下手中的笔，用大大小小的文章，讴歌我们伟大的祖国，伟大的时代。

建言献策　尽责履职

政协第十一届全国委员会

【提案】

关于将回族使用汉语言文字视同其他少数民族使用本民族文字，加大扶持回族文化出版事业力度的提案

一、案由

回族在我国55个少数民族中人口较多，以“大分散、小聚居”形式分布在全国96%的市县，并在千百年历史发展过程中形成了独特的民族文化。回族文化是中华文化不可分割的重要组成部分，为促进中西文化交流，为中华文化的丰富性和多样性做出了应有的贡献。文化和谐是民族和谐的重要基础，是社会和谐的重要保障，是人与自然和谐的重要体现。而在我国回族聚居地区繁荣发展回族文化，是全面落实科学发展观、构建社会主义和谐社会的内在要求，也是实现各民族共同团结奋斗、共同繁荣发展的根本要求。胡锦涛总书记在党的十七大报告中提出，要“弘扬中华文化，建设中华民族共有精神家园”，并明确指出要“加强对各民族文化的挖掘和保护”。

回族作为我国少数民族之一，其民族文化出版事业是发展繁荣回族文化，提高回族教育水平，普及科学文化知识，大力提高回族人口素质，发展民族经济，建设民族地区和谐社会的重要手段。多年来国家采取各种措施支持民族文化出版事业的发展，特别是对少数民族文字出版事业加大扶持力度的政策（见中宣部等五部委联合发出的《关于进一步加大对少数民族文字出版事业扶持力度的通知》），对各少数民族文化的发展起到了十分明显的作用。然而，

这一扶持各少数民族文化出版事业发展的好政策，却未能惠及回族文化出版事业，其主要原因是回族使用汉语言文字，因而被视为“没有本民族文字”，因而未能享受这一政策。我们认为这种说法（或者说是理由）是欠妥当的，也是不公允的（理由见下）。为此，我们建议：将回族使用汉语言文字视同为其他少数民族使用本民族文字，在贯彻落实《关于进一步加大对少数民族文字出版事业扶持力度的通知》这一政策时，确定回族具有与兄弟少数民族同等的享受资格。

二、问题及理由

（一）回族在民族形成及长期不断的民族文化演进中，选择了以汉语言文字作为本民族通用的交际工具。回族是由中国国内及国外的阿拉伯人、波斯人和中亚各族人等多种民族成分在长期演进中形成的民族。据研究，自公元651年的唐高宗时期，回族先民至少使用着亚西亚语系的阿拉伯语、印欧语系的波斯语、阿尔泰语系的突厥语以及汉语等多种语言。在元朝还有专门学习和研究回回语言的专门机构“回回国子学”、“回回国子监”。回族语言文字的转换是经过较长的历史发展、民族文化融合后，最终接受并形成了以汉语文字为民族语言文字的民族特征。但回族使用汉语言文字有别于汉族以及兄弟少数民族使用汉语言文字。

（二）回族语言文字中仍保留着独特的本民族语言文字特色。回族语言文字扎根于中华民族传统文化的土壤之中，是伊斯兰文化和中华本土文化双向交流、互相渗透的产物，透视出回族独特的民族心理、人文特点、生活习俗、宗教信仰等方面的内容。具体来看，回族语言文字虽然以汉语文字为本民族语言文字，但是在回族日常生活中的选择用语、回族宗教信仰专门用语，以及夹杂着大量的阿拉伯语、波斯语汉字注音词汇，这种鲜明的民族特色极大地丰富和发展了汉语系统，也形成了回族群众使用汉语独特的风格。回族使用汉语言文字的这些特点表现在文化出版上，也就相应增加了语言处理难度。例如，回族姓氏、回族经名、回族亲属称谓、回族问候语、回族礼仪用语等都具有本民族的特殊性。再比如，回族语言有较多的语言禁忌，如果在交际中违反了语言禁忌，就会伤害民族感情，甚至掀起轩然大波。

（三）其他拥有本民族文字的少数民族文化出版事业面临的种种困难，回族文化出版也同样面临。回族虽然使用汉语言文字，但由于回族分布具有“大分散、小聚居”特点，回族地区交通不便，文化经济发展水平还相对落后，民族教育事业还有待加强，特别是回族群众聚居的落后地区，更迫切需要加大文化教育投入，发展经济，改善民生状况，而通过扶持回族文化出版事业，实施文化扶贫、教育扶贫、智力扶贫，推动回族聚居地区经济发展、社会进步显得尤为迫切。国家扶持少数民族文字出版事业，扶持指向无非是民族文字翻译，人口密度小，经济、文化落后，图书印数小，发行成本大等原因。回族文化出版事业同样面临着这些困难，因此，回族文化出版同样需要政策扶持。

（四）回族文化著作，特别是有关研究类的学术性著作，仍需要使用大量的阿拉伯文、波斯文。鉴于回族的多元文化特征，尤其是伊斯兰文化的特点，研究回族文化，特别是典籍文化的研究，仍然不可避免地需要引用部分阿拉伯文、波斯文字，增加了回族文化出版的文字难度。综上所述，应将回族文化出版事业与其他少数民族出版事业一样，列入国家扶持少数民族文字出版事业范围，与其他少数民族一样，受惠于党和国家的政策关怀，体现国家这一政策的完整性与公允性。

2008年

关于建设中国出版博物馆的提案

为积极贯彻落实党的十七大对兴起社会主义文化建设新高潮、推动社会主义文化大发展大繁荣做出的战略部署，推动新闻出版公共文化服务体系建设，使人民基本文化权益得到更好保障，我们提议建设中国出版博物馆。

一、建设中国出版博物馆的必要性

第一，建设中国出版博物馆，是承载展示中国书籍文化发展和出版事业进步成果的要求。

几千年以来，中国的书籍通过文字记录延续传播中华文明，创造了耀眼世界的辉煌文化，形成了中华民族的精神思想宝库。

新中国成立后，特别是十一届三中全会以来，中国的出版事业取得了巨大的进步。全国出版社从1979年的105家发展到现在的573家。全国出书品种，1979年为15000种，2006年达到233971种。此外，我国还有340家音像出版社，年出版录音、录像、电子出版物40913种；我国报刊事业发展迅速，现有报纸1938种，期刊9468种。新中国出版业的进步，集中反映了社会主义文化建设取得的伟大成果。

中国出版事业创造性地传承了中华民族的思想精神财富，是一笔丰厚宝贵的文化遗产。而这些思想精神财富和文化遗产，或者一般的图书馆承载不下，或者不被综合的博物馆所重视。因此，建设一个国家级的出版博物馆，是历史的要求，也是事业发展的要求。

第二，建设中国出版博物馆，是版本文化资源保护和开发利用的最佳选择。

新闻出版总署属下中国版本图书馆是我国唯一的专门负责征集、保护、管理新中国成立后出版物版本的专业图书馆，是我国当代最完整、最具权威的一个出版信息资源库。按照国家关于出版单位必须向中国版本图书馆免费送交出版物样本的有关规定，中国版本图书馆自1950年成立以来，收藏各类出版物版本已达300余万（种）册。但是，版本工作目前存在着两个亟需解决的问题。其一，保护条件严重不足。作为国家出版物版本档案库，中国版本图书馆现仅有1993年建成的5000平方米书库，按照国家有关标准，这一规模至多仅能收藏图书120万册左右。现在大量版本只能堆放在临时租用的仓库里，既不防潮，也不防尘，而且安全隐患较多。版本档案目前的“安身”成为比较严重的问题。其二，服务功能未能充分发挥。中国版本图书馆近60年积累的各种版本文化资源包括采集录入的数据非常完整，反映了新中国革命、建设和改革开放的历史，融汇了无数人的心血。这些馆藏曾对传承文化、保护典籍、嘉惠后人做出了非凡的贡献，是中华民族宝贵的精神财富。作为历史的脚注、文化的细节、一个时代的文明标识和一个民族的思想印痕，其历史价值、文化价值和社会价值不可估量，理应面世于公众，为社会主义文化建设提供支持与服务，在实现中华民族伟大复兴的事业中发挥更大的作用。在出版物的档案功能和出版成果的保护收藏功能方面，中国版本图书馆有别于公共图书馆，具有不可替代的独特性。但是，这种独特的功能作用在现有条件下不能得到有效发挥，只有以出版博物馆为载体才能更好地实现。版本文化资源的有效保护和开发利用也只有通过博物馆在服务社会、服务公众工作中得到根本的解决。因此，建设中国出版博物馆，是保护和开发利用版本文化资源的最有效措施。

第三，建设中国出版博物馆，是大力弘扬中华文化，加强社会主义核心价值体系建设，建立覆盖全社会文化服务体系的需要。

博物馆是藏品的集中之地，是人类的历史记忆现场，是进行文化传承与创新的殿堂。作为文化成果和载体的图书、报刊、音像版本既是中华文化的载体，也是宣传社会主义核心价值的媒介。在博物馆这样的文化殿堂中，可以充分利用公共文化设施的传播优势，组织各种版本文化展览，展示社会文明建设成果，宣传版权保护的成绩，引导全民阅读活动，开展社会主义核心价值体系的宣传工作。为更好地保障人民的基本文化权益，也很有必要通过建设中国出版博物馆，把版本文化事业纳入建立覆盖全社会的文化服务体系中。

二、建设中国出版博物馆的可能性

第一，新闻出版系统前些年建立的印刷博物馆已经征集了印刷方面不少展品和资料，出版博物馆的建设已有良好的藏品基础，也有相应的建设经验可以借鉴。

第二，中国版本图书馆保管的版本资料品种齐全、形式多样，版本文化资源独特丰厚，编目数据完整权威，完全能承载出版博物馆的多方面功能需求。

第三，中国版本图书馆曾经尝试利用版本资料在国内外举办“老宣传画展”及版本文化展，受到社会的欢迎。同时，该馆正逐步开展出版物重点收藏工作和版本文化资源开发利用工作，出版博物馆的建设已有事业基础。

第四，关于博物馆的经费来源。有无经费保障，有多少经费可供启动及整体筹划，是该设想能否实现，能否发挥其应有效用的关键环节。除了争取国家财政支持之外，还可考虑在全球华人范围内求得民间赞助，通过国内外华人媒体，特别是华人电视媒体举办相应的文化知识传播活动等方式，扩大影响，以推动完成中华文化的这一善举、壮举。

基于以上认识，建设中国出版博物馆既是现实的要求，也有事业的基础，更是历史的使命。

2008年

关于设立国家新闻出版产业发展专项资金的提案

新闻出版业是中国特色社会主义事业总体布局的重要组成部分。改革开放30年，我国新闻出版业取得了长足的发展，但整体发展水平还不高，新闻出版业发展与日趋完善的社会主义市场经济体制不相适应，与对外开放不断扩大的新要求不相适应，与现代科学技术和传播手段迅猛发展和广泛应用的新形势不相适应，与我国的国际地位不相适应，还不能很好地满足人民群众日益增长的精神文化需求。

目前，我国新闻出版单位普遍存在规模小、实力弱的突出问题，能担当战略投资者的很少，能同发达国家同业开展竞争的大型跨国企业集团几乎没有。据不完全统计，2007年全国各类出版印刷发行企业的销售总收入只有1251.8亿元人民币，而同期德国贝塔斯曼集团一家的销售收入就达188亿欧元。目前，我国经营性新闻出版单位正处于转企改制的关键时期，选择一批规模大、成长性好的大型国有或国有控股文化企业，对其投资开发战略性、先导性项目，进行跨地区、跨行业、跨媒体甚至跨国资源整合，十分必要也十分紧迫。这是由于，其一，计划经济时代所形成的产业同构化现象严重，布局分散，市场分割，资源无法合理流动和有效开发利用，难以形成规模经济效益和集约化经营效益，因而亟待提高出版产业集约化程度。其二，数字化、网络化出版已成为信息化时代出版产业发展的大趋势，积极推动新闻出版产业数字化转型，引导和推动文化内容资源借助数字网络技术和平台进行整合后在多种传播手段中的复合应用，推动开发手机报、手机刊、手机游戏等新型传播媒体，以打破发达国家的技术领先优势，抢占技术发展的制高点显得更为紧迫。

应对金融危机，加快新闻出版产业结构调整和发展需要国家财政资金的支持。历史经验表明，每次经济波动，都是产业的一次重新洗牌；一次大的危机就预示着产业格局一次大的洗牌，美国、日本、韩国正是抓住了经济危机之后的机遇，取得了文化产业的大发展。2008年9月以来由美国次贷危机演变的全球金融危机，也可能为我国新闻出版产业结构调整和发展提供历史性的机遇。按照中央提出的“扩内需，保增长”的要求，为确保我国文化安全，引导我国新闻出版产业结构合理布局，急需国家设立专项资金，发挥财政资金的撬动作用，扶持新闻出版产业发展。2006年发布的《国家十一五时期文化发展规划纲要》已提出设立国家文化发展专项资金和基金，重点用于扶持具有示范性和导向性文化产业项目的研发等。2008年发布的国办发〔2008〕114号文件，又提出为确保文化单位转制工作顺利进行，财政可拨付一定数额的资金，主要用于资产评估、审计、政策法律咨询等。

为此，建议设立国家新闻出版产业发展专项资金，每年由中央财政安排10亿元资金，主要用于：

一、重点支持体制改革到位的国有新闻出版企业跨地区、跨行业、跨媒体兼并重组，对其重大发展项目开发予以资金补助。

二、对政府鼓励的文化企业范围内的新闻出版单位予以贴息、补助、奖励。

三、重点支持国家级数字出版、数字印刷、数字报业、出版物流基地等国家级新闻出版产业基地的建设。

四、支持新闻出版企业运用高新技术创新新闻出版生产方式，培育新闻出版新业态。重点支持传统出版单位的数字化改造，网络出版，电子纸等移动阅读终端的研发与推广应用，手机报、电子报、电子书的发展，数字印刷、按需印刷技术的推广，电子商务、现代出版物物流技术在出版物发行中的推广应用等。

2009年

关于实施少数民族新闻出版“东风工程”的提案

改革开放30年以来，我国少数民族新闻出版事业，在党中央、国务院的亲切关怀下得到了长足发展，在满足少数民族群众精神文化生活、促进民族地区经济社会发展以及维护民族团结、国家安全等方面发挥了不可或缺的重要作用。2009年，党中央、国务院召开了新中国成立以来第一次全国少数民族文化工作会议，首次以国务院的名义专门就少数民族文化工作出台了文件，为加快发展少数民族新闻出版事业指明了方向。

目前，除回族和满族通用汉语文外，我国其他53个少数民族都有本民族语言，约有6000万人使用本民族语言，占少数民族人口总数的60%以上；约有3000万人使用本民族文字。2008年，按照3000万人使用本民族文字计算，我国少数民族人均新增可消费民文图书为1.26册（张），民文报纸为5份，民文期刊为0.22册；按照6000万人使用本民族语言计算，少数民族人均新增可消费民语音像制品为0.06盘（张），基本无新增可消费民语电子出版物。而按照2008年全国13.28亿人口计算，2008年，我国人均新增可消费图书为5.32册（张），报纸为33.36份，期刊为2.34册，音像制品为0.32盘张。少数民族群众民文读物的人均新增可消费量，远远低于全国平均水平。

少数民族新闻出版事业发展滞后突出表现在：

第一，服务民族地区经济社会发展的能力亟待提高。少数民族群众的教育、就业、农牧业生产、群众生活等民生事业事关稳定、发展大局。但多年来，由于缺乏开发、翻译以及出版资金的限制，与上述民生事业息息相关的通俗易懂的基础教育和思想道德教育读物、各类就业培训、实用技能以及适合少数民族群众生产生活特点的普及出版物，无论是品种还是数量都远远难以满足需求。

第二，公共服务保障能力不强。目前，少数民族群众收入普遍仍偏低，据测算，年人均购书额不足3元。在这种文化消费水平下，要让少数民族群众都看上书、读上报，一个关键的路径，就是加快民族地区新闻出版公共服务体系建设步伐。但目前正在组织实施的“农家书屋”等文化事业工程服务范围还较窄，服务内容也有限，尚不能惠及所有民族地区的少数民族群众。

第三，民文出版印制能力亟待增强。民文书报刊、音像制品等的出版印制，由于需求量不大，成本高、市场小，基本都处于亏损状态。难以走向市场、政府投入严重不足，使得大部分民文出版单位基础差、生产技术落后、设备陈旧简陋，仍在沿用很传统的工作方式进行生产，无力依靠市场承担起发展民文出版事业的任务，有的出版社每年出版的民文图书多不过20余种，少的还不到10种，勉力维持生存。

第四，出版传播能力较弱。我国民族地区土地面积广阔，交通不便，一些民族地区少数民族人口居住极为分散，给书报刊等传统出版物的物流配送和投递带来极大的困难。由于物流体系的基础设施、信息网络等在民族地区尚未完善，民族地区还没有形成布局合理、覆盖广泛、运转高效、配送迅捷的出版物发行体系。例如，在西藏，目前全自治区74个县中还有39个县未建立新华书店，日报往往变成“周报”，主流媒体的覆盖面还有一些盲区，在传播党的路线方针政策和先进文化方面，效果大打折扣。

第五，数字出版等新媒体发展严重滞后。民族地区的手机出版、互联网出版以及多媒体出版等处于起步阶段，远远不能适应信息化、数字化时代发展的新形势、新要求。传播方式和传播手段的落后，成为制约少数民族文化产品走向市场、赢得观众的重要原因。

第六，出版物市场监管能力还不高。目前，边疆民族地区越来越成为境外敌对势力对我进行文化、宗教渗透的重点地区，在民族地区，反渗透、维护文化安全已经成为维护国家安全和核心利益的重要内容。但由于投入有限和监管经验不足等原因，边疆民族地区文化市场监管还存在着较为薄弱的问题，“扫黄打非”和出版物市场监管能力亟待提高，在一些地方和一些环节还存在着空白等，一定程度地影响了监管工作的开展和实际效果。

第七，人才匮乏成为制约发展的瓶颈。民族地区新闻出版从业人员中，接受过系统的理论和专业培训的较少，技术水平和业务能力亟待提高。既懂汉语又懂民语，既精通出版专业又掌握现代新技术、懂得经营管理的高端人才奇缺。

产生上述问题的根本原因，在于民族地区支持文化发展的经济基础相对薄弱，投入少、基础差、底子薄，导致公共服务体系不健全，精神文化产品供给能力有限。这种状况长此以往，既难以满足民族地区经济社会跨越式发展和长治久安的要求，也难以适应意识形态领域反分裂、反渗透的新形势。

因此，建议按照新时期党中央国务院关于加快民族地区发展的各项方针政策，紧紧围绕保障文化民生、服务经济社会发展大局和意识形态领域反分裂反渗透斗争的需要，进一步加大国家对少数民族新闻出版事业的总投入。特别是在认真总结新疆新闻出版“东风工程”较好实施经验的基础上，逐渐扩大这一工程的实施范围，使其更加注重增强民族地区新闻出版自我发展能力，更加注重提高民族地区文化基本公共服务能力和均等化水平，更加注重建立新闻出版促进民族地区经济社会发展的体制机制，实现民族地区新闻出版业的跨越式发展，使民族地区新闻出版业与内地同步发展，满足民族地区少数民族群众的精神文化需求，繁荣发展少数民族文化，维护国家文化安全。在具体工作举措上，建议：在编制国民经济与社会发展“十二五”规划时，将实施少数民族新闻出版“东风工程”作为重要内容纳入其中，并将“东风工程”实施范围从最初的新疆扩大到内蒙古、广西、西藏、宁夏、新疆等五个民族自治区以及吉林、四川、云南、贵州、甘肃、青海等省的民族自治地方。建议国家发改委、财政部等部门在批准立项实施少数民族“东风工程”时，安排以下项目和政策：

第一，实施出版物免费赠阅计划。每年有计划地向民族地区少数民族群众免费赠阅各类读物、手机报、宣传招贴画等各类出版物，进一步解决好各族群众读书看报难的问题。

第二，组织开展民文出版物翻译出版工作。由国家资助，将优秀的汉文或外文出版物翻译成民文出版物（含双语），同时组织出版一批原创优秀民文（含双语）出版物，大幅度增加基层群众买得起、看得懂、用得上的通俗、易懂、实用性出版物。

第三，建设民文出版基地。通过文化体制改革，整合民文出版资源，组织民文出版协作体，形成民文出版基地。加强基地基础设施、生产条件和编印发等生产能力的建设，强化全国民文出版物产供销的统筹协调和资金投入力度；支持民族地区党报党刊和重点民文期刊采编印技术装备的更新改造，大幅提升民族地区公益出版印刷能力。

第四，建设一批民文数字出版新媒体，实现民族地区各级党报党刊互联网出版，支持各自治区党报创办民文手机报。

第五，建设民族地区基层宣传发行网点。推动民族地区县（市）级新华书店建设和改造工作，完善乡（镇）发行网点，推进物流配送及连锁经营，为民族地区县（市）级新华书店配备流动送书车，将优秀的出版物覆盖到民族地区基层群众。

第六，增强民族地区出版物市场监管能力。建设出版物市场监管信息系统和互联网出版监管信息系统，为地县级新闻出版行政部门配置执法车辆等工作设备，并由中央安排出版物市场监管专项经费。

第七，支持民族地区新闻出版人才队伍建设。建设若干双语教学培训基地，对民族地区新闻出版从业人员进行政治素质、生产技术能力轮训。

第八，将现行支持新疆新闻出版事业发展的各项税收优惠政策扩展到其他民族地区。

2010年

关于进一步加大财政投入，加快发展盲文出版事业的提案

我国有1700万盲人，其中全盲约500万，低视力盲人约800万，多重残疾盲人约460万，是一个数量众多、特性突出、特别需要帮助的群体。盲文出版事业承担着为全国盲人提供主要精神文化产品和服务的重任，是中国特色社会主义新闻出版事业和残疾人事业的重要组成部分。改革开放30年尤其是党的十六大以来，在党中央国务院的亲切关怀下，通过不断加大财政投入，构建以政府为主导、盲文出版机构为骨干、社会各界积极支持的良好工作机制，盲文出版事业有了长足发展，在维护盲人群众基本文化权益方面，在帮助盲人通过学习文化知识自强自立、融入社会，成为社会物质和精神财富的创造者方面，在促进社会和谐、提升社会文明程度方面，发挥了重要作用。我国盲文出版事业的发展正处于新的历史起点，亟待得到多方面的扶持，以期推动实现健康、跨越式发展。

但总体来看，我国盲人群众公共文化服务能力远远低于社会平均水平。从人均出版物占有资源来看，目前全国盲文书刊年均出版600多种、20多万册，平均2.5万盲人才有一种盲文书、100个盲人才有一册盲文书；全国明眼人图书年均出版30多万种、64亿册，平均每人拥有5册图书。盲人能够享受到的出版物资源仅为社会平均水平的五百分之一，相差悬殊。在知识和信息获取方面的突出困难，严重制约了广大盲人群众科学文化水平的提高。据统计分析，目前我国仅有小学文化程度的盲人达到54.5%，初中文化程度的盲人占到33.6%，高中以上文化程度的盲人只占11.9%。全国还有3.7万名适龄盲童未能入学。

盲文出版事业发展的突出困难主要表现在：

第一，盲文出版规模、数量太小，盲人新闻出版公共服务能力亟待提

高。由于长期以来的投入相对不足、相关政策不配套、盲文出版机构体制机制不顺和人才队伍建设滞后等原因，盲文出版事业发展受到极大限制。我国有限的盲文书刊生产能力难以保障各类在校盲生对教材教辅图书的需求；盲人群众急需的文学、社科、政治、法律、音乐等综合类读物十分匮乏，远远满足不了全国广大盲人不断增长、日益多样化的文化需求；我国盲人阅读公共服务网点很少，存在盲人读物品种和数量严重不足的问题。在明眼人精神文化产品极大丰富的今天，广大盲人面临严重的“书荒”困境，这种现象应当引起全社会的极大关注和重视。

第二，盲文出版事业不可能依靠市场机制发展，迫切需要财政加大投入力度。盲文出版物生产成本高昂，而定价却不能过高。盲人群众普遍属于困难群体，收入较低、文化程度不高，盲文出版物市场消费规模小。盲文出版具有典型的公益性，必须通过公共财政加以扶持，盲文出版事业才能够正常运转和发展。

第三，我国盲人信息无障碍技术发展滞后，相当多盲人群众难以平等享受文化发展成果。以缩小数字鸿沟、共享信息文明为目标的信息无障碍技术对减轻或消除盲人视觉障碍，为广大盲人无障碍地获取信息和交流提供了空前便利，是体现国家公益性科技发展水平的重要标志。发达国家经过十几年的发展，已在信息无障碍技术、产品研发和服务体系建设等方面取得了重要进展。近年来，我国致力于盲用软件、盲用信息化终端的研发推广和无障碍标准环境建设，在技术和产品的易用性、实用性、可承担性等方面进行了探索和努力，但由于基础水平不高、相对投入不足等方面原因，我们与西方国家的差距仍然很大。由于符合盲人认知特点的盲用信息化产品多靠进口，价格昂贵，我国盲人在信息化、网络化时代享受科技和文化发展成果的权益远未得到有效保障。

因此，建议根据党中央国务院关于加强公共文化服务体系建设、推进公共文化服务均等化和发展盲文出版事业的各项方针政策，按照李长春同志关于加快发展盲人出版事业的重要讲话和指示精神，进一步加大财政投入和扶持力度，推动盲人出版事业取得跨越式发展。具体建议如下：

第一，国家设立盲人读物出版专项资金。建议根据国家“十二五”时期文化发展规划的整体设计，设立盲人读物出版专项资金，或者在国家出版基金中单设一块，专项资助盲文、有声、大字本读物等盲人读物出版，不断丰富盲人读物的品种和数量，提高质量和水平，切实保障广大盲人群众的基本文化权益。

第二，盲文教材（包括大字本读物）全部由政府出资采购。通过给各级各类盲校学生免费提供教材，彻底解决多年来盲文教材教辅种类不全、数量不足、标准不一、质量不高等问题，为实现所有适龄盲人青少年全部接受平等义务教育创造条件。

第三，加大对中国盲文出版社生产硬件设施的支持力度。通过配置必要的盲文编辑出版、印制设备和软件，尽快改善盲文出版事业基础薄弱、服务滞后的局面，大幅提升我国盲文出版的生产能力。

第四，国家投资研发盲人信息无障碍产品。充分借鉴发达国家先进经验，在技术和产品的易用性、实用性、可承担性等方面进行技术创新，研制出具有我国自主知识产权的系列化、高性价比盲用信息化产品。

第五，国家财政每年安排盲文出版人才引进培养资金。特别是加强对高层次、复合型、创新型盲文出版、盲人辅助技术研发人才的引进和培养，建立一支包括盲文出版、有声读物、盲人信息无障碍、盲人文化研究、公益营销、文化创意和经营管理人才在内的高素质人才队伍。

2011年

关于设立国家重点学术期刊建设工程的提案

（记者李雪昆）我国在期刊出版数量上已成为世界学术期刊出版大国，但并非学术期刊出版强国。针对这一现状，两会期间，全国政协委员、新闻出版总署副署长李东东《关于设立国家重点学术期刊建设工程的提案》，得到其他20名委员的联名，呼吁通过实施国家重点学术期刊建设工程，加大政策引导和经费资助，促进学术期刊的健康发展。此外，针对我国盲人群众公共文化服务能力远远低于社会平均水平，亟待得到多方面扶持这一现状，李东东等委员联名提案，建议进一步加大财政投入和扶持力度，推动盲人出版事业实现跨越式发展。

关于学术期刊建设的提案指出，改革开放以来，我国学术期刊的数量有了长足的发展，学术质量和编辑出版质量不断提高，被国际著名检索系统或数据库收录的学术期刊不断增多。但目前，国内学术期刊总体发展面临着严峻的挑战。学术期刊质量仍然不高；整体水平与更好地服务科研事业和创新型国家发展的要求不相适应，与加快文化事业和产业发展、增强国家软实力的要求不相适应，与我国跨越式发展的科学研究水平不相适应，与我国作为期刊大国的地位不相适应；对学术期刊的发展缺乏系统的宏观战略规划，学术期刊择优扶持的长效机制并没有建立起来，缺乏国家级重点项目的支持和引导，对学术期刊的经费支持相对不足；政府资助机制尚不健全等问题依然存在。

据此，李东东等委员建议，通过设立国家重点学术期刊建设工程，完善学术期刊的出版保障机制，加大对学术期刊出版扶持力度。在具体工作举措上，提案提出五点建议：

第一，建立“国家重点学术期刊”遴选与动态管理机制。通过政府主导，设立专门项目，建立“国家重点学术期刊”遴选标准和选拔机制，优中选优，集中力量扶持一批瞄准国际先进期刊阵列的“重点跨越”学术期刊，培育一批具备国际水平、有潜力快速发展的“重点培育”学术期刊。

第二，推进建设重点学术期刊学术质量保障体系。支持重点学术期刊面向海内外选拔学术带头人进入主编、编委会、编辑部队伍，面向海内外组织高质量稿源，建立国际化的审稿人队伍、作者队伍，不断提高稿件内容的学术质量水平；支持重点学术期刊远程编审系统国际化，改造或使用国际通行的远程采编系统，引进国内外学术不端行为检测系统，保障同行评议的审稿质量和审稿效率。

第三，全面推进重点学术期刊传播能力建设。支持重点学术期刊自建或参与重要的国内外出版发行渠道、发行平台，扩大刊物在海内外科学界的直接影响力；支持重点学术期刊建立自主门户网站或参与学科门户、地区重大学术交流平台的建设，提高重点学术期刊网络发布能力，提高重点学术期刊国内外网络影响力；支持重点学术期刊开展外语版本出版，支持我国特色研究代表性成果的外语出版。

第四，全面推进重点学术期刊出版效率建设。支持重点学术期刊不断优化出版流程、缩短刊期、缩短出版周期，提高发表效率的措施；支持重点学术期刊在纸本出版同时，加强网络化、数字化出版工程建设，支持刊物数字出版的全面改造。

第五，全面提升重点学术期刊专业人才建设水平。支持开展重点学术期刊主编、编辑人才的国际化学术交流、学者互访活动，推进编辑队伍的国际化水平；支持学术期刊发展急需的市场经营人才、技术支撑人才、管理人才的遴选、使用和培养。

《关于进一步加大财政投入加快发展盲文出版事业的提案》指出，改革开放30多年来，尤其是党的十六大以来，盲文出版事业有了长足发展，在维护盲人群众基本文化权益方面，在帮助盲人通过学习文化知识自强自立、融入社会，成为社会物质和精神财富的创造者方面，在促进社会和谐、提升社会文明程度方面，发挥了重要作用。但目前我国盲文书刊年均出版600多种、20多万册，平均约2.5万盲人才有一种盲文书、约100个盲人才有一册盲文书，远远低于我国明眼人人均拥有5册图书的水平。同时，盲人能够享受到的出版物资源仅为社会平均水平的五百分之一，相差悬殊。长此以往，在知识和信息获取方面，将严重制约广大盲人群众科学文化水平的提高。

据此，在具体工作举措上，提案提出五点建议：第一，国家设立盲人读物出版专项资金；第二，盲文教材（包括大字本读物）全部由政府出资采购；第三，加大对中国盲文出版社生产硬件设施的支持力度；第四，国家投资研发盲人信息无障碍产品；第五，国家财政每年安排盲文出版人才引进培养资金。

2011年

关于出台具体措施，尽快扩大文化消费规模的提案

改革开放以来，我国经济社会发展取得巨大成就，2010年我国人均GDP已经接近3万元人民币，城乡居民收入保持持续快速增长，社会消费能力极大增强。特别是在物质生活水平迅速提高的同时，人民群众对精神文化产品的需求日趋旺盛，文化消费总量快速增长，已成为颇具特色的消费热点和扩大内需的重要增长点。“十一五”时期，全国文化产业年均增长速度在15%以上，比同期GDP增速高6个百分点。文化消费总量增长及其在消费总支出中所占比重，是衡量国民生活质量的重要指标。从国际经验看，欧美日等发达国家在工业化后都纷纷大力发展文化产业，通过全面扩大文化消费，进一步提升其经济社会发展整体水平。但从我国情况看，文化消费总量在经过十几年的逐渐增长后，近几年出现下降趋势。根据《2010年中国统计年鉴》，2006年至2009年期间，在我国居民总消费支出中，居民文教娱乐用品及服务类消费占比呈现不增反降的情况，农村居民、城镇居民这一占比分别从10.3%下降到8.47%、从11.3%下降到9.80%。这一数据及近年我国文化事业文化产业发展的业绩表明，当前，我国文化消费具有增长空间，巨大的文化消费潜力还未被充分激发出来。

党的十七届六中全会明确了“扩大文化消费”这一重大政策，指出“增加文化消费总量，提高文化消费水平，是文化产业发展的内生动力，是推动文化产业发展必须紧紧抓住的关键环节和重要着力点”。当前，大力发展文化产业、扩大文化消费规模对于积极应对外部不利经济环境挑战，推动经济发展方式加快转变，促使社会全面进步和人的全面发展，具有重大战略意义。同时也应认识到，我国属于人均大多数战略资源匮乏的国家，在国与国综合实力竞争中，要赢得优势和主动，必须尽快通过扩大文化消费，提升国民整体素质，在

新的历史起点上，更充分地发挥好我国人力资源的优势。尽快提升我国城乡居民文化消费能力，提高城乡居民文化消费支出占总消费支出的比例，显得十分重要和紧迫。

针对我国文化消费水平低的状况，在国家实施增加城乡居民收入特别是中低收入人群收入、全面建立健全社会保障体制等重大战略的同时，建议根据党的十七届六中全会精神，尽快制定出台扩大文化消费的具体措施，特别是从目前对文化产业发展的扶持政策主要着眼于对文化产品生产供给的支持，逐步转变到更加关注对文化消费的支持上来。具体建议如下：

一、加大我国文化产业发展区域不平衡的协调力度。我国幅员辽阔，文化产业和文化消费区域不平衡现象十分明显，东部沿海地区文化市场较发达，历史文化资源相对较少，而中西部地区有着十分丰富的文化资源，市场却不够发达。协调这种不平衡现象，扩大中西部地区文化消费水平，要因地制宜，发挥区位优势，加强区域间合作，积极开发利用中西部地区丰富文化资源，促进中西部地区居民文化消费水平逐渐提高。

二、结合我国税制改革，从促进文化消费出发进一步完善我国文化产品流转税税收政策。目前，我国对文化产品的生产销售和文化服务实行的一系列增值税、营业税优惠政策，主要侧重于对生产服务主体进行扶持。这种扶持在促进文化产业和文化事业发展方面发挥了重要作用，但对降低文化产品和服务的市场价格、提升城乡居民文化消费能力的作用则并不明显。考虑到理论上增值税最终由消费者承担，建议在国家增值税改革试点过程中，考虑对文化产品和服务实施零税率或最低税率，这样做，既有利于地方经济结构转型，也有利于鼓励城乡居民更加积极地消费文化产品和服务。

三、大力培育文化消费热点，营造文化消费氛围。进一步挖掘各地特色文化主题，整合各地文化资源，打造多种文化品牌，极大地拓展文化消费领域，培植更多文化消费增长点。建议国家财政考虑通过发放文化消费券等形式激发广大群众消费热情，刺激文化消费增长。充分挖掘各地文化消费市场潜力，发展低成本、低票价、小规模、寓教意的基层群众文化消费活动，扩大文化消费总量。

四、推动公共文化服务体系建设与扩大文化消费的有机结合。当前，我国正在以公共财政为支撑，完善覆盖城乡、结构合理、功能健全、实用高效的公共文化服务体系。公共文化服务体系在保障人民群众基本文化权益同时，也在不断培育文化消费市场。要根据国家财力合理确定公共服务和市场消费之间的边界，既不大包大揽也要发挥实效，在切实保障人民群众基本文化权益同时，引导城乡居民主动进行多层次、多方面、多样化的文化消费。

五、在城市建设特别是城镇化过程中，要合理规划布局文化消费场所。在城乡规划中，要为居民安排足够的出版发行、电影放映、文艺表演、网络服务等文化消费场所。对投资兴建适合群众需要的文化消费场所，安排必要的基本建设投入、给予财税优惠政策。

六、积极倡导文化消费理念，引导全社会积极进行文化消费。在社区和乡镇广泛开展读书节、电影节、歌舞会等各类文化活动，特别是设立国民阅读日等国家节日，鼓励引导支持建立各种读书会、戏迷会等群众文化娱乐团体，引导全社会形成文化消费为荣的健康理念。

2012年

【会议发言】

深化文化体制改革，开创新闻出版事业新局面

党的十七大站在继续解放思想、坚持改革开放、推动科学发展、促进社会和谐的战略高度，从全面建设小康社会对文化建设的新要求和各族人民对文化工作的新期待出发，做出了兴起社会主义文化建设新高潮的重大部署，明确了推动社会主义文化大发展大繁荣这样一个十分振奋人心的历史任务。在全国宣传思想工作会议上，胡锦涛总书记对宣传思想工作提出了“高举旗帜、围绕大局、服务人民、改革创新”的总要求。这充分反映了我们党对当今国际国内发展大势和我国文化建设地位的准确把握，体现了我们党在新的历史条件下高度的文化自觉，也表明在推进中国特色社会主义事业的伟大进程中，中国共产党人将更加自觉、更加主动地承担起传承文化、繁荣文化的历史责任。

新闻出版事业是中国特色社会主义事业的重要组成部分，新闻出版工作是党的宣传思想工作的重要组成部分，出版传媒产业是文化产业的核心部分，肩负着坚守意识形态阵地、传播科学理论、传承优秀文化、引领时代思想潮流、增强文化软实力的重要历史使命。

今年是改革开放30周年，我国各项事业将进入新的发展阶段。我们要认真落实党中央关于加大力度、加快进度推进文化体制改革的要求，认真谋划新闻出版事业的发展、繁荣。

一、加快出版产业的结构调整

改革开放30年，我国新闻出版业经历了快速发展时期，图书、报刊、音像电子产品以及网络产品的品种和数量已经达到相当大的规模，发行码洋也增长迅速。2007年全国共出版图书274376种，定价总金额679.6亿元；共出版报纸2081种，定价总金额278.7亿元；共出版期刊9363种，定价总金额154亿元。但不能忽视的是，这种规模效益的背后仍然存在着重复出版等资源浪费现象。要积极调整产业结构、企业结构、产品结构，大力转变发展模式，不断提高出版物的质量，以质量求效益，以精品谋发展。

二、推动体制机制改革

目前，国内500多家出版社中已有100多家重要出版社转制为企业体制，两千多种报纸、近万家期刊中，1000多家报刊出版单位也进行了企业化、市场化改革。通过集团化、股份制改造、企业重组等方式，培育了一批出版传媒方面的集团公司。这些集团公司作为中国出版业的重要市场主体积极参与竞争，并通过上市融资、股份制改造等措施大大增强了实力。现在的国际、国内出版物市场上，有竞争力的中国出版企业都是按照新的市场主体要求改造过的出版单位。改制后的出版发行企业，国有资产年均增长40%以上，经营收入年均增长30%以上，职工收入大幅提高，效益令人振奋。今后几年，深化改革、加快转制的任务仍很紧迫、艰巨，要通过改革，在切实解放和发展文化生产力上下大功夫。

三、大力提倡创新精神

要进一步调动新闻出版工作者的积极性和创造性，支持文化内容、形式、生产技术和传播手段创新，用现代技术改造新闻出版业。内容生产上要杜绝选题雷同、低俗无用、跟风炒作等不良行为。整合出版资源，着力开发有益于展现文学、艺术、科技等领域新成果的新选题，为广大读者服务。形式要为内容服务，要在满足读者实际需要的基础上不断探索提高。生产技术上要加快高新技术的应用，重视数字技术的推广，大力发展数字出版和数字传播。

四、加快政府职能转变

继续大力推动政府职能转变，从办出版转向管出版，主要精力要放在宏观调控、市场监管、公共服务和依法行政上来，依靠政策、法律和市场来管理出版活动和出版产品。新闻出版行政部门要从审批型政府部门变成服务型政府部门，为出版企业服务，为人民大众服务。让他们拥有更多的自主权参与文化创造，享受更多的文化权益。政府的公共资源将更多地向改制后的出版企业和基层人民群众倾斜。

五、加强公共服务体系建设

进一步推动农家书屋、民族文字出版、全民阅读等公益性工程建设，保障人民群众的基本文化权益。政府将对不能依靠市场配置资源、不能依靠市场竞争解决的问题，如盲文出版、少数民族文字出版等进行政策扶持，对农村九年义务制教育的学生免费提供教科书，对农家书屋的建设提供经济支持。

六、实施重大出版工程

传承优秀文化、记录时代精神，是新闻出版的历史责任。要积极推动新闻出版基础建设项目和文化积累出版项目的加快实施，用大项目带动整个出版业的繁荣。这几年，依靠政府推动性力量，出版了一大批精品力作，在整理出版历史典籍、推出当代重要文化作品等方面，都取得很好的成绩，已完成《中国植物志》《全宋诗》等典籍，为民族文化宝库增加了新的珍品。今后，仍将加大力度开展这方面工作，目前正在组织实施《中华数字古籍全书》《中华大典》等编纂工程，为实现中华民族文化的伟大复兴贡献力量。

七、提高中国出版的国际竞争力

中国出版在国际市场上越来越有影响力。2006年法兰克福书展上，中国首次实现了版权贸易顺差。2007年法兰克福书展上，中国出版再次大放光彩，输出版权1900多项。在其他国际展会上，中国出版都是最大的亮点之一，标志着中国出版业正在全面走向世界。将来要进一步通过参与国际竞争，积极吸收其他国家文明成果，同时向世界传播中国优秀文化，让世界共享中华文明。

新闻出版领域改革创新的实践证明，哪里有改革，哪里就有新局面；哪里抓改革，哪里就有大发展。如今，新闻出版领域体制改革刚刚突破，今后事业发展的任务还非常艰巨。我们将进一步学习贯彻胡锦涛总书记十七大报告中关于改革开放的论述和“在时代的高起点上推进文化内容形式、体制机制、传播手段创新，解放和发展文化生产力”的要求，按照全国宣传思想工作会议的总体部署，认真贯彻落实胡锦涛总书记重要讲话精神，继续解放思想，坚持深化改革，用改革的办法解决新闻出版业发展和管理中的问题，实现事业和产业的又好又快发展，为推动社会主义文化大发展大繁荣做出新的积极的贡献。

2008年

加大投入，优化政策，发挥新闻出版业在“保增长”中的重要作用

2008年以来，国际金融危机影响持续加深、全球经济增长明显放缓以及投资和贸易保护主义上升等压力，使我国经济发展面临前所未有的挑战。党中央国务院及时调整政策，加强宏观调控，为保持经济平稳较快发展赢得了时间、争取了主动。

面对挑战，新闻出版业积极采取应对措施，保持了平稳较快增长的势头。2008年，全国新闻出版产业从业人员达到1110万人，总产值超过8500亿元，预计占GDP比重为2.83%。新闻出版业在推动国家经济社会发展和满足人民群众日益增长的精神文化需求中的作用日益明显。在2009年1月举办的北京图书订货会上，订货码洋达25.168亿元，同比增长18%；图书馆看样采购8100万元，同比增长26%。从出版物销售情况看，今年年初以来，销售额不降反升，确有逆向发展之势。例如北京图书大厦，仅在春节假期销售额就达1283万元，同比增长20%。但是，在国家已经或正在出台的各项“保增长”政策措施中，适用于包括新闻出版业在内的传媒和文化创意等产业发展的政策措施还比较少。此次国务院确定的扩大内需、促进经济增长的十项措施及正在研制中的2009年重要产业调整和振兴规划，仅从“事业发展”的角度提到了文化发展，而对其在产业发展中的作用重视不够。

历史经验证明，每当经济发展遇到困境时，民众心灵更加需要慰藉，学习欲求也会更加强烈。新闻出版产业因其独特作用，不仅能在促进经济走出低谷中发挥特有的社会功能，而且还能对扩大文化内需、促进经济增长发挥重要作用。如果国家加以扶持，不但会产生事半功倍的效果，而且对于调整经济结构、推动经济社会平稳较快发展具有重大意义。因此，在制定“保增长”政策措施时，应

将推动包括新闻出版业在内的传媒和文化创意等产业发展纳入视野。

加快发展新闻出版业至少可在以下三方面起到重要而独特的作用：

第一，通过发挥新闻出版媒体传播优势，全面准确宣传我国经济发展面临的机遇与挑战，深入解读党和国家保增长、扩内需、调结构、促改革、惠民生的重大决策，激励各行各业迎难而上、共克时艰。

第二，通过出版更多以现代金融、经济、科技和管理知识为内容的出版物，为全社会积极应对挑战提供智力支持和文化条件。

第三，通过新闻出版业的平稳较快发展，促进经济结构调整，提升经济发展整体质量。国际公认，包括新闻出版业在内的传媒和文化创意产业具有“少污染、低能耗”的特性，能够有效地拉动就业、扩大消费。

建议从以下七个方面将加快新闻出版业发展纳入国家“保增长”政策措施中：

一是加快建设新闻出版民生工程。“农家书屋”工程已成为社会主义新农村建设的标志性工程，目前已建成3万多家，并具备了提前完成工程的条件，建议国家加大财政投入，加快实施进度。

二是设立“国家读书节”。每年的4月23日是世界读书日，许多国家在这一天开展丰富多样的全民阅读活动。建议尽快设立“国家读书节”，设计层次高、影响面广的活动内容并形成惯例，在全社会营造热爱读书、鼓励读书的文化氛围，提升国民素质。

三是试行新闻出版产品消费财政补贴或发放消费券制度。比照国家农村家电产品消费补贴制度，对消费者购买出版物给予适当财政补贴，既能刺激社会消费，也能为经济社会发展储备人力资源。

四是将“国家数字复合出版系统”、“数字版权保护技术”、“中华字库”、“国家知识资源数据库”等重大科技基础项目及国家精品学术期刊建设工程作为“保增长”的重点项目加大支持力度，提高自主创新能力，改变我国出版传播技术的落后局面。

五是设立新闻出版产业发展专项资金，由国家财政每年投入资金，用于对重大新闻出版工程的贴息和补助，对骨干新闻出版企业和企业集团公司进行重点扶持。同时，重点支持数字出版产业基地建设，支持关键技术研发，发展新型出版业态。

六是比照软件业、高新技术企业给予出版新业态、新媒体和国家级数字出版基地优惠税收政策，出台文化创意中小企业融资政策。

七是扩大“走出去”专项资金规模，支持新闻出版“走出去”，在增加出版产品和服务出口的同时扩大中华文化影响力，提升国家竞争软实力。

2009年

政协第十二届全国委员会

【提案】

发挥社会组织的桥梁纽带作用
推动文化产业投融资体系建设

党的十八大要求扎实推进社会主义文化强国建设，并把推动文化产业成为国民经济支柱性产业确立为全面建成小康社会和全面深化改革开放的重要目标。现代产业经济学理论和国内外发展实践都表明，有效提升文化产业的竞争力，其关键环节是推动文化产业投融资体系建设。

改革开放以来，我国文化产业发展取得了举世瞩目的成绩，但由于我国文化体制长期强调文化事业发展，依赖财政投入，文化产业投融资体系建设明显滞后。当前，我国文化产业领域市场机制不健全的现象普遍存在，特别是信用体系没有建立起来，使文化产业和金融业融合式发展面临很多问题，例如金融产品难以适应文化企业资金回报周期长、成长风险性大、现金流不稳定的特点，文化产业大量的民营中小企业加剧了信息不对称问题，使金融资本望而却步，最终导致文化领域的投融资总量远远不能满足产业发展需求。

一般观点认为，文化产业投融资体系建设应该主要发挥政府和企业（包括金融机构）的作用，却往往忽视了市场经济的“第三部门”——社会组织的作用。这里的社会组织包括行业协会、商会、基金会、促进会等社会团体和一些民办非企业单位及会计师、律师事务所等机构。根据美国、日本、韩国、德国等发达国家的成功经验，社会组织在文化产业发展过程中功不可没，例如，美国与韩国的行业协会在产业政策的制定与文化市场的管理方面发挥了重要作用，日本的“内容产品海外流通促进机构”在海外文化贸易与维权方面的成就显著，德国的各类基金会更是政府对外文化政策的好助手。社会组织是文化市场的重要组成部分，是推动文化产业发展的重要力量，是政府与文化产业之间沟通交流的桥梁纽带，不仅能够承接一部分政府管理职能，维护市场经济秩序，促进行业自律管理，而且在我国文化产业市场机制缺损、信用体系不健全的情况下，能够发挥市场建设、信用建设功能，扎实推进文化产业投融资体系建设。

在实践中，我们依托中国新闻文化促进会和中国开发性金融促进会做了一些探索和尝试。我们的经验和体会是：第一，社会组织能够有效降低文化领域的信息不对称。通过社团组织间的合作，在文化界和金融界建立银政企合作平台和沟通协调机制，能够有效打通行业间信息屏障，从根本上改善文化产业发展的生态环境。第二，社会组织在文化产业信用建设方面大有可为。信用是金融之本，所以投融资体系建设根本上是信用体系建设。社会组织大多是诚信为本，自身具有一定组织信用，承接政府职能使其具有“政府间接信用”，同时，社会组织成员大多由行业领军企业、知名专家、研究机构等组成，从而具备稳定的“社会信用”。把这三方面信用资源有效整合起来，就是文化产业的信用建设。第三，开发性金融以市场化方式服务国家战略，其“规划先行、信用建设、融资推动、社会共建”等方法是破解文化产业融资瓶颈的有效手段，能够在构建投融资体系中发挥关键作用。目前国家开发银行主导的开发性金融实践在文化领域的贷款余额已经超过1300亿元，居金融业首位，“十二五”期间，国开行将提供超过2000亿元融资总量支持文化产业，这是构建文化产业投融资体系的重要依托。

综上，建议在政府主导下充分发挥社会组织的桥梁纽带作用，推动文化产业投融资体系建设：

（一）提升文化产业行业协会的市场建设功能。通过发放资质、认证、培训，为市场主体的运行提供鉴证、评估等服务，控制行业准入，从源头上保证进入行业的企业是规范的诚信企业。制订和实施文化产业的技术规范、行业标准，提高企业信用度，避免行业内企业恶性竞争，促进企业在微观经济活动中加强自我约束和自我管理。引导文化企业建立现代企业制度，规范财务流程。

（二）发展专业的文化产业金融中介机构。大力发展知识产权保护、文化企业信用评级、无形资产价值评估及文化产业领域的法律、财务、信息咨询等中介机构，完善行业信息调查统计，健全信息发布渠道，利用信息技术、网络技术和市场力量建设文化产业信息平台，降低金融支持文化产业的交易成本，促进金融机构和文化企业的有效对接。

（三）依托社会组织拓宽文化产业投融资空间。发挥社会组织的信用资源整合优势以及行业内企业的联合实力，通过连带担保等形式承担市场投融资风险。协调金融机构加强金融创新，充分发挥开发性金融的先锋先导作用，支持文化企业并购和“走出去”，促进产业链整合，培育具有国际竞争力的文化集团；以信贷、投资、租赁、基金、债券、上市等多种融资手段为文化企业提供金融服务，以银团贷款、联保联贷等形式合理分散金融风险。

（四）促进金融、文化及社会各界的社会组织合作。通过联合课题和举办研讨会、投资洽谈会等形式，加强商业模式、融资模式创新推广及相关法律法规建设工作，建设文化产业与金融业及其他行业融合式发展的机制和体制。

（五）发挥文化类社会组织在文化产业园区和基地建设中的主导性作用。近年来文化产业园区快速发展，但明显存在“重有形园区、轻文化内涵”、“有文化企业、缺产业链条”等问题。文化类社会组织由于其行业影响力与号召力，一方面在园区建设中，可以合理规划布局，有效整合行业资源，加快产业集聚，发挥示范效应，引导文化产业园区从做“壳”到做“核”转变，从而促进文化产业内涵式发展；另一方面能够为社会组织的发展提供有效的支持，摆脱自身的生存困境，发挥在承接政府转移职能、引导市场健康发展上发挥独特作用。

2013年

发挥“尧母文化”正能量，建设美丽中国的提案

河北省望都县是尧帝之母庆都的诞生地，也是“尧母文化”的发源地。尧母庆都开创的“母教文化”与“孝道”文化传统对中国古代社会文化观、政治观、生态观、经济观、社会观都产生过重要影响。当今世界，国与国之间的冲突越来越多地表现为文化冲突，占领文化高地对赢得文化冲突至关重要。西方的“母亲节”风行国内，各类启蒙教育机构迅速发展，说明“母教文化”与“孝道”文化依然具有强大的生命力。然而“母亲节”毕竟是舶来品，我们应将中华文化的精髓注入其中。庆都是中华民族先祖尧帝之母，她与尧帝“母慈子孝”的传说流传数千年，其中蕴含的正能量是中华民族传统文化的核心部分。“尧母文化”蕴含的传统文化内涵博大精深，与社会主义核心价值体系和道德观念一脉相承，也是世界文化中的一块高地。

一、大力弘扬“尧母文化”的重要现实意义

母亲是孩子第一位人生导师，她的言传身教往往对孩子影响深远。中华母亲不仅教导孩子的个人修养，更将家国情怀融入其中，“孟母三迁”、“岳母刺字”等对“慈母”、“贤母”的记载历来良多。民族文化中对母亲的眷恋成为所有中华儿女的共同情感特征。海内外中华儿女将祖国比作母亲，这种血脉相连的眷恋增强了中华民族的凝聚力。尧母庆都不仅培养了尧帝这位杰出的君主，她更大的功绩是确立了“母教文化”的地位，提升了中国古代社会中女性的地位，从这个角度上说庆都当为“中华第一母亲”。关于尧母的事迹记载并不多，她是沉默的，正如中国历史上大多数母亲。这些沉默的母亲们勤劳、勇敢、坚毅、包容，她们的影响是“润物细无声”式的，她们的光辉通过子女展现。这种母性之

美深深植根于中华文明，是中华文明拥有强大凝聚力的重要原因。

充分汲取“母教文化”与“孝道”传统文化的正能量，将尧母塑造为全球华人共同的母亲，是对文化促统一、文化促发展的中央政策的灵活运用，对抵制西方文化入侵，建设美丽中国具有重要意义。

二、目前“尧母文化”的研究开发面临的实际问题

“尧母文化”内涵丰富，具有巨大的开发潜力。但是，对“尧母文化”的研究刚刚起步，对“尧母文化”的开发利用还存在一些困难和问题。

1. 对“尧母文化”的研究有待深入

尽管中国城市发展研究会等有关科研机构通过和专家学者的探讨，广泛搜集、整理散藏在历史文献中的相关资料，形成数十万字的资料汇编，为深入研究“尧母文化”提供了有力的保障，但是学术界对“尧母文化”的关注不够，对“尧母文化”还缺乏系统有效的学术研究。如果能够形成“尧母文化”理论热点，将会吸引更多专家、学者投入其中，多方面力量共同发力，对深入研究“尧母文化”至关重要。

2. 对“尧母文化”的有序开发需要科学规划

文化产业是特殊产业，文化产业规划是一门科学，对文化产品的开发必须科学规划。通过科学规划可以避免开发中的浪费和过度开发现象。人才是文化产业的核心因素。缺乏文化产业规划的专门人才是“尧母文化”开发的瓶颈问题。

3. 对“尧母文化”的合理利用应遵循可持续发展原则

透支开发是一些地方发展文化产业的主要问题。随意开发、无序开发、过度商业化使这些地方的文化产业失去了吸引力。在“尧母文化”开发的过程中，既要充分发挥“尧母文化”正能量，开发具有吸引力的文化产品，在潜移默化中令游客感受到中华传统文化的魅力；同时要合理规划，避免过度开发，将可持续发展原则贯穿始终。

4. 对“尧母文化”的投入应当加大

当地政府对“尧母文化”的开发高度重视。但是仅靠官方力量开发会对政府造成财政压力，也难以发挥民间学术力量、资本力量的主动性。积极吸引

民间力量参与“尧母文化”的研究与建设对打造“尧母文化”产业至关重要。

三、发挥“尧母文化”正能量的对策与建议

应当尽快开展“尧母文化”产业化研究和规划，以打造“中华第一母亲”、“华人寻根殿堂”为目标，整合中央和地方政府、媒体、高校等各方面强势资源，运用市场化运作手段，提升尧母形象的亲和力与国内外知名度，是“尧母文化”产业化的捷径。

1. 邀请国内知名历史、文化、传媒、产业界学者组成研究团队，对“尧母文化”的内涵、历史传承、现实意义、现代传播、产业规划进行深入研究。提炼“母教”与“孝道”文化的精髓，形成新的热点加以宣传推广。充分发挥各种专门机构的力量，不仅能够解决人才瓶颈问题，还能够起到宣传推广的作用。

2. 邀请国内外知名民俗、艺术、建筑专家组成团队，修复尧母陵建筑群，并进一步建设文化产业园。此举将为华夏儿女寻根谒祖、倡导母教、弘扬孝道文化提供具象载体，塑造“尧母——中华第一母亲”形象；打造“望都——华人寻根殿堂”。以这两个主题作为“尧母文化”开发的核心内容，避免过度开发和无序开发。将家国情怀融入文化产业，充分发挥“尧母文化”正能量。

3. 吸引民间资本投入“尧母文化”产业建设，以望都为核心，统合周边旅游资源，相约两岸四地同胞、海外华人华侨共同举办“同根、同源、同祖”的文化活动。开发以“尧母文化”为主题的旅游产业聚集区，以特色餐饮、传统戏曲、实景演出、民俗展示等项目打造中国旅游文化市场的“新地标”，以期不断吸引国内外游客领略“尧母文化”的魅力，从而形成以“尧母文化”为核心的创意文化产业。

2013年

关于深化改革体育产业发展体制，大力培育新型市场主体提案

体育是社会发展和人类进步的重要标志，是综合国力和社会文明程度的重要体现。近年来，伴随着改革开放和社会发展的不断深入，我国的体育产业迎来了前所未有的发展机遇，同时，人民群众日益增长的体育文化需求与现行体育产业发展体制机制之间仍然存在不适应的矛盾。在一定程度上，阻碍了我国体育产业的进一步发展。

由于我国体育行政部门长期以来管办不分、政企不分，习惯以行政思维谋划体育产业发展，缺乏产业化、市场化思维，越位与缺位现象同时存在。在这种体制阻碍下，缺少真正能够有效开发、运营体育产业市场的新型市场主体。随着经济、社会的发展，体育产业发展带来企业需求和大众需求快速成长，出现了巨大的市场机会；但另一方面，发展体育的资源严重匮乏，政府拨款捉襟见肘，企业赞助支离破碎，可持续发展几近被动随缘。因此，要想实现中国的体育事业向体育产业的战略转型，使以赛事奖牌为导向向以服务大众为导向转型，必须解决好重塑产业发展模式和培育市场主体这两个关键性问题。

西方发达国家在推动体育产业发展的进程中，政府部门通过给予体育的“反垄断豁免”，利用税收政策鼓励企业建设体育场馆设施，给予体育产业版权保护，对于发展业余体育给予经济资助等一系列制度性安排，通过实施体育产业优惠政策，培育和支持专业体育企业迅速成长。体育产业以职业赛事以及大众健身娱乐活动为主体，逐渐形成了以比赛和运动休闲体育产品与服务以及各类体育组织、中介机构和营销公司为中心的新型产业门类，并随着卫星电视对体育赛事的直播，获得了惊人的发展。在此过程中，大型体育公司如美国的

ESPN、IMG，英国的OC，德国的DSM、Burda体育集团迅速成长为产业巨擘。

我国体育市场广大，发展前景广阔。但是近年来，在国内体育市场主体缺失的严峻形势下，世界著名体育公司纷纷进入中国，在获得越来越大利益的同时，以体育为载体，加快了对我国的文化渗透与侵略。

习近平总书记强调指出，体育在提高人民身体素质和健康水平、促进人的全面发展，丰富人民精神文化生活、推动经济社会发展，激励全国各族人民弘扬追求卓越、突破自我的精神方面，都有着不可替代的重要作用。为此，必须加快深化改革发展体制，大力培育市场主体，从而推动体育产业发展，切实维护国家经济利益和文化安全。

在体制改革进程中，必须坚持“政府主导、企业主体、市场运作、社会参与”的原则，积极推进转变政府职能、做实社会组织、发展专业体育公司三方面工作，适应人民群众的新要求，实现体育事业发展，进而推动经济转型和产业升级。

为此，提出如下建议：

一、切实转变政府职能，推进市场化发展。按照“政企分开、政事分开”原则，实现政府职能从“办文化”向“管文化”转变，让市场发挥决定性作用。体育行政部门应将工作重心放在产业发展顶层设计，规划产业发展的设施体系、组织体系、运行体系、监督评估体系和政策支持体系。同时，为市场和企业充分提供咨询、服务、优惠政策等，鼓励社会各界投资兴办体育产业，加快构建公共体育服务体系，在坚持社会效益的前提下，推动公共体育服务社会化、市场化发展。

二、尽快推进“政社分开”，发挥体育社会组织能量。按照十八届三中全会提出的“限期实现行业协会商会与行政机关真正脱钩，重点培育和优先发展城乡社区服务类社会组织，成立时直接依法申请登记”要求，加紧落实，制定、实施体育社会组织直接登记的管理办法和实施细则。借鉴发达国家体育产业化的成功经验，发挥体育社会组织的专业能力，动员社会力量，推进体育运动得到更广泛持续的发展。

三、加快培育市场主体，支持专业体育企业发展。对于先期已进入体育产业发展的国内企业，重点扶植培育具有较强开发能力和业绩良好的企业，使之成为服务大众需求、拓展社会资源、推动经济建设和体育产业发展的生力军。重点支持企业投资群众性体育健康产业和休闲体育产业，建设跨地区的群众性康体活动设施，实现品牌化运营和网络化发展，以树典型和标杆的方式调动各界积极性。有效利用新技术和新商业模式，支持企业建设和发展能满足大众体育、娱乐等文化需求的数字化新媒体平台，运用高端数据分析技术，推动体育运动普及和水平提高，并进行合理的商业化运作和开发，培育真正具有市场竞争力、能够整合体育和商业资源的企业和品牌。

四、发展优秀群众性体育赛事，弘扬社会主义核心价值。大力发展群众参与度高、影响力大、传承中华民族优秀文化传统的项目，如近年来在全国推广的“中华龙舟大赛”、“城市马拉松系列赛”和即将在全国城乡推广的“流动健康车”，有序推进市场化、实体化运营，培育和打造民族体育赛事品牌，丰富群众体育文化生活。

2014年

关于制订《科学技术名词管理条例》的提案

当前，我国正进入经济社会快速发展时期，其显著特征之一就是文化的同步发展和有力支撑。作为文化核心部分的思想交流、科学发现、技术创新、学术繁荣都与其载体——科学技术名词有着密切的关联。因此，推进科技名词规范化是实现社会主义文化大发展大繁荣的重要基础性工作。但是，目前社会规范应用科技名词的情况还很不理想。我们新闻出版界的许多同志认为应当制订一部国务院行政法规，以立法形式促进科技名词规范化工作。

一、科技名词规范化对提高国家软实力具有重要意义

习近平总书记在中共中央政治局第十二次集体学习时指出，提高国家文化软实力，关系“两个一百年”奋斗目标和中华民族伟大复兴中国梦的实现。作为文化工程之重要内容的科技名词规范化工作，不仅对促进我国教育科研、新闻出版、国计民生与国际合作等方面工作具有重要作用，同时还对建立和传承以汉语言文字为基本表现手段的科技文化知识体系，传播社会主义核心价值观和发展创新民族文化，增强国家文化软实力也具有重要意义。

二、制订《科学技术名词管理条例》的必要性和重要性

新中国成立以来，党和政府高度重视科技名词的规范和统一问题，科技名词规范化工作取得了重要成绩。但是，随着改革开放进一步深入和科技文化事业的快速发展，这项工作遇到了许多制度性问题，亟需通过立法加以解决。比如，科技名词使用混乱的现象十分突出，科技名词审定公布工作缺乏法律保障，科技名词使用还缺少具体监管措施等。

新闻出版行业很早就认识到规范应用科技名词的重要性，原新闻出版总署制定《图书质量管理规定》时，即将相关内容纳入其中，对保证新闻出版质量发挥了重要作用。但是，《图书质量管理规定》毕竟是行业内部的一项规定，一方面是法律层级低，效力等级不够；另一方面，科技名词工作是一项系统工程，单一的行业内部规定也难以全面涉及科技名词工作，不能从根本上解决社会共性问题。近年来，我国新闻出版业始终保持平稳较快增长，出版精品大量涌现，但同时也应该注意到，出版物中科技名词应用不规范的现象仍然较为广泛，治理难度比较大，群众反映出的意见也比较多。实践表明，只有依法对科技名词审定公布和应用推广进行有效监管，才能从根本上解决科技名词规范化中的深层次问题。

我国开展科技名词规范化工作已有数十年的历史，已经形成一套较为成熟而行之有效的体制机制，积累了丰富的经验。近年来，全国科技名词审定委员会又专门针对科技名词立法的问题开展了广泛而深入的调研，各方意见比较统一，准备工作非常充分，制订一部全面、系统的科技名词法规的条件已经成熟。

当前，我国正在加快建设创新型国家的进程。鉴于科技名词规范化工作在推进社会主义现代化建设中的重要意义，我们建议：国务院尽快出台相关法规，可考虑定名为《中华人民共和国科学技术名词管理条例》。

2014年

搜索引擎有偿推广服务应明确纳入《广告法》监管

随着互联网技术的快速发展和应用普及，互联网已经愈发成为影响经济社会发展和国家安全的重要因素。但由于立法相对滞后性，在互联网治理领域还存在诸多盲点和模糊地带，迫切需要完善相关法律法规对互联网行为加以规范。

在中央网络安全和信息化领导小组第一次会议上，习近平总书记强调指出，要抓紧制定立法规划，完善互联网信息内容管理、关键信息基础设施保护等法律法规，依法治理网络空间，维护公民合法权益。根据十八大四中全会关于全面推进依法治国的重要精神，我们更应加强互联网等重点领域立法，加快完善体现权利公平、机会公平、规则公平的法律制度，保障公民各项权利不受侵犯并得以落实，做到立法适应改革和经济社会发展需要。

鉴于互联网领域目前缺乏有效监管，其中互联网从业者侵害公民权益中危害最大、问题最突出的就是，一些搜索引擎服务商为牟取暴利，肆意助长各类假医假药、虚假广告、钓鱼欺诈、金融诈骗等违法信息的传播，严重损害了公众权益。搜索引擎是互联网基础应用，是网民获取信息的重要工具和主要入口，拥有社会性、公共性等特殊属性。但作为商业公司，搜索引擎运营商的逐利行为导致其难以平衡社会责任与商业利益，导致我国搜索引擎领域坑害人民群众的事件频发。目前，由于搜索引擎有偿推广服务还未被法律法规明确认定为广告，相关运营商可轻易逃脱责任，使搜索引擎推广成为“法外之地”，消费者权益难以保障。

为避免搜索引擎虚假广告的进一步泛滥，必须依法规范网络搜索业务发展，将其尽快纳入《广告法》统一监管。在新修订的《广告法》颁布实施之前，建议由政府主管部门国家工商总局尽快制定相应法规，严格规范此类行为，为公众创造一个真实、安全的信息搜索结果和环境。

一、搜索引擎有偿推广导致虚假违法广告肆虐

互联网深度融入民众工作和生活，网络上众多虚假信息、广告正变本加厉通过搜索引擎这个重要渠道到达消费者，给消费者权益保障和生命健康造成重大危害。

根据中国互联网络信息中心2015年1月发布的《第35次中国互联网络发展状况统计报告》，截至2014年12月，我国搜索引擎用户规模达5.22亿，使用率为80.5%，用户规模较2013年增长3257万人，增长率为6.7%；手机搜索用户数达4.29亿，使用率达77.1%，用户规模较2013年增长6411万人，增长率为17.6%。

搜索引擎是网民除即时通信外使用率最高的互联网应用，其在2014年发展特点是：搜索服务与产品形式更加多样化，线上搜索连接线下消费趋势凸显。同时，随着互联网O2O商业模式的发展，搜索引擎的角色也出现了重要转变，正在逐渐摆脱单纯的流量入口角色，通过旧产品升级、新产品开发、其他业务的收购和布局等举措，转型为对企业的综合服务提供商和对用户的一站式生活服务平台，除了传统的将用户流量与互联网服务相连接的服务外，更加注重与线下商业的直接对接，打造O2O闭环，这也是目前搜索引擎持续提高流量和收入的重要发展路径。

另一方面，移动上网常态化，对社会生活服务渗透进一步加大。根据调查，我国每天上网4小时以上的重度手机网民比例达36.4%，相比2013年增加了16.4个百分点。其中，每天实时在线的手机比例为21.8%。87.8%的手机网民每天至少使用手机上网一次。其中，66.1%手机网民每天使用手机上网多次。网民使用移动搜索的频率已跃升至其使用各类手机应用的第二位。

鉴于搜索引擎功能愈发强大、移动互联网的迅猛发展，搜索范围渗透于互联网方方面面，移动终端也将更为网民生活工作所依赖。上述两种模式都会对网民的判断和行为产生直接、强烈的导向性。一方面，在搜索引擎用户规模激增与互联网市场营销价值凸显的背景下，通过搜索引擎推广产品已成为企业营销重要手段。同时，以竞价排名服务为主的商业推广成为搜索引擎运营商的主要收入来源。搜索引擎服务运营商自身监管缺陷、竞价排名模式下的利益驱

使，使其正在替代传统媒体形式，无论在PC端或是移动端都成为虚假广告泛滥的主战场，严重侵害消费者权益。

据国家工商总局等五部门披露的相关数据，通过主要商业网站、广告监测发现，一些网站发布的医疗药品、医疗器械，保健食品广告的违法率高达90%。目前搜索引擎广告市场中存在四大问题：禁售虚假药品信息通过搜索引擎死灰复燃；搜索竞价排名为“虚假”药品广告打开方便之门；搜索竞价排名为山寨机构提供推广途径；搜索引擎成为违规医疗广告提供推广的重要渠道。

二、搜索引擎有偿推广成为“法外之地”

当前，网络经营形态与方式日新月异，在互联网广告，特别是搜索引擎有偿推广快速发展的同时，规范互联网广告的法规却远未能跟上新技术发展速度，显得非常滞后。

2014年12月，十二届全国人大常委会第十二次会议对《广告法（修订草案）》进行了第二次审议。2014年12月30日至2015年1月19日，全国人大常委会就该草案二审稿面向社会公开征求意见。

修订草案第二稿第41条规定：利用互联网从事广告活动，适用本法的各项规定。根据此规定，新的《广告法》在立法上已将互联网广告明确纳入了广告法的调整范围。但遗憾的是，在具体条文上却缺少对互联网广告如何适用的规定。从而导致实践中无法适用。特别是针对搜索引擎有偿推广这种极具鲜明互联网特色的广告模式，在广告法修订草案中未见任何涉及，使其仍处于一个模糊地带。

搜索引擎有偿推广服务作为互联网广告的一种形式，应属于广告范畴，理应明确纳入新修订的《广告法》的调整范围之中。

三、完善法律加强监管势在必行

考虑到目前公布的《广告法（修订草案）》征求意见稿并未对互联网广告做出明确规定，建议做如下调整：

第一，将搜索引擎有偿推广等新型互联网广告，在新修订的《广告法》中予以明确，纳入《广告法》管理。互联网与传统的报纸、杂志、广播、电视等媒介有本质区别，互联网广告不仅仅是一种新的广告形式，某种意义上是对传统广告本质的一种颠覆。新修订的《广告法》如要实现对互联网广告的监管，首先应明确互联网广告的“广告”属性。对于搜索引擎有偿推广等新型互联网广告，须明确其属于广告而非技术服务。另一方面，鉴于互联网广告与传统媒体广告有本质区别。在《广告法》颁布后，尽快制定、颁布专门的互联网广告管理规定，对在互联网广告发布的相关主体认定、行为规范、权利义务、监管措施、处罚做出具体规定。

第二，明确区分自然搜索和有偿推广结果。我国现行《广告法》明确规定广告应当具备可识别性，能使消费者辨明其为广告，大众传播媒介不得以新闻报道形式发布广告，通过大众传播媒介发布广告应当有广告标记，不得使消费者产生误解。工商部门应积极介入搜索引擎广告监管，在搜索结果展示页面必须明确区分自然搜索结果和广告推广。

第三，加强搜索引擎服务商广告审核机制。各级管理机关应督促各大搜索引擎服务商切实建立并完善广告审查机制。特别是对广告主的资质必须严格审查，坚决杜绝非企业法人发布广告，同时对药品、医疗服务等特殊商品和服务的广告，必须严格按照国务院相关主管部门规定执行。此外，应加强宣传，使网民通晓维护自身合法权益的途径，使社会监督和舆论监督发挥更加明显的效果。

第四，对搜索引擎虚假违法广告加大处罚力度，对假医假药行为应承担连带责任。目前广告法处罚额度较少，处罚最高限额是政府机构对企业的保护甚至是纵容。正是由于违法成本远远低于其收益，企业才会肆无忌惮。对搜索引擎有偿推广虚假广告行为必须严格处罚。特别是，对于通过搜索引擎有偿推广导致的假医假药等严重侵害消费者权益的行为，除按照广告法加以处罚外，还须结合《消费者权益保护法》《侵权责任法》等法律法规要求搜索引擎服务商承担连带责任。只有从法律上设置较重处罚，才能对违法者心理上起到警示、震慑作用。

2015年

关于准确定义互联网出版概念，尽快立法加强互联网出版管理的提案

目前，基于大数据、数字化的新媒体发展迅速，内容丰富，传播手段先进，获取信息便捷，越来越多的人放弃传统媒体转而成为新媒体的忠实受众。

实际上，这种新媒体的内容都应当属于出版内容，我们称之为网络出版。

目前我国对于网络出版的管理分散在多个部门，如公安部（涉及国家安全信息的监测）、工业与信息化部（设立网站批复）、国家互联网信息办公室（互联网内容的管理、对网站的处罚等）、国家新闻出版广电总局（审批电子报刊、涉及色情、淫秽的网络内容的打击处罚、网络著作权的保护等）等等，各部委、机构在依法对网络出版实施管理时，存在分工缺乏相关法律依据、工作职能交叉、管理领域尚有盲区等问题，难以适应大数据时代错综复杂的局面。

而网络传播的内容存在真假混杂等多种问题，也不容忽视。在大数据时代，每个人都是信息发布源，不受时间、地域、语言的影响，海量的信息可以在最短的时间内发布到全世界。由于大数据时代到来太迅速，导致国家机构来不及应对，出现了不少问题，直接影响社会的稳定与和谐。如：网络谣言一旦传播，要花费大量的成本去澄清；对于网络上的一些“问题”言论，有关部门删除时缺乏法律依据，终将会导致被发布者告上法庭；传统报刊、出版社设立的微信公众号、网络版、微博客、iPad版等数字出版内容，目前没有相关的法律法规明确审批与监管的部门与机构，导致内容的管理成为盲区；网络发布内容被侵权的问题十分严重。诸如此类实践中的问题都在证明，如不及时对网络出版立法，实施规范管理，将会直接影响社会安定和谐，并导致种种社会问题的爆发。

建议全国人大与国务院有关部门尽快立法，规范网络出版的准确概念，依法设立统一归口管理网络出版的机构。

建议由多年分管出版机构与出版活动的国家新闻出版广电总局依据《出版管理条例》对网络出版实施管理，在国家层面立法来不及的情况下尽快出台相关的规章和规范性文件，覆盖网络出版的所有内容，以规范网络出版活动，保障网络出版安全。

2015年

关于重视少儿期刊在全民阅读中的作用的提案

中共中央关于“十三五”规划建议把国民素质和社会文明程度显著提高作为全面建成小康社会的重要目标，倡导全民阅读是实现上述目标的重要途径。少年儿童阅读对于全民阅读，既是重点工程，也是基础工程，应当受到进一步的关注和重视。

少年儿童日常阅读的材料主要包括图书、期刊、报纸和电子阅读终端等。由于父母的干预，儿童的电子阅读率是最低的；报纸由于其新闻属性，在少年儿童的日常生活中接触率也不高；而期刊阅读和图书阅读在少年儿童的阅读中都起着举足轻重的作用。

期刊与图书相比较，其内容涉猎广泛，时代感强，符合少年儿童的阅读口味；其篇幅安排长短恰当，符合少年儿童的注意力特征；其版式设计精美、形式多样、图文并茂，符合少年儿童的阅读心理；其连续出版的周期，更易于培养少年儿童的良好阅读习惯。

因此，少儿期刊作为基础阅读的重要组成部分，具有共同的目标、服务对象、责任和独特的优势，在培养阅读习惯、提高媒介素养方面具有积极意义，应重视发挥其独特的课外教育作用，引导少年儿童健康成长。

少儿期刊阅读和出版发行方面存在的问题：

近年来，少年儿童阅读广受重视，教育部、国家新闻出版广电总局等部门采取多种措施推动少年儿童阅读普及工作，取得了一定成效，但也存在诸多问题，尤其是少儿期刊阅读方面问题更加突出。

一是对少儿期刊阅读重视程度不够。国家新闻出版广电总局每年向青少年推荐精品图书和优秀少儿报刊，但落实到各地，绝大多数地方只向少年儿童推荐了图书，少儿期刊被严重忽略。2015年，教育部、文化部和国家新闻出版广电总局三部门联合印发了《关于加强新时期中小学图书馆建设与应用工作的意见》，期刊并没有纳入中小学图书馆建设中。各项国家阅读扶持项目对少儿期刊阅读扶持力度不够。目前，国家倡导开展的农家书屋、社区书屋等政府采购项目多以图书为主，很少采购期刊。少儿期刊阅读推广活动各自为政，不成规模，社会影响力小，活动效果欠佳。活动缺乏有力的法律保障和政策指导，全国统一的协调机制尚待解决。

二是少年儿童缺乏专业阅读指导。教师和家长在儿童阅读中的引导作用未充分体现。部分教师和家长迫于升学压力，不支持少年儿童多读课外读物、参与阅读活动，而是更倾向于功利性的阅读，如教辅材料等。有些老师和家长由于自身知识水平有限，对少儿期刊阅读缺乏区分、缺乏指导。

三是少儿期刊产品良莠不齐。在传统报刊市场整体萧条的背景下，很多非少儿专业出版社、出版人以及不少无资质的民营个体户都转向少儿期刊市场，造成少儿期刊品种大幅增多，但分级分类不够科学，质量良莠不齐，同质化现象严重。内容陈旧、缺乏原创和时代特征、缺少新媒体增值元素等问题普遍存在。

四是少儿期刊出版供需关系不平衡。大多数少儿期刊的读者对象主要面向大中型城市的少年儿童，农村偏远地区和少数民族地区的阅读需求得不到满足。

五是少儿期刊发行渠道不畅。少儿期刊的购买通路不同于少儿图书。一般图书在新华书店及学校周边书店、社区书店即可买到，而少儿期刊则普遍在邮局订阅和报刊亭零售。近几年随着各地市容市貌改造项目，报刊亭数量锐减。邮局订阅数量也因其认识方面的问题明显降低。报刊社自办进入校园的宣传征订活动也因部分地区教育部门执行“一费制”的过程中将摊派收费与自愿订阅混为一谈，给阅读推广工作入校园带来了巨大阻力。各省市少儿期刊排外现象比较普遍，其他期刊很难打破垄断市场格局。因此，少儿期刊的购买通路不畅，对于少儿期刊阅读普及形成了一定的障碍。

几点建议：

进一步重视少儿期刊在基础阅读中的作用，使少儿期刊与少儿图书的宣传推广互为补充，共同为少年儿童基础阅读发展服务，通过设置研究机构、开展阅读推广活动等相关措施予以保障。具体建议如下：

（一）国家层面建立少儿期刊阅读研究机构，专题研究少儿期刊在基础阅读中的重要作用，根据研究成果定期给相关部门提出意见和建议。编辑分发合规的分级分类少儿期刊目录，建议各地教育部门不得限制优秀合规的少儿期刊入校宣传推荐和组织自愿订阅。

（二）重点扶持少儿期刊出版精品。设置专项资金和基金扶持优秀少儿文化产品创作出版，加强人才培养。

（三）鼓励少儿期刊兼并重组，实现融合发展，互帮互助，解决少儿期刊出版质量良莠不齐和垄断发行的问题，推进少年儿童教育事业健康发展。

（四）协调教育、出版主管部门建立基础阅读考核体系，每年向广大少年儿童发文推荐一批优秀少儿期刊，编入各地教育部门年度基础阅读书目。

（五）加大政府采购力度，将合规少儿期刊纳入农家书屋、社区书屋、学校图书馆馆配中，向农村、边远地区少年儿童定期输送少儿期刊，提高农村、边远地区基础阅读水平。

（六）将少儿期刊阅读推广活动制度化、常态化。开展专题活动推动少儿期刊在各地的深入推广。通过少年儿童参与具有影响力的基础阅读活动，唤起各级行政部门、社会各界人士对基础阅读工作的重视。通过活动提高少儿期刊的认知率、普及率等，对于边远山区和农村地区开展的活动，国家应给予财政支持。

（七）在各地开展教育工作者、家长相关培训，让广大教育工作者和家长认识到少儿期刊阅读的重要性，保障少儿期刊的普及，提高少年儿童期刊阅读率。

（八）进一步规范少儿期刊市场秩序，加大对少儿期刊的管控力度，对违规非法出版物进行清理。

2016年

关于促进主流报媒健康发展，巩固新闻舆论主阵地的提案

习近平总书记2月19日到人民日报等中央主流媒体考察调研，强调做好党的新闻舆论工作事关旗帜和道路，事关党和国家前途命运。报业是中国主流媒体的重要组成部分，主流报媒一直是党的舆论主阵地。在历史发展各个时期，服务党的中心任务和国家工作大局，是革命、建设及改革开放伟大事业不可或缺的重要有机组成部分。当前报业积极推动传统媒体和新媒体融合发展，传播方式和传播手段进一步增强，正在抓紧建成一批新型媒体集团。但不能忽视的是，今天的主流报媒面临着生存和发展的巨大困难。

一、困难与问题

一是读者流失严重。目前报纸读者在居民总体中分布比例低于20%，仅为报业兴盛时期的1/4左右，并且读者群的平均年龄大于50岁，绝大多数人已经不把报纸作为获取信息和知识所依赖的主要消息来源。

二是广告急剧下降。传统报媒的广告收入（占报业总收入90%以上）已经连续三年以两位数下滑。据中国广告协会报刊分会和CTR（央视市场研究公司）联合发布的《2015年中国报纸广告市场分析报告》数据显示：2015年的总降幅达35.4%。

三是发行全方位深度下滑。2014年，全国报纸总发行量下降13%，其中都市报等市场类报纸的下降幅度，有的超过了40%。有些党报因有政策托底，近年来的发行量基本保持平稳；但由于市场类报纸的份额较大（占60%左右），全国报纸发行仍呈快速下滑局面。

四是优秀人才不断流失。由于传统报媒生存发展步履维艰，而新媒体借

助资本的力量，可以给出较高的薪酬标准，导致现有优秀人才留不住；另一方面，年轻人出于职业发展考虑往往又不愿意进入报媒，使得整个行业面临严重的人才断档，不仅影响到报媒出版质量，甚至影响主流舆论阵地的稳固。

应该清醒地看到：主流报媒的公信力、影响力、传播力，仍然是我们党和国家思想舆论阵地的基础和根本，是经济发展、政治清明和社会稳定的压舱石。主流报媒对旗帜和道路的坚守，对党和国家前途命运的维系，始终是本能的、坚定的。在传统媒体和新兴媒体融合发展中，为了应对挑战、克服困难，使主流报媒在内容上融合新兴媒体，在技术上借助新兴媒体，真正成为现代传播体系的核心骨干力量，特提出如下建议。

二、几点建议

（一）建立国家报媒融合发展基金

请中宣部、财政部会商有关部门设立国家报媒融合发展基金。过去文资办等有关部门做了一定工作，给予了一定的资金扶持，但因要求配套，实际上好多主流报媒难以借助其获得发展。鉴于主流报媒整体体量较大，此项基金的规模应超出普通文化类支持基金的规模，总额应当在百亿之量级。此项基金的扶持对象应限在地市级（含地市级）党报以上；中央各部委报纸也应包括在其中，或参照此办法执行。扶持的内容应集中在人才的稳定和融合体系的真正体现。申请此项基金的报社应在深化改革、优化体制方面有较好的基础，确保扶持的基金能够起到做强主流报媒的作用。同时建立严格的基金使用责任考核、评价体系，确保国家基金安全。

（二）加强对报媒的版权保护

目前，我国针对报业新闻作品的侵权现象十分严重，网络侵权成为困扰传统报业发展的焦点问题之一，管理机关和报媒单位虽采取了一些措施进行维权保护，但新闻作品网络侵权现象依然屡禁不止。因此亟待加强以下工作：一是加强对新闻作品版权保护的宣传和教育；二是完善相关法律法规建设，增强可操作性；三是简化维权司法流程，提高审判效率，加大赔偿力度；四是建立新闻侵权的提示、预警、投诉行政治理联动机制；五是传统媒体要建立健全法制化版权资产管理与维护体系；六是探索传统媒体与新媒体的新型版权利益分配与合作机制；七是利用新技术搭建全国统一的新闻作品版权保护与服务平台；八是加大对国外新闻作品版权保护研究的力度。

（三）试点开展报媒股权融资等综合改革

优秀的新媒体企业迅速发展壮大，除了技术因素外，资本推动和激励机制比如管理层持股才是其发展壮大的内生动力。管理层和骨干员工持有股权是对创意人才最为有效的激励机制。同时，媒体是一个“大投入、大产出、大影响”的行业，在目前情况下，传统媒体能够得到的财政资金有限，有必要通过引入战略投资者，实行国有特殊管理股制度，用相对较少的资本控制更多资本，既实现对媒体的控制，又促进媒体的发展。建议按照供给侧结构性改革的思路和方向，保重点、去库存、深化国企改革，包括开展新闻出版传媒企业特殊管理股试点。选取合适的报媒，在新的市场环境下进行股权融资、对外投资、股权激励、员工持股等综合改革试点，合理利用市场与资本的力量为报媒发展助力。

（四）适当减免报业综合税负

目前，国有资产规模高达百万亿元以上，其中2014年报纸全国资产总额1487.85亿元，在全行业生存状况较为严峻的情况下，整个行业还要承担包括增值税、增值税附加税、文化事业建设费、企业所得税、个人所得税、印花税等多项税负。为促进行业的健康发展，对于报业的综合税负建议给予适当减免，建议取消文化建设事业费的征收。

（五）加大对报业从业人员全方位培养力度

加大报媒人才队伍建设力度，包括设立报媒人才培训教育基金，加强对报媒从业人员的全方位培养，使其成为能够担当重任的合格新闻专才。包括由国家劳动人事主管部门出台相关制度，对报业新闻采编人员实行资格准入管理，通过组织国家级的统一资格考试，选拔合格人员进入报界工作，保证从业人员的基本素质和专业水准。并通过定期岗位培训和续展学习，保证从业人员不断学习新知识，了解新政策，掌握新技术，切实提高人员整体政治素质和业务能力。

（六）将政府购买报媒新闻文化产品用于特定地区投放纳入预算

一是各级政府将购买报纸纳入公共文化预算，将相关报纸赠送给高校图书馆、农村党支部、贫困地区和偏远山区的农家书屋、困难企业等，不断提升报纸主流媒体的影响力；二是对各级党报、少数民族地区报、老年报等报纸的公益性进行认定，并按照其所发挥的作用、所承担的公益性宣传任务进行分类，划定一定范围党报党刊作为纯公益性新闻信息生产机构，收支统一归财政管理，不足部分由财政全额补贴。

2016年

关于尽快完成《著作权法》修订工作的提案

我国《著作权法》实施二十多年来，在调整著作权人、使用者和社会公众之间利益，维护社会公平正义，鼓励有益于社会主义精神文明、物质文明建设的作品的创作和传播，促进社会主义文化和科学事业的发展与繁荣，发挥着重要作用。但我国著作权保护水平与世界发达国家相比尚有很大差距，与我国文化创意产业、经济社会的发展水平亦不相适应。尤为突出的是，在当前经济全球化的进程持续加快的情况下，网络等新媒体的迅猛发展带来了很多版权保护新问题，侵权盗版有愈演愈烈之势，同时由于《著作权法》的滞后，原创创作者、生产者和传播者的积极性遭受重创，文化创意产业、创意设计行业面临严峻的挑战和巨大的冲击。尽管全社会加强著作权保护的呼声甚高，政府各部门、版权服务机构也做了大量工作，但版权保护工作收效甚微，版权市场秩序没有得到有效规范，侵权盗版现象始终无法从根本上得到遏制。究其根源就是现行《著作权法》已明显滞后，其中很多条款已严重不适应我国经济社会和文化的发展要求，不能解决目前出现的大量版权问题。

一、必要性

我国现行的《著作权法》自1991年6月1日施行后，曾进行过两次修订。

2011年7月13日，根据温家宝总理的批示，国家版权局启动了《著作权法》第三次修订调研工作。经过国家版权局面向社会的两轮公开征求意见，修法引起社会各界广泛关注，产生强烈社会反响。2012年12月28日，国家版权局将第三稿《中华人民共和国著作权法（修订草案送审稿）》提交国务院。2013年1月23日，国务院法制办将送审稿下发给相关部门和协会定向征集意见，并向社会公开征求意见。中国文字著作权协会等著作权集体管理组织联合有关机构多次组织调研、召开座谈会，修改过程充分体现了社会各界对尽快完善《著作权法》的强烈愿望、修法的积极参与程度和理性务实的态度。

应该讲，无论是权利人、产业界、理论界与实务界，以及知识产权保护的国际组织机构、海外版权机构，对修法草案中涉及国家经济社会发展的很多重大条文设计都基本达成了共识，比如法定许可、著作权集体管理、侵权赔偿等。可以说，经过各方的不懈努力，《著作权法》的第三次修订工作已经取得实质性进展，为进一步完善我国知识产权法律制度奠定了坚实的民意基础，具备了提交国务院进而提交全国人大常委会讨论、审议的可行性。其他一些有争论的问题，可以在国务院或全国人大常委会层面，再次向社会公开征求意见过程中予以解决。

但是，2013年以后，著作权修法脚步却停滞不前，在国务院的立法计划中一再被推后。这严重影响了广大文学艺术和科技作品作者的创作积极性，严重影响了广大著作权人合法权利的实现与保护，严重影响了文化产业等相关产业对各类作品的合法使用和有序传播，严重影响了社会公众对优秀精神文化产品的消费，从而也影响了文化事业和文化产业的大发展大繁荣。

面对我国社会出现的各种现实版权问题，不能也不应当用落后的观点和滞后的法律制度去调整，因此，在本届政府和人大工作的最后一年，立即全面修改《著作权法》势在必行。

二、重要性

党的十七届六中全会通过的《中共中央关于深化文化体制改革、推动社会主义文化大发展大繁荣若干重大问题的决定》和《国家"十二五"时期文化改革发展规划纲要》均明确将修订《著作权法》列入"修订完善的法律、行政法规"范围，但"十二五"结束了，修法工作仍然没有任何进展。这不能不说是"十二五"的一个遗憾。

党的十八大报告明确提出，要实施创新驱动发展战略和知识产权战略，加强知识产权保护。十八届三中全会也提出，加强知识产权运用和保护，并且第一次以党中央文件的形式明确提出了"加强版权保护"的要求。

《中共中央国务院关于深化体制机制改革加快实施创新驱动发展战略的若干意见》《国务院关于新形势下加快知识产权强国建设的若干意见》《中共中央国务院关于完善产权保护制度依法保护产权的意见》等文件都要求，实行更加严格的知识产权保护，完善知识产权相关法律制度。

综上，尽快启动《著作权法》的修订，是我国经济社会文化发展的必然要求，是落实党中央、国务院关于深化机制体制改革、完善产权保护制度、加强产权保护、加快知识产权强国建设、实施创新驱动发展战略等一系列精神的重要举措。

三、迫切性

《著作权法》作为一部专门法律，几乎与当今社会的每个人、每个创作群体都息息相关。我们几乎每天都在创作、使用、传播作品，我们每天都在通过各种媒介和渠道，消费着精神文化产品。

一个人作为个体，可以一天甚至几天不吃饭，可以几天不看书不看报不上网，不消费任何精神文化产品，甚至过着与世隔绝的生活。但是，在当今社会，作为一个国家，一个民族，不消费精神文化产品，不进行创作、创新，仅仅停留在消费已有的精神文化产品上，是难以生存和繁衍生息，难以参与国家交往和国际竞争，其后果是难以想象的。

多年来，很多报刊社和教科书出版单位、广播电台、电视台选用、播放他人已发表作品拒不执行法定付酬义务，从没有受到任何法律监督和制裁，著作权人的法定许可获酬权没有任何制度保障，处于“空头支票”状态，网络非法免费转载盛行，贴吧、网盘、云服务、应用软件、微信公众号等新技术造成侵权纠纷频发，很多侵权盗版行为没有得到应有的制裁，各类作品著作权人都受到侵权盗版的严重困扰，对此怨声载道，著作权人的合法权利得不到基本保护。与此同时，很多使用者、传播者铤而走险，践踏法律，造成版权侵权纠纷不断，产业很难获得快速发展，市场秩序受到无情的破坏。

究其主要原因就是现行著作权法的很多规定滞后于社会经济发展，无法适应社会现实需要。因此，《著作权法》作为保障文学、艺术、科技工作者权益、保障文艺科技工作创作活动的一项重要制度，作为保护原创、激励创新和实施知识产权强国战略的一项重要制度，必须与时俱进，顺应时代发展潮流，及时做出调整和完善，以发挥其应有的制度保障作用。

由此，我们郑重建议国务院将《著作权法》的第三次修订工作列入2017年国务院的一档立法计划，由国务院常务会议审议通过后提请全国人大常委会审议，在本届政府和人大任期内，完成本届全国人大常委会最初确定的立法计划，造福于子孙后代。

2017年

加强出版人才队伍建设　促进学术期刊健康发展

学术期刊是科学、文化生产和传播的重要载体，在推动学科进步、促进学术交流、引领科技和理论创新方面，肩负着独特使命。近年来，国家对学术期刊在政策、管理、资金等各方面加大了支持力度，取得了显著成效。但在媒体竞争日趋激烈的形势下，学术期刊人才队伍建设方面存在的问题比较突出，相对于学术期刊在科学文化版图上的重要地位，学术期刊编辑出版人员的职业素养、精神状态和使用机制等，均存在一定的差距。这些问题集中表现在以下几个方面。

一、编辑人员地位边缘化

我国的期刊都有主管主办单位，期刊在管理层级中的地位，很大程度上取决于主管主办单位的管理惯制和认知态度。长期以来，许多学术期刊的主管主办单位，如科研单位、高等院校、医疗机构等对学术期刊重视不够，仅仅将其作为主体业务的补充和点缀，没有赋予足够的独立性和重要性。在很多高校，学术期刊编辑部被归为“教学辅助”部门，编辑岗位被视为“教学辅助岗”。编辑人员相较于科研、教学人员，待遇低、晋升难，属于“边缘群体”。在科研机构或高等院校，学术期刊编辑人员的薪酬待遇与科研、教学人员同等职级相比普遍偏低，在评聘职称、申请各类人才计划支持时处于弱势。

二、缺乏有效激励机制

在学术期刊社内部，缺乏有效的人才激励机制。虽然目前学术期刊社大多采用绩效管理办法，但主要集中于稿件数量和审稿字数等容易量化的指标，对稿件内容质量、影响力等不易量化的重要因素缺乏有效考核办法，由此导致对编辑人员贡献的评价不合理、不精确。在现有体制和机制下，学术期刊领域核心人才被认可程度较低，其工作成果和业绩缺乏权威有效的认定渠道。相关管理部门在奖项设置或荣誉推选时，习惯于将学术期刊笼统列入新闻出版业之中，不会单独设立奖项荣誉，给予学术期刊的名额非常有限，关注度非常不够。这些情况，严重影响了学术期刊编辑出版人才的积极性，明显制约了学术期刊的发展。

三、人才短缺问题突出

学术期刊承担着学术传承和学术创新的重要任务，需要大批素质高、有理想、有经验的人才。但现实情况是，学术期刊界面临全面的人才短缺，既缺乏高层次领军人才，也缺乏专家型、复合型人才。在新媒体环境下，学术期刊的新媒体人才也存在很大缺口。这种状况，极大地限制了学术期刊的发展空间，严重妨碍了学术期刊社会功能的发挥。无论学术期刊出版单位的规模大小或实力强弱，均存在人才难招的情况，原因一是很多期刊社都不具有自主用人权，不能按照自己的用人需求选聘人才；二是薪酬与人才期望值不匹配，即便招到了适合岗位要求的新人，其工作稳定性又成为问题。

四、职业教育培训效果不佳

学术期刊编辑工作具有很强的专业性，对从业者的素质有很高的要求。除了要具备任职资格外，必须实施继续教育，才能不断提升业务素质。国家对编辑人员的业务教育高度重视，制定了相关制度，提出了明确要求，但在实际操作过程中，继续教育存在内容陈旧、重复，费用较高，集中离岗培训时间过长等问题，许多时候培训流于形式，实际效果不佳。

针对上述问题，建议采取以下措施，以切实加强学术期刊人才队伍建设，促进学术期刊健康、稳定发展。

一、加强顶层设计，明确学术期刊的改革方向

学术期刊人才队伍建设中存在的这些问题，很大程度上反映了期刊改革发展在目前阶段所面临的一些困难和局限。要解决这些问题，有必要加强顶层

设计，进一步探索我国学术期刊发展的政策与制度环境，明确学术期刊的职能、定位，明晰其改革发展的方向。国家新闻出版广电总局（当时的新闻出版总署）于2012年颁布了《关于报刊编辑部体制改革的实施办法》，但因种种原因没有施行到位，转企改制目前处于停滞状态。建议有关管理部门尽快研究制定相关发展规划，出台相关政策，进一步明确学术期刊社的功能定位，确定下一步的发展方向。

二、针对高端优秀人才，建立国家层面激励机制

学术期刊在国家文化建设和科技进步中具有重要作用，但目前在一些重大奖项的评比中，学术期刊的占比非常有限。为了充分体现对学术期刊的重视，建议针对高端优秀人才，通过设立基金，组织专业评奖，在既有评价体系中增加学术期刊份额等方式，建立国家层面的学术期刊人才激励机制，让学术期刊人才，特别是高端人才的职业价值得到充分尊重。

三、放宽出版专业资质，拓展学术期刊人才引进渠道

学术期刊不同于一般大众期刊，专业性和学术性是其核心价值，关键所在就是编辑出版人员的专业能力和水准，包括专业影响力。建议进一步拓宽学术期刊出版人才，特别是科技类学术期刊出版骨干人才的引进渠道。将院士、科学家、学科带头人，包括外籍科学家及团队吸引、充实到办刊队伍中来，优化办刊队伍。建议修订《关于报刊社社长总编辑（主编）任职条件的暂行规定》等方面的相关规定、制度，放宽任职条件，强化其学科专业资质条件，包括工作履历、专业背景、职务职称等，实施类别化、差异化管理政策，放宽优秀学术期刊特别是科技类学术期刊骨干人才的资质条件，引进高标准、高起点、高质量的办刊人才。

四、改进继续教育方法，切实提高培训实效

针对目前继续教育培训中的问题，建议切实改进继续教育的方式方法，多开办具有针对性的专业培训，并积极利用互联网等新平台、新技术、新优势，针对编辑时间碎片化的特点，开办方便编辑网上学习的培训，尤其是在

手机移动端的学习培训，创新培训方式，节约培训成本，提高培训效率。鉴于参加专业学术会议对期刊编辑人员的重要性，建议继续深化落实《出版专业技术人员继续教育暂行规定》中第七条的内容，将参加专业学术会议计入继续教育学时。

五、完善体制机制，强化对青年人才的培养和使用

建议由国家相关部门主导，设立专门的“学术期刊青年人才工程”，从工作一线遴选一批基础扎实、业绩突出的青年骨干重点培养，培训、交流的费用由国家支持。在现有的各种奖励中，给学术期刊青年编辑出版人员留出一定的名额，增强他们的职业荣誉感。同时适当放宽出版专业资质，允许高校和科研院所的青年科技人员在学术期刊兼职，让更多的科研人才参与、接触学术期刊编辑出版工作，从而发现优秀的学术期刊编辑出版人才。

2017年

建议确定中山翠亨新区为全国先行先试专属区，加快建设海内外华人共有精神家园的提案*

中共十七届六中全会强调建设中华民族共有精神家园，习近平总书记2013年2月会见中国国民党荣誉主席连战一行时指出，要携手推动两岸关系和平发展。作为海内外华人共同敬仰的一代伟人孙中山先生的故乡和成长地，中山翠亨新区在发掘孙中山文化、建设华人精神家园、汇聚中国力量、实现民族复兴进程中具有不可替代的优势和独特作用。

中山翠亨新区位于广东省中山市东部沿海，由广东省人民政府于2012年9月批复成立，地处珠三角地理中心，总规划面积约230平方公里，年内动工建设的深中（跨江）通道横贯新区北部，新区1小时内可通达珠三角五大机场和三大港口，区位条件优越，文化底蕴深厚，产业基础良好，生态环境优美，是珠江口东西两岸城市群的战略节点。

中山翠亨新区成立以来，努力建设粤澳全面合作示范区、海峡两岸交流基地及中欧合作产业园等三大高端平台；全面对接深中通道，推进中山新口岸、翠亨快线和起步区路网配套设施建设；有效协调翠亨国际旅游小镇、科技金融新城、香港理工大学可持续发展研究院等项目建设投产。2014年度，新区起步区内24家投产企业实现工业总产值138亿元；起步区完成固定资产投资总量人民币32亿元，实现财政收入2.4亿元。

2013年，中山翠亨新区提出建设海内外华人精神家园的设想，并在第二届海峡两岸中山论坛和粤澳合作联席会议上引起较大反响。2014年，中央台办、

---

* 转为《意见和建议》。

国台办正式批准翠亨新区为海峡两岸交流基地，广东省政府明确中山市为海峡两岸中山论坛永久举办城市，澳门特区政府在粤澳合作联席会议上与中山市政府签署《关于合作建设中山翠亨新区的框架协议》，中山翠亨新区建设海内外华人共有精神家园的各项工作扎实、有效推进。为进一步发挥好中山翠亨新区文化、区位、产业和生态等优势，促进海峡两岸和海内外华人华侨的交流合作，努力建设海内外华人共有精神家园探索区，推动海峡两岸交流合作和平统一、实现中华民族伟大复兴，建议把中山翠亨新区确定为全国先行先试范畴的专属区，加快建设海内外华人共有精神家园：

一、将中山翠亨新区开发建设纳入国家“十三五”规划，明确为国家级新区专属区、试验区或示范区，并尽快组织开展示范区发展规划编制工作。

二、明确中山翠亨新区成为国家级粤澳合作战略平台。在粤澳合作联席会议框架内设立中山翠亨新区建设粤澳全面合作示范区专责小组；将粤澳全面合作示范区建设写入CEPA有关补充协议；依托粤澳全面合作示范区，推动粤澳更紧密合作，拓展澳门经济适度多元发展空间，打造国家级粤澳合作平台。

三、支持中山翠亨新区对台合作交流。在孙中山先生诞辰150周年之际，促成大陆与台湾地区海峡两岸主要领导人在孙中山先生故居所在地——中山翠亨新区会晤；支持中山翠亨新区对台在思想文化交流、科技金融及健康医药产业等领域合作上先行先试；举办第三届海峡两岸中山论坛，以粤港澳台交流交往吸引台港澳等地优质项目，强力提升中山翠亨新区文化内涵和平台功能。

2015年

【会议发言】

强化政协工作基础　拓展界别履职机制

界别作为人民政协的基本组成单位，是政协产生、存在和发展的社会基础，是政协区别于其他政治组织最显著的特色，也是政协履行政治协商、民主监督、参政议政职能的主要依托。现在，政协委员按界别分组讨论协商，已经成为政协全会和常委会议协商国事、议政建言的主要形式。而在政协会议闭会期间如何更加充分地发挥界别作用，则仍是一个需要深入探索和研究的重要问题。

全国政协现有的九个专门委员会，在政协全会和常委会议闭会期间组织各界委员履行职责方面有着重要的作用。但专门委员会只能吸纳20%左右的委员，其他大多数委员在政协会议以外的时间难以通过政协这个平台有序参与国事、表达意见建议，特别是具有界别特点的群体性诉求。政协各界别委员，多为业界领军人物，既有长期在所在界别工作经验丰富的领导干部，又有相关各学科的专家学者、拔尖人才和行家里手。他们对自己工作领域的方针政策和具体情况最熟悉，与所在界别群众又保持着密切的联系，因而对相关问题最有发言权。要使政协组织充满活力，必须要充分发挥好界别的功能，通过开展界别活动，解决好参加会议和会外履职的关系，也就是俗称“10天委员和365天委员”的关系。为此，新闻出版界委员曾多次向政协领导提出建议并积极主动进行过探索和尝试。

去年以来，新一届全国政协领导提出要更加注重人民政协的界别特点和发挥界别作用，建立起副主席联系界别和专委会、专委会联系界别的制度，为委员们开展界别活动搭建了有效的平台。为此，我们新闻出版界一年来又进行了多次积极的尝试。包括：

一是召开专题研讨，搭建学习平台。围绕学习贯彻十八大和十八届三中全会精神，先后就“开发性金融助推文化产业发展”、“全媒体时代的文化责任和网络安全”、“建立健全现代文化市场体系”、“体认当代中国价值观念，弘扬中华民族文化精神”等题目，组织本界别委员与有关部门负责人、行业从业者以及专家学者进行专题研讨，提出意见建议。

二是组织特色调研，密切联系实际。分别到中央档案馆、中国第一历史档案馆进行学习考察，到浙江调研民营书业，到武警某部调研军营文化，到北京奇虎360公司调研互联网安全，到中影集团调研影视产业等等，深入基层，了解实情，倾听和反映业界声音。

三是注意总结经验，探讨机制建设。在组织开展界别各类活动的过程中，逐步确立了界别委员献计献策、界别召集人组织联络、专委会协调组织的工作机制，并在此基础上向全国政协领导进行专题汇报。

通过开展界别活动，我们深刻体会到，人民政协的根本任务，就是要调动一切积极因素，团结一切可以团结的力量，为党和国家的中心与大局服务。界别是人民政协当然的、不可或缺的社会基础和有力支撑。政协组织可以通过各个界别，及时、准确、系统地收集群众最具有代表性的意愿，传达党政最具权威性的声音，帮助委员和群众知情明政，协助党委和政府改进工作。在新的形势和任务面前，界别委员可以直接投身经济社会建设主战场，为推进社会政治经济文化建设献计出力。为此，我提出如下建议：

（一）强化组织领导。政协组织要加大对界别活动的组织、协调和统筹力度，探索活跃界别工作的方法和途径，多形式、多层次组织开展界别活动，如政协统一组织、专委会协调组织、界别积极组织、界别与界别联合组织等。要充分发挥政协舆论阵地的作用，加大对界别工作的宣传力度，营造支持界别工作的良好氛围。

（二）理顺三个关系。一是界别与专委会的关系，明确各自职责，实现良性互动；二是界别与委员的关系，真正使界别群体功能和委员个体作用同时得到有效发挥；三是界别与委员所在单位的关系，搞好沟通协调，争取理解与支持。

（三）完善工作制度。一是制定界别工作通则或简则。从组织领导、理论学习、参加会议、开展活动、督导检查、服务保障等方面加以规范和完善。二是健全界别联系制度。包括政协领导班子联系界别制度、专委会联系界别制度、界别联系群众制度、界别与党政部门对口联系制度等。三是规范界别召集人制度。界别召集人，由中共政协党组提名，界别委员推举产生。召集人应负责任地牵头组织开展本界别的各项活动。四是建立考核激励机制。根据各界别开展活动、履行职能等情况，建立实绩档案，并以此为依据，在年度考核、评优、表彰及换届调整时予以参考。五是完善服务保障机制。政协机关作为为政协委员履行职责服务的政治机关，要明确责任，改进作风，切实搞好协调联系和后勤保障服务，为界别工作创造有利条件。

2014年

对推进城镇化进程中加强古村落保护的几点认识

参加全国政协文史委组织的“推进城镇化进程中加强古村落保护”的专题调研，通过在江西和山西听取介绍、实地考察、切磋交流，很受教育启发，有这样几点粗浅思考。

一、把加强古村落保护放在全面深化改革、完善城镇化健康发展体制机制的顶层设计中，端正认识，统筹规划

认真学习领会、切实贯彻执行十八届三中全会《决定》中关于全面深化改革，加强顶层设计的要求，（“改革开放的成功实践为全面深化改革提供了重要经验，必须长期坚持。……坚持正确处理改革发展稳定关系，胆子要大、步子要稳，加强顶层设计和摸着石头过河相结合，整体推进和重点突破相促进，提高改革决策科学性，广泛凝聚共识，形成改革合力。”）把推进城镇化健康发展，建设美丽乡村，传承弘扬中华优秀文化记忆的工作整体规划，协调推进。落实三中全会决定中“完善城镇化健康发展体制机制”。“坚持走中国特色新型城镇化道路，推进以人为核心的城镇化，推动大中小城市和小城镇协调发展、产业和城镇融合发展，促进城镇化和新农村建设协调推进。”就应当将迫在眉睫的古村落保护工作整体纳入；古村落是新农村建设中难能可贵的、不可再生的文化因素，在这个问题上不应再存有摸着石头过河的心理，而应有清醒的全局性认识。

二、古村落是中华民族耕读文化的集中代表和历史记忆，是民族的人民的“乡愁”

中央城镇化工作会议提出，“城镇建设，要实事求是确定城市定位，科学规划和务实行动，避免走弯路；要体现尊重自然、顺应自然、天人合一的理念，依托现有山水脉络等独特风光，让城市融入大自然，让居民望得见山、看得见水、记得住乡愁。”《国家新型城镇化规划（2014—2020年）》中也提到，“根据不同地区的自然历史文化禀赋，体现区域差异性，提倡形态多样性，防止千城一面，发展有历史记忆、文化脉络、地域风貌、民族特点的美丽城镇，形成符合实际、各具特色的城镇化发展模式。”

我国有660座城市，2800多个县，70万个行政村，320万个自然村，而保留至今具有历史文化遗存和民俗文化价值的古村落只有几千个，仅占全国行政村总数的1.9%，其中较有规模的据说不过几百个，实属中华文化特别是耕读文化绵延千百年的难能可贵的物质和文化载体。如果说海南是中华民族的后花园，张家界是神州大地旅游后劲所在，那么这几百处硕果仅存的古村落应该就是中华民族的乡愁。炎黄子孙有责任像保护神州大地的青山绿水那样精心地留住这份乡愁。

三、在推进城镇化进程中切实保护好古村落刻不容缓，历史不容许再犯毁弃中华传统文化的颠覆性错误

新中国成立65年了，取得的伟大成就举世瞩目，但由于认识局限、路线错误导致的对传统文化及文化载体的毁弃，几十年来已经造成了不可挽回的损失，留下遗憾，令人痛心。我们这一代人亲眼见证了新中国成立早期及“文革”两次破坏。前者，新中国成立初期，百废待兴，客观条件局限很大，一切围绕迅速结束长年战乱造成的百业凋敝、加快发展生产改善人民生活，客观上没有能保护好包括北京在内的千年、百年文明古城（古村镇）风貌；后者，更是由于“革封资修文化命”的全局性错误，给神州大地千年绵延比比皆是的优秀文化载体带来毁灭性打击。浩劫过后，错误路线得以纠正，思想认识可以重新回到继承弘扬中华优秀文化传统的轨道，可是破坏掉的古城古镇古村落，则

已永远不复存在，不可再生——有钱了再建，也是假古董。

习总书记在谈到改革时提出，“中国是一个大国，决不能在根本性问题上出现颠覆性错误，一旦出现就无法挽回、无法弥补。”目前正在我们这一代和年青一代手中积极推进的国家新型城镇化建设中，决不允许犯，也没有本钱再犯毁弃古村落的不可挽回的错误了。

四、充分发动和依靠人民群众，使“保护古村落”的顶层设计和农民自觉、有序参与建设新家园结合起来

《国家新型城镇化规划》强调要加强历史文化名城名镇的整体保护，保存城市文化记忆。习近平总书记2013年在湖北考察时也强调，实现城乡一体化，建设美丽乡村，不能大拆大建，特别是古村落要保护好。

古村落有风格明显的古建筑为其物质载体特征，这是亟待抢救、保护的；但在当前的保护中，我认为更应注重它的人文特征、人居概念，因为村落毕竟不是宫殿、庙宇——可以封闭式地保存建筑，从博物馆的角度加以利用。村落依托山水；房子一定要有人住；村子里人们要正常生产生活，延续耕读传统而不是办旅游；不光老年人，下一代、再下一代也得有人愿意在快速、浮躁的当代留在古朴、幽静的村里生活……在考察中，我深感这些都是远未解决的大问题。

几百年文化蕴涵丰富、建筑形式独特的古村古镇，历经时代更迭，从建筑结构、生活设施角度看，无论如何难以满足现代生活的舒适便捷要求，难以满足农民日益增长的物质和精神文化需求。如果保护古村落的生活方式不是农民的自觉愿望，不能产生内生动力，则政府即便有财政支持和逐步加大的投入，也仍然要面对谁是古村落的生产生活主体，怎样不要简单地使古村落演变成旅游点的问题。

2014年

加快推动传统媒体和新兴媒体融合发展

现代人很幸福，坐在家中即可远行世界——帮我们插上飞翔翅膀的是媒体。在新的时代，如何让传统媒体与新兴媒体融合发展，是一个让我们飞得更高飞得更远飞得更长久的大挑战。但这样的征途并非一帆风顺。

中共十八大以来，中央高度重视媒体融合发展，出台了重要指导意见，既着眼于宣传思想文化阵地的巩固和政权安全，又关系到主流媒体的生存发展与现代传播体系的建立。新闻出版界委员在2014年进行的媒体融合专题调研中了解到，从中央到地方各类媒体融合的力度在加大、速度在加快、投入在加重，同时也存在一些亟待解决的问题，为此，提出一些对策建议。

一、解决内容资源版权保护问题，立稳融合发展根基

传统媒体以成熟的采编队伍和巨额成本，采写了及时有效的重大新闻和难以复制的深度报道，大都被新媒体无授权无偿使用；新媒体很多投入巨大的原创内容，也轻易被传统媒体和其他新媒体无偿转载。双方都是侵权者，也都没有得到法律保护，凸显了现行法律的不足。更多媒体因此失去“内容为王”的追求。

解决这个问题可以采取三个措施：一是强化对内容资源有效保护的宣传。引导传统媒体树立自我保护意识；引导新兴媒体强化“先授权、后传播”的自觉，从源头上减少侵权行为。二是加强与完善网络著作权保护的立法工作。在新修订的《中华人民共和国著作权法》中，加强对网络侵权的明确界定并制定侵权赔付标准，改变现有侵权界定模糊和赔偿标准过低的现状。三是加

大版权执法监管力度。出台加强网络转载版权保护的指导性文件，推动形成报刊社与互联网企业的合作双赢机制；同时加大案件查办力度，严厉打击非法转载行为。

二、改革滞后的体制机制，增强融合发展动力

体制机制改革滞后是传统媒体在数字化发展中落后于新兴媒体的关键。不解决滞后问题，融合就缺乏根本的推动力。建议：

第一，按照中央深化改革的决定，加快公司制、股份制改造，打造合格的市场主体。对多数报业集团，要按照采编、经营两分开的设计，抓紧对经营部分进行企业化改造。转制后的传统媒体，一是可以有效实现减负；二是更便于进行资本运作，按市场规则引进投资，收并购优质项目，上市融资，做大做强。

第二，在现代企业制度基础上，探索实行股权激励，特别是对优秀骨干人才实行股权激励制度。在用人机制方面给予传统媒体政策支持，扭转传统媒体优秀人才严重流失且愈演愈烈趋势。

第三，积极鼓励和扶持传统媒体与新媒体开展良性合作。既充分发挥传统媒体强大的采编能力、敏锐的新闻嗅觉、舆论导向可管可控等优势，又结合新媒体的广泛用户积累、技术基础，实现优势互补、利益共享、融合发展。

三、创新媒体管理思路和方式，提供融合发展保障

传统媒体管理方面的问题，主要存在于传统媒体与网络媒体在报道权限上的不对等和考核机制过死两方面。

第一，报道口径要求不一。传统媒体与网络媒体报道权限事实上的不对等，限制了传统媒体的影响力。管理部门应松绑传统媒体，鼓励其对重大事件早发声、发强声，引导舆论。

第二，考核体制过死，不敢投入创新。希望主管部门能对投入新媒体资金的效益合理放宽考核周期，并给予一定的宽松政策，促使传统媒体敢于和肯于将足够的资金转投到数字化项目上来，反哺于主流舆论阵地，做到导向和市场双丰收。

四、构建媒体健康发展良性生态圈，彰显融合发展活力

目前，以网络媒体为代表的新媒体在搜索引擎、即时通讯等流量入口渐成一家独大的垄断格局，极易导致传统媒体影响力、话语权完全受控，不利于构建融合发展、健康竞争的新局面。

传统媒体应从战略高度和长远角度出发，加强自身新媒体舆论阵地建设，结合云媒体等形式开拓移动互联网生态布局，充分利用自身优势，与开放性互联网技术公司加大在技术、大数据、渠道领域的深度合作，打造出个性鲜明、人民群众喜闻乐见的新媒体产品，实现业务全面融合，构建市场有序竞争并有利于媒体健康发展的良性生态圈。

2015年

认真解决媒体融合进程中的人才问题

加快推动传统媒体和新兴媒体融合发展，是党中央做出的战略部署，也是当前宣传思想文化领域深化改革的一项重要任务。在媒体融合进程中必须认真解决好队伍和人才问题，建设一支信得过、用得上、坚强可靠的媒体人才队伍。

一、媒体融合进程中最紧迫的是人才问题

目前，无论是报业集团还是广电集团，在融合发展中遇到的最紧迫的问题是人才问题：一是传统媒体的采编业务骨干有所流失，二是主流媒体所需要的新媒体技术、业务骨干难以引进。

进一步看，从主流媒体的持续、健康发展考虑，现有的为数不少的处在采编骨干岗位或领导岗位的人才也存在着明显的短期化行为。他们认为，即使自己想为传媒集团的长远发展和战略规划的实施做更多贡献，但现行的事业单位干部管理制度也是不允许的。

实际上，党中央和习近平总书记强调的三个打造（打造新型主流媒体、新型媒体集团、现代传播体系），核心问题也是人才问题。众所周知，对媒体来讲最重要的财富不是设备、大楼，甚至不是资金，根本的还是队伍建设、人才问题。

二、人才问题的主要症结是体制问题

许多报业和广电集团的负责同志反映，优秀的新媒体企业为何能迅速发展壮大——除了技术因素外，资本推动和激励机制比如管理层持股才是其发展壮大的内生动力。而传统媒体为何人才频频流失——最主要原因是体制机制僵

化，对核心人才缺乏有效激励，现有收益距离他们的预期越来越远。如果传统媒体不建立有效的激励机制，必然留不住人才，进而丧失创造力和竞争力，最终在新媒体面前不战自败。

而现行的传统主流媒体事业体制，不允许骨干人才和非骨干人才在薪酬上有明显差距，不可能根据他们的业务实绩拉开分配差距；在政治待遇和职称方面也不可能过分悬殊，实际运行中，往往根据工龄和资历等因素，吃大锅饭。现行的采编、经营两分开的办法，也没能完全解决这个问题。

还应看到，媒体是一个“大投入、大产出、大影响”的行业，目前情况下传统媒体能够得到的财政资金有限，有必要也有可能通过引入战略投资者；实行国有特殊管理股制度，用相对较少的资本控制更多资本，既实现对媒体的控制，又促进媒体的发展。

三、为此提出三点建议

传统媒体是党和国家几十年来精心培育出的最可信赖和倚重的舆论主力军，发展新媒体、实现媒体融合，应当也必须依靠主流媒体和人才队伍。为此提出三点建议：

第一，坚持深化体制改革。考虑到中央大的新闻单位位置重要、牵一发而动全身、影响面广而维持目前的运行格局，省以下（含省级）地方报业、广电集团可否开始陆续转企改制，采取先试点、再逐步推开的办法实施。在省级报业和广电难于整体改制的情况下，可在其母集团下成立子公司，最大限度走市场化的路子，建立现代企业制度。这就为通过股权激励等措施留住人才和吸纳人才创造了条件。

第二，如果整体转企改制难于马上推开，建议借鉴国家关于科技人才的国家人才激励政策——进行股权激励，而近期一些传媒创新项目已经开始试水管理层持股，例如上海报业集团的“澎湃”项目（上海报业集团控股，53%左右；弘毅资本，20%左右；团队20%左右）；“界面”项目，在制度设计上也允许给予管理层一定的股份。

第三，如果对骨干人才实行股权激励仍有困难的话，就要尽力把机制的改革做到极致。譬如可以考虑借鉴四川报业等媒体集团的做法，设立首席记者、首席编辑岗位，其薪酬可以达到甚至超过报业和广电集团领导的水平；他们的政治待遇也可以接近或达到集团领导层的水平。目前这些做法只有少数单位在试行，建议在总结这些单位机制创新经验的基础上加以推广，稳住主流媒体骨干人才流失的势头。

2015年

持续推进我国报刊业融合发展

自2014年8月18日中央深化改革领导小组第四次会议上审议通过《关于推动传统媒体和新兴媒体融合发展的指导意见》，习近平总书记发表重要讲话以来，2015年3月31日国家新闻出版广电局、财政部联合印发《关于推动传统出版和新兴出版融合发展的指导意见》；2016年7月2日，总局又印发《关于进一步加快广播电视媒体与新兴媒体融合发展的意见》。

面对日趋严重的发展困境，我国报刊业顶住压力，迎难而上，全面推进业务转型。两年来，有83.7%的报刊出版单位，制定了未来3-5年融合发展战略规划文本；有90.12%的报刊出版单位有具体措施和工作安排；超过三分之一的单位进行了项目实施。

一、我国报刊业融合发展的特征

我国报刊业融合发展从两年前的报纸+网络版+手机报的加和式转型，开始进入质效并重的时期。其特征：

第一，传统报刊内容普遍由网上平移转向分发平台的数字化传播，新兴传播体系加快构建；第二，以中央厨房为基本形态，全面改革采编作业模式，普遍着力于“一次采集、多次生成、多元传播”全媒体统筹运作；第三，全面加快大数据建设步伐，深度垂直细分服务，由服务读者向服务用户转变；第四，以两微一端为主要形式，全面布局新媒体产品体系，努力扩大传播，不断增强影响力；第五，不断适应移动化、社交化、视频化趋势，积极涉足并尝试跨屏技术、AR（增强现实）、VR（虚拟现实）、无人机直播、机器人写作等新技术新领域；第六，积极拓宽技术合作，有序实施资本运作，提高变现增值能力，探索盈利模式。

内容建设和先进技术是融合发展两大支点；优质内容生产和扩大分发平台数字传播，是构建新型业态的两个基石，也是打通最后五公里，实现价值变现、资源变现、影响力变现的不可或缺的两个要素。

二、报刊业融合发展主要差距和问题

（一）思想认识紧迫性不够

报刊出版单位普遍认识到，融合发展是传统媒体生存和发展的必由之路，必须将思想和行动统一到中央决策和部署上来，必须将方法和力量凝聚到新媒体格局深刻变化上来。但是有的单位，融合发展的紧迫性不够，等政策、靠上级、要支持的“等、靠、要”思想比较突出。还有的学术期刊“靠版面费过日子”，“小富即安”，融合发展的动力不足、认识不到位。

（二）示范引领亟待跟上

融合发展发展迅猛，技术与市场呈现迭代效应，融合发展如何解决“相加”到“相融”，情况差异大，认识差距大，经验缺乏，缺乏可复制的模式。如，导向立场、内容建设、创新表达和传播效果如何统一于融合创新上来，做大“流量”与做强“正能量”如何有效统一起来；再如，媒体融合如何与资源整合齐头并进，对功能重复、内容同质、力量分散的资源，通过报网合一、台网融合，优化配置起来，实现各种资源的互联互通，均缺乏思路，亟待示范引导。

（三）发展不均衡

分析梳理全国情况，融合发展态势普遍表现为，发达地区势头好于欠发达地区，品质优秀报刊好于品质不优的报刊，市场竞争压力大的报刊好于市场竞争压力不大的报刊，细分度清晰的报刊好于细分度不高的报刊，资源集中的报刊好于资源分散的报刊，产业多元的好于业态单一的。报纸好于期刊、“先行”好于“后进”、“包袱轻”的好于“包袱沉”的。部分省级党报、历史悠久的老牌报刊，不少老总们反映，报社班子主要考虑的还不是融合发展的问题，而是下个月能否发出工资的问题。

（四）瓶颈问题日益凸显

一是人才问题。人才是融合发展的基础。调研和分析发现，人才引进难，留住人才更难。报刊社普遍采取了“政策留人、感情留人、待遇留人、价值观留人”等做法，但最根本的还是“待遇留人”。解决不了这个问题，新技术人才引不进来，报刊社培养出的人才又外流出去。二是技术问题。技术融合是发展的关键因素，报刊社在融合发展中，普遍苦于不掌握关键技术，处在寻求技术合作又受制于人的尴尬局面。三是模式问题。盈利模式是融合创新持续发展的重要因素，由于报刊单位情况复杂，不尽统一，技术适用性和可复制性差，难以找到普遍通用的盈利模式，不少报刊社特别是党报党刊，仍然还主要依靠广告发行等传统模式盈利。四是资金问题。资金问题是困扰融合发展最主要的问题。老总们反映，报刊社融合发展，是“钱进不来、人留不住”，“转型难、变现更难”。不少党报反映，省级财政支持，数量有限，主要是“两保”（保生产、保老干部），融合发展“钱少干不了，干起来这点钱又兜不住”。五是平台问题。传统出版单位的新媒体内容分发平台，基本上都是在“微信”等社交平台，依靠《今日头条》推送服务，以扩大传播。由于平台不在手，一是主动性差，二是受制于人。不少党报反映，腾讯新闻客户端推送省报，每天就两条。六是版权问题。“点击、分享”是新阅读方式，随着移动互联网的快速发展，继《今日头条》“不做新闻生产者，只做新闻搬运工”的版权问题再度凸显。特别是当前壮大主流媒体的新形势下，移动端的版权保护问题比PC端更突出、更严峻。

三、相关建议

（一）内容和技术双轮驱动，实现传统媒体和新兴媒体优势互补

要充分发挥报刊出版单位内容原创力和品牌影响力，适应传播移动化、社交化、视频化的趋势，以内容建设为根本，以先进技术为支撑，实现内容生产与信息技术的深度融合、优势互补，不断创新产品形态、表达方式和传播渠道。

（二）推进“内容、渠道、平台、运营、管理”深度融合，“思维模式、报道组织、机制流程、作业模式”同步创新

要大力开展各种媒介资源、生产要素的有效融合，大力实施信息内容、技术应用、平台终端、人才队伍的共享融通，努力形成一体化的组织结构、传播体系和管理体制。同时采取目标规划引领、组织机制保障、人才技术支撑、

创新激励驱动、全员培训助力等“五管齐下”的举措，加快推进全面转型、深度融合，形成全方位、多元化、立体化的融合发展格局。

（三）实现业态重构与资源整合一体化布局，融合创新与深化改革一体化推进

在全面转型、业态创新的进程中，推进各类资源要素依托全新的平台不断整合、不断调整、持续放大、持续优化，在深入推进媒体深度融合的进程中，在不断适应新兴报刊业态的发展中，持续深化改革创新，实现两个“一体化”。

（四）继续做优存量、做强增量，扩大传播力、公信力、影响力

要做强主流舆论阵地、做优新型媒体平台，巩固发扬内容生产和舆论引导优势，做强做优新媒体产品矩阵，同时打造新型传播环境下的新型主流媒体，打通并提升网上网下两个舆论场的议题设置能力和舆论引导能力，扩大我国新型报刊业的传播力、公信力、影响力。

报刊融合发展涉及多个相关部门，建议有关部门共同做好报刊的融合发展转型升级工作。同时，建议实施贯通机制，统筹各相关职能部门力量，解决报刊融合发展遇到的突出问题。

2017年

优秀的新闻人应当是优秀的文化人

党中央一向高度重视新闻舆论工作，党的十八大以来，习近平总书记对做好新闻舆论工作提出了一系列富有创见的新思想新观点新论断新要求，特别是去年总书记“2·19”调研并主持召开党的新闻舆论工作座谈会，深刻阐明了新闻舆论工作的职责使命和人才建设的重要性。这里汇报一下我对加强优秀新闻人才培育的一些粗浅思考。

文化如同人的血脉，古人称之为文脉。孔夫子讲：“言之无文，行而不远。”文章没有文采，不能流传久远；没有文化底蕴，人也走不远，做不成大事。从这个意义上讲，新闻工作更是如此。新闻舆论工作是政治性很强的业务工作，也是对文化底蕴要求很高的专业工作。新闻本身就是一种文化，而且是各种文化的交汇点，从中国新闻事业发展进程来看，凡是杰出的新闻大家，几乎都是杰出的文化人。从王韬、章太炎、梁启超、张季鸾，到李大钊、瞿秋白、邹韬奋、范长江、恽逸群、胡乔木、乔冠华、范敬宜，等等，无一不是学养丰厚、才华横溢的文化大家，政治品质和文化修养在他们的身上和笔下都得到了完美的统一。

范长江曾说：“有了健全高尚的人格，才可以配做新闻记者。”“新闻记者应当是社会所敬重的人物，如果在人格上有了根本的缺点，就不能算作新闻记者。”由此看出，记者不是一般人能当的，是要有高于常人的道德和职业道德的。历史经验和现实需要都表明，优秀的新闻人应该是有社会责任感、有道德、有学问、有能力的优秀文化人。唯其具有远大理想、执着信念、奋斗精神、扎实作风以及深厚的文化修养，才能不负党和人民的重托，更好地履行职责使命。

同时也要看到，在百万新闻工作者队伍、包括其中22.5万持证新闻记者中，人才结构呈现“纺锤形”。如同习近平总书记所指出的文艺创作有“高原”缺“高峰”那样，当前在新闻内容生产方面存在着有数量缺质量、有速度缺厚度的现象，一些网络新闻格调低俗，过度娱乐，缺乏文化含量，青年新闻舆论工作者的整体文化素质亟待提高。

鉴于以上认识，建议如下：

（一）从源头抓起，打造一支与国家文化软实力建设和增强国际话语权相适应的新型新闻舆论工作者队伍。路径一，鼓励和支持中央和地方主要新闻媒体每年拿出相应的人才引进指标吸引社会文化精英加盟，提升泛内容时代的专业新闻媒体影响力和竞争力；路径二，从中央到地方启动“新闻出版广电业高端创新文化人才荐选工程”，让有社会责任感和文化传承使命感的新闻文化使者脱颖而出，获得行业重视和社会尊敬；路径三，通过文化新闻出版广电体系内的各级社会组织，构建全国性新闻文化工作者的文化素养提升培训体系，一方面建立新闻从业者继续教育制度，加入固定学时的传统文化课程，另一方面针对日益年轻化、快餐化、数据化的新闻从业者队伍，设计专门的新闻文化养成课程。

（二）从加快建设党的新闻舆论工作阵地的战略高度出发，倡导新闻单位加大文化艺术类内容在新闻产品中的比重，呼唤更多更好的有文化含量和高峰价值的文化艺术类频道、版面、栏目、短视频、官网、官微、客户端等等，提升新闻媒体和新闻舆论工作者在文化传承与公民文化素质养成方面的责任与担当。

（三）从提升各级公共文化服务供给水平的“十三五”任务目标出发，倡导中央和地方财政在文化产业扶持基金中规划固定比例，用于定向扶持新闻单位设立的本地区本领域的重大文化传承类项目和中华文化“走出去”项目，充分发挥新闻媒体和新闻舆论工作者队伍的文化阐释和传播能力。

（四）从加快新闻业供给侧改革和总量结构布局调整出发，鼓励各新闻媒体单位通过资源整合和变更重组，加快培育具有国际视野和国家水准的文化艺术类媒体集群，打造有高度有温度有品质的文化艺术类媒体旗舰。

（五）着眼于移动互联时代新内容产业的蓬勃发展趋势，构建全国一体化的新闻舆论工作者的文化交流服务平台。平台应具备新闻文化传承能力，具备老中青新闻工作者的凝聚力，具备互联网时代新兴技术趋势的洞见能力，通过定期的公开课、主题交流活动、展览展示及年度报告等，营造全行业从业者对中华文明传播的高度责任心和使命感。

2017年

文史资料工作

我为父亲李庄的开国报道而自豪

2009年3月3日，阳光明媚。春风中，天安门广场上红旗猎猎。当我和新闻出版界几十位政协委员一同走进人民大会堂出席政协第十一届全国委员会第二次会议时，当我在大会堂大礼堂作《加大投入，优化政策，发挥新闻出版业在“保增长”中的重要作用》的大会发言时，不禁百感交集。

整整60年前，我的父亲李庄从河北平山党中央所在地出发，在1949年初春随第一批进城的部队进入北平；金秋9月，参与了政协第一届会议的新闻报道工作。8天会议，他始终在中南海怀仁堂现场采访，以每天刊发在《人民日报》上一篇新闻通讯，全程见证并记录了新中国成立的历史时刻，成为有幸采访政协一届会议，并有幸在10月1日开国大典登上天安门城楼的为数不多的新闻记者之一。

3月3日已固定为每年政协大会开幕的日子，又是我们全家永难忘怀的日子。2006年3月3日，父亲在全家人齐聚守护中，驾鹤西去。从2008年3月3日开始，在我担任全国政协委员的任期中，我将不能和家人在这一天去八宝山革命公墓看望他；但我相信在天上看着我的父亲，会因为我忠实履行政协委员的职责而感到欣慰——对国家尽忠就是对他尽孝，这是父亲生前对我的一贯教导。

这样的机缘，这样的巧合，使得父亲与政协、我与政协、我和父亲共同与政协之间，似乎有了一种特殊的经历、特殊的际遇、特殊的感情。六十一甲子，当举国上下隆重庆祝新中国成立60周年之际，翻开1949年9月22日至10月1日的《人民日报》，从那一张张发黄发脆的竖排报面上，我看到的不仅仅是一天天、一篇篇的令人振聋发聩的新闻报道，还有党的新闻工作者们，包括我敬爱的父亲，殚精竭虑，夜以继日，笔走龙蛇，倚马可待，奉献给历史、奉献给人民的激情、才华和忠诚。

以通讯特写记录开天辟地的历史

60年前的1949年9月21日，中华人民共和国开国盛典——中国人民政治协商会议第一届会议在北京中南海怀仁堂开幕。毛泽东主席致开幕词时说："占人类总数四分之一的中国人从此站立起来了。""我们团结起来，以人民解放战争和人民大革命打倒了内外压迫者，宣布中华人民共和国的成立"。

我的父亲在怀仁堂会场主席台旁见证了这一历史时刻，用充满激情的笔墨写下了预示新中国成立的第一篇新闻特写，标题就是从他亲耳聆听的毛泽东主席的历史性宣言中提炼出来的——《"中国人从此站立起来了"》。

当年31岁、风华正茂的父亲感慨万千。他是在七七事变后怀着一腔报国之情，"一声炮响上太行"参加革命的。八年抗战胜利后，又"一肩行李下太行"，在平山县西柏坡附近的里庄，参与党中央机关报《人民日报》的创建，成为创始人之一，历任编委、副总编辑、总编辑。2006年以88岁高龄辞世。用我母亲的话说，他一辈子只做了一件事，就是党的新闻工作。而在我看来，这"一件事"中颇具重大意义的事情就是对新政协召开、对新中国诞生的报道了。

1949年9月21日至9月30日召开的政协一次会议，是一次开天辟地的会议。这次会议，实际上兼具了全国人民代表大会和全国政协的职能，代表全国人民的意志，宣告了中华人民共和国的成立，发挥了重要的历史作用。

作为党中央机关报《人民日报》派出的记者，李庄和新华社等几个单位的同志们一道，在怀仁堂会场全程参与采访报道了这一具有历史意义的重要会议，见证了中国人民政治协商会议第一次全体会议的与会者共同为新中国奠基的全过程。8天会议，新华社记者逐日发布新闻，人民日报记者李庄逐日撰写通讯，共发表了8篇通讯特写。

在我父亲和他的新闻同行的笔下，新中国成立的壮阔画面被一幅幅展开：中国人民政治协商会议第一届全体会议经过热烈讨论，通过了具有临时宪法性质的《中国人民政治协商会议共同纲领》；制定了《中国人民政治协商会议组织法》、《中华人民共和国中央人民政府组织法》；决定了新中国的名称、国都、国旗、国歌、纪元；选举毛泽东为共和国中央人民政府主席，朱德、刘少奇、宋庆龄等六人为副主席；10月1日，开国大典在天安门广场举行。

父亲不仅把新闻的真实写进了历史，作为一位经历过抗日战争、解放战争的党的新闻战士，他更是把历史的厚重写进了新闻。在《中国人从此站立起来了》一文中，父亲写道："这是人民民主新中国开基立业的盛典。这个盛典是1949年9月21日，在人民首都北平举行的。毛主席宣布这个盛典正式开幕，乐队立即奏起《人民解放军进行曲》，礼炮在会场外隆隆齐鸣。这是胜利的声音，我们在艰苦的斗争中深深地懂得，胜利是不容易得来的。中国共产党成立了二十八年，人民解放军建立了二十二年，从开始到现在，一直领导全国人民，和国内外的敌人艰苦地战斗着。这二十多年，使青年变成中年，中年变成老年，多少烈士为革命而英勇牺牲了，但是，人民终于胜利了，打出了一个人民民主的新中国。于是全国人民表示竭诚拥护共产党、毛主席和解放军，全场代表也毫无例外地热爱、尊敬共产党、毛主席和解放军。"这不仅仅是一个记者的感触，更多的则是一位亲身参与革命十多年的共产党人的切身体会。

父亲在现场采访时，深切感受到各界人士对新中国成立的热切盼望，感受到各界人士对共产党和毛主席的竭诚拥护，对新中国的美好祝愿。他把这一切真挚的感情都凝练在笔下。

在主席台上，悬挂着孙中山、毛泽东的巨幅画像，巨像中间是人民政治协商会议的会徽。会徽正面为一地球，地球中间是一幅红色的中国地图。地图上面有四面红旗，象征四个朋友，地球左右饰以麦穗，地球上面饰以车轮，麦穗与车轮表示着农民和工人，车轮中间缀以红色五角星，象征着工人阶级的领导。整个会场是这个会徽的具体表现。六百多位代表，包含了中国人民民主统一战线中各阶级、各民族的代表人物。党派代表的席位在主席台右前方，中共代表位第一排，毛主席为首席。主席台左前方为部队代表的席位，人民解放军总部位第一排，朱总司令为首席。解放军后面是特邀代表，区域代表和团体代表的席位在党派和部队代表的两旁。大会济济一堂，真是空前的民族大团结。(引自《人民日报》1949年9月22日一版:《"中国人从此站立起来了"——中国人民政协第一届会议特写》)

我曾多次研读父亲当年在现场采访的文字，感受到历史使命的光荣和神圣，体悟到当年父亲笔下参加政协会议的各界人士责任重大。特别是，近60年后自己担任全国政协委员后，更加深刻地体会到父亲当时所写的"民主、团结、严肃、负责"这8个字的分量。

为了把胜利恰当地写在人民中国的大宪章上，代表们采取了极为恰当的态度和步骤。如果要用几个字概括起来，那就是:民主、团结、严肃、负责。"

中共中央在去年"五一"提出召开人民政协的伟大号召。消息如野火飞传，迅速遍于全国和海外。响应的通电雪片飞来，各方民主人士络绎抵达解放区，各民主党派和全国人民都团结在"人民民主专政"的旗帜之下了……商讨成立新政协筹备会及新政协的性质任务等问题，获得了共同的协议，大家一致承认中共的号召为全国人民团结奋斗的共同基础。至今年6月15日，新政协筹备会在北平宣告正式成立。

筹备会用了近三个月的工夫，拟订了参加人民政协的单位、名额和人选名单。为研究某一个代表适当与否，各方面函电往返，再四斟酌，有费时达数周之久的。……

人民政协共同纲领的产生，同样经过了非常慎重的努力。筹备会负责草拟纲领的小组曾经讨论过三次，大会开会前已到北平的人民政协代表讨论了两次，筹备会常委会也讨论了两次，始成最后的草案。可以说，各方面应该集中的意见都集中起来了。广泛的民主铸成了新中国的大宪章。

人民政协组织法草案也是反复研究、慎重讨论的结晶。负责起草这个文件的第二小组就开过四次会。先交换意见，拟成

> 讨论提纲，再按照提纲，研讨政协组织的基本原则及政协的性质、职权与政府关系等问题。这时在小组内组织了起草委员会，开始着手起草。初稿完成，又广泛征求各方意见，一再修改，在小组会上讨论、整理后，始提请常委会第四次会议通过。小组最后召开了第四次会议，整理了文字，提请筹备会第二次全体会议原则通过，成为现在的草案。中央人民政府组织法的产生过程，和上面几个文件大体相似。起草小组开过三次会，小组推定的五人起草委员会也开过三次会，还特别征询了专家的意见。政协第五次常委会讨论修改了文字，送请筹备会第三次全体会议原则通过。在这次大会上，将要最后研究与批准它，从而产生中华人民共和国的中央政府。（引自《人民日报》1949 年 9 月 23 日一版:《艰苦斗争的成果——记人民政协第一届全会第二天》）

从这些忠实、真切的新闻报道中可以看到，共产党领导创建的新中国，是在广泛而充分的人民民主的基础上奠基和产生的。

以澎湃激情书写波澜壮阔的新篇

在这中华民族历史上具有开天辟地意义的会议上，父亲目睹了一个个伟大的时刻，同时也忠实地、详细地把会场氛围、把会议进程写进报道，存留为历史。

> 人民把会场布置得朴素而壮丽。会徽后面衬着杏黄色的幕布，在中国，这种颜色是象征庄严与伟大的。会场照明全用水银灯，一个接着一个，两廊下排着红色宫灯。新华门油漆一新，鲜红夺目，两边竖着八面红旗。门下挂着巨大宫灯。这一切，都给人们一种富有生命力的印象。中华民族本来是富有生命力的民族，过去被帝国主义、封建主义、官僚资本主义束缚着不能发展，现在真正解放了，相信不要很多时候，新中国就会建设得很好。各方面送给大会的贺幛中，充满了这种赞美与

自信。民主朝鲜全体华侨送给大会的贺幛上，精致地绣着彩色的毛主席像，绣像的背景是中国共产党的党旗，还有一座工厂和几部拖拉机。旗上还绣着“庆祝新中国诞生，在毛泽东旗帜下前进”的字。这幅图案表示：工业的中国，独立、自由、富强的新中国在向我们招手了。（引自《人民日报》1949年9月22日一版:《“中国人从此站立起来了”——中国人民政协第一届会议特写》）

第一届政治协商会议产生了共和国中央人民政府主席和副主席，选举是在最后一天大会上进行的。父亲现场目睹了这个伟大时刻，心情澎湃，认真仔细地把选举过程写进他的最后一篇会议特写，成为一个国家的信史的可靠依据。

选举中央政府委员会主席、副主席和委员时，刘少奇任大会执行主席。周恩来对于选举办法作了扼要的说明，刘少奇宣布:“到会有选举权的代表共五百七十六人。”如数发下选票后，在我们开国史中最庄严的仪式正式开始。每一个人经过一度深思，立刻在选票中表达出自己的希望。

大会选出六十个代表作监票人。九个票箱由九个监票人监守着。监查人详细检查了票箱，小心谨慎地锁起来，钥匙交给执行主席，然后开始投票。整个过程是那么严肃认真，表现着政协会议自始至终的精神。毛主席仔仔细细写好了自己的票，在四时二十分整，把票投进第三号票箱。

从开票箱中检出五百七十六票，与发票数目完全相符。执行主席李立三说:“有选举权的代表都投票了，我们的投票是有效的。”人们热烈鼓掌，庆贺投票手续的完美无缺。

七时三十分，执行主席刘少奇宣布选举结果。他一字一句地说:“中央人民政府主席，毛泽东，五百七十五票。”全场代表一致起立，热烈鼓掌。乐队奏起“东方红，太阳升，中国出了个毛泽东”的乐曲。代表们合着乐声的节拍鼓掌，其中并响着此起彼伏的“毛泽东万岁”的口号声。乐声刚刚停止，有节奏的掌声又升扬起来。全场情绪沸腾，欢欣鼓舞。这是众望所归，每一个人都为自己投了伟大领袖一票而感到光荣、骄傲。刘少奇宣布:“中央人民政府副主席，朱德……”，会场又沸腾起来,《解放军进行曲》与掌声相和，十分雄伟有力。刘少奇又宣布:“中央人民政府副主席，刘少奇……”，“中央人民政府副主席，宋庆龄”……一直到宣布了五十六位政府委员的名单，会场上始终回响着阵雨一样的掌声。(引自《人民日报》1949年10月1日四版:《“庆贺中华人民共和国的诞生”——记人民政协最后一天大会》)

父亲见证了中国历史上意义非凡的8天，8天里诞生了新中国。他不仅记录了中央人民政府的诞生，也描摹了国号、国都、国旗、纪年诞生的细节。新中国国号“中华人民共和国”的通过，父亲当年的感觉“就好像一场知识竞赛”，他对此也作了真实的记录：

关于国号的讨论就热烈多了，有相当多的不同看法。我心里说，这好像一场知识竞赛。有的委员主张定名“中华人民民主共和国”，有的委员主张定名“中华人民民主国”，各自陈述的理由都很充分。张奚若委员发言比较靠后，他主张定名“中华人民共和国”。他说：共和国说明国体，人民指工人、农民、小资产阶级、民族资产阶级，涵义准确，表述简明，请诸位委员审议。大家同意他的意见，决议以发表宣言的方式宣告中华人民共和国成立。张委员说话沉稳，言简意赅。我长时间默想：知识，知识，知识的力量真是无穷尽的。(引自《新闻战线》1999年第10期李庄文章《一个新闻记者看新中国的诞生》)

父亲在通讯报道和回忆文章中都写道，代表们经过讨论，最后一致同意建都北平，并把“北平”易名“北京”：

北平位于华北老解放区内，人民力量雄厚。邻近东北重工业区，便于发展工业。文物集中，交通便捷，具备着现代大国首都的各种资格。有些代表提出：北平毗邻天津，出海方便，航空交通四通八达，而且建筑雄伟，气象万千，应该把这些条件加在建都北平的理由之内。江西省人民政府邵式平主席向政协转来一封隐名氏的信，信中提议建都西安、重庆或成都。这位隐名氏用了二三十张纸申述了自己的理由。理由合适与否，这里不来说它，但其关心这个问题的热忱，是非常感人的。

国旗的诞生同样也标志历史新篇的开始，新中国使用什么样的国旗，从父亲当时的通讯和后来的回忆中看到，全国人民和各界人士广泛关注、热烈参与。

为集思广益，设计能代表新中国的庄严、大方、寓义深远的国旗，政治协商会议筹备委员会曾经向全国征求国旗图案，得2992案。应征者有工人、农民、解放军指战员、教师、干部和著名艺术家，也有远在印度尼西亚、马来西亚、朝鲜和美洲的华侨，充分显示了中国人的爱国热情。朱德、郭沫若等委员也设计过国旗图案。筹委会从中选出38案，供代表考虑。这些图案，旗底均为红色。最后确定的国旗为“国旗上角有五黄色星”，全场热烈鼓掌，一致通过。(引自《新闻战线》1999年第10期李庄文章《一个新闻记者看新中国的诞生》)

父亲还在他写于会议第三天、记政协代表讨论国旗国都纪元的通讯《新纪元开始了》中写道：

代表们先后发言二十余次，讨论非常热烈。发言的基本精神只有一个，即如何把人民新中国在国旗上表现得更好些。有四五位代表发言提出：“国旗要大众化，使每个老百姓都能制作。”新中国是属于人民的，人民的代表考虑任何问题，都要时时刻刻想到老百姓，这种精神和作风，将是人民政权的主要基本特点。

中华人民共和国的纪年，“绝大多数参加讨论的代表都主张采用现代世界大多数国家公用的纪年制度，如今年即称1949年。因为新民主主义的创立，在中国历史上是一个划时代的大变革，不宜再沿用中华民国的纪元。”（引自《人民日报》1949年9月24日一版：《新纪元开始了——记政协代表关于国旗国都纪元的讨论》）

以忠诚勤勉履行新闻记者的职责

1949年10月1日，在全世界关注的天安门城楼上，父亲作为新闻工作者，在毛泽东主席附近，看到主席用扭转乾坤的巨手，按下了升起五星红旗的电动开关。当时能在这些地方进进出出，为许多同行所羡慕。父亲深知这是党和大会给予共产党中央党报的照顾和尊重，对个人来说则是组织交给的重任。因此在工作中兢兢业业，日以继夜，以对党和人民的忠诚努力完成任务。

在难忘的1949年，父亲经历了两件令他终生难忘的大事。先是在年初刚进北平时，受命接管国民党中央社北平总分社，“在紧张、兴奋中工作了半年多”，又于秋天承担了为新中国奠基的人民政治协商会议的报道任务。

1949年1月31日，是中国人民解放军正式接管北平防务的日子，在西直门城门口，举行了简单的交接仪式。解放军在前门举行隆重热烈的入城式，则是在2月3日。父亲作为第一批入城接管的地方干部，于1月31日下午随部队从西直门入城。作为一名新闻记者，他目睹了历史的伟大进程，深刻感受到新时代的气息。在他的笔下记录了当时的北平细节。比如，他乘车到新街口，遇到几个中年男子，安步当车，步履从容，看样子是欢迎解放军后兴尽回家的。三人都是四十岁上下年纪，两人戴眼镜，都着蓝布长袍，从作派看是知识分子，三人尽情谈笑，时不时哼着“解放区的天是明朗的天”的歌曲，此情此景，强烈地掀起他这个新闻工作者的冲动。心里一直在想：北平是原华北“剿总”所在地，昨天还挂青天白日旗，特务横行，行人缄口，他们这歌是从哪里学的呢？

政权更迭，大军进城当天，新闻接管立即进行。当时两项重要的接管任务，一是范长江同志负责接管国民党的《华北日报》，二是我父亲负责接管国民党中央社北平总分社。中央社北平总分社主要出版新闻通讯稿，供北平各报和民营通讯社采用，以此控制舆论。

1月31日晚约9时，黄卓明、赵孝章陪同范长江、李庄和组建新华社北平分社的其他同志到达西单以东石碑胡同的中央社北平总分社。中央社北平总分社是一幢二层小楼，原有人员已齐集楼上等候。范长江会见了等在那里的所有的人，并在讲话中扼要指明中央社这个机关的反动性质，说明原工作人员情况不尽相同，但现在都应持正确态度，希望大家认清形势，转变立场，恪尽职守，照常工作。我父亲也作了简要讲话，表示坚决认真地执行党的政策，做好接管工作。2月2日，北平各报登出新闻《接管开始范长江接管华北日报李庄接管中央社北平分社》。

接管后，父亲即在这里主持工作，十多天后，新华总社的李慎之同志接替父亲的工作，他们两人在几分钟时间内就办好了交接手续。这在原中央社北平分社人员眼中又是一件奇事——几分钟，“大白话”，交接毕。父亲则离开石碑胡同新华社北平分社，前往东四钱粮胡同，又去接管没有国民党党报之名而有国民党党报之实的《北平日报》。

对于1949年那些激情燃烧的岁月，父亲晚年回忆说，新中国诞生在即，一件大事接着一件大事，一件好事接着一件好事。进入北平几个月后，新的大好事又落到他的头上。他得到通知，采访为新中国奠基的人民政治协商会议。开国大典时能上天安门，采访政协会议时能进怀仁堂、勤政殿，这是最特殊的政治信任和工作条件。除父亲以外，还有新华社极少数同志，以及中央人民广播电台和新影的几位工作人员。

父亲后来表示：“一个新闻记者有机会采访新中国诞生这件旷古盛事，是三生有幸。当时我有幸上天安门，进怀仁堂、勤政殿，访问众多政要、名流，写了些记述文字。在工作过程中，个人也获得终生难忘的教益。”

中国人民政治协商会议第一届会议共有662位代表，除了因事因病请假者，经常到会者638人。他们都曾在不同的情况下为新中国的诞生尽力，每个人的斗争事迹都可写成专门文章。但因长期战乱，环境动荡，地区分割，不少人的事迹并不普遍为国人所知。人民日报当时有24位同志参加了会内外的采访报道工作，如现仍健在的金凤、柏生阿姨。当时报社工作人员少，外出记者全部调回北平，又抽出一些编辑参加，还聘请了一些社外作者。而父亲的任务主要是大会采访，也抽空访问一些广受瞩目的代表。他访问过蜚声海内外的华侨代表司徒美堂；访问过著名的拥军模范戎冠秀；也访问过率部起义将北平交回人民的傅作义将军……

今天的新闻将成为明天的历史。60年前，父亲笔下忠实描述了新中国成立的壮阔画面，60年新中国变化天翻地覆，特别是改革开放30年发展日新月异。我们和父辈们一道参与见证了更为壮阔的历史画卷：在马列主义、毛泽东思想、邓小平理论和“三个代表”重要思想的指引下，全面贯彻落实科学发展观，党和国家各方面政策的灿烂阳光，孕育了今日中国经济、政治、文化、社会等各个方面的发展和繁荣。60年成就辉煌，我们的国家已经实现历史性跨越，由一个积贫积弱的旧中国，发展成为欣欣向荣、正在全面建设小康社会的新中国。而今天的全国政协，也成为发挥统一战线功能、履行参政议政职责、汇聚社会各界精英、由两千多名委员组成的大家庭。

父亲10年前在新中国成立半世纪时曾撰写纪念文章，他看到“两代人成长起来。披荆斩棘的创业人相继仙逝，万千后继者接过他们留下的革命火炬。我们国家前程似锦。”父亲晚年在病榻上多次对我说过，他此生最后的愿望就是看到北京奥运会的成功举办和新中国成立60周年庆典的隆重举行。虽然父亲未能看到60年后的今天伟大祖国更加辉煌的成就，但可以告慰他的是，如今，第三代、第四代人已经成熟，在全面建设小康社会的伟大历史进程中，新中国正在变得更加美好。

历史绵长而厚重，令人激情澎湃。老一辈见证了新中国的诞生，我们则正在见证中华民族的复兴——在发展中国特色社会主义的历史画卷上，更新更美的图画正一幅幅次第展开。

（原载于《文史资料选辑》第一五五辑）

附：

“中国人从此站立起来了”

——中国人民政协第一届会议特写

李　庄

“占人类总数四分之一的中国人从此站立起来了。”毛主席在中国人民政治协商会议的开幕词中说：“我们团结起来，以人民解放战争和人民大革命打倒了内外压迫者，宣布中华人民共和国的成立。”

这是人民民主新中国开基立业的盛典。这个盛典是1949年9月21日，在人民首都北平举行的。毛主席宣布这个盛典正式开幕，乐队立即奏起《人民解放军进行曲》，礼炮在会场外隆隆齐鸣。这是胜利的声音，我们在艰苦的斗争中深深地懂得，胜利是不容易得来的。中国共产党成立了二十八年，人民解放军建立了二十二年，从开始到现在，一直领导全国人民，和国内外的敌人艰苦地战斗着。这二十多年，使青年变成中年，中年变成老年，多少烈士为革命而英勇牺牲了，但是，人民终于胜利了，打出了一个人民民主的新中国。于是全国人民表示竭诚拥护共产党、毛主席和解放军，全场代表也毫无例外地热爱、尊敬共产党、毛主席和解放军。中共代表团在大会上，成为党派代表的首席。毛主席进入会场时，全场起立鼓掌达两分钟之久。他的开幕词经常为热烈的掌声所打断。人民解放军的代表——战斗英雄李国英、魏小堂、魏来国、刘梅村被选入主席团，他们登上主席台时，全体代表热烈鼓掌欢迎。陈毅将军讲话时，“代表中国人民解放军全体指战员表示无条件拥护人民政协大会”，他说：“中国人民解放军随时准备着，听候中央人民政府的调遣，为消灭残余敌人和保卫新中国的独立自由而奋斗到底。”人们热烈地鼓掌，感谢新中国的坚强保卫者，深庆人民政协得到了这个可靠的柱石。

宋庆龄先生在会上讲话，她说，人民政协的成立“是一个历史的跃进”。真的，从去年“五一”中共提出召开没有反动分子参加的政治协商会议的号召以来，到现在只有一年又四个多月的工夫，时间不长，中国的情势却大变了。人民解放军神速地胜利进军，全中国的优秀人物都涌向解放区，涌向中共中央所在地的北平。中共的领导加上全国民主力量的团结，使得革命胜利了，人民政治协商会议召开了。会场的一切，都反映了这种真实的情况。

宋庆龄、何香凝、张澜、黄炎培、高岗、李立三、赛福鼎、张治中、程潜、司徒美堂等先生讲话时，一致赞扬中共与毛主席的英明领导，坚信全体人民一致团结，共同奋斗，人民新中国一定建设成功。看吧！在主席台上，悬挂着孙中山、毛泽东的巨幅画像，巨像中间是人民政治协商会议的会徽。会徽正面为一地球，地球中间是一幅红色的中国地图。地图上面有四面红旗，象征四个朋友，地球左右饰以麦穗，地球上面饰以车轮，麦穗与车轮表示着农民和工人，车轮中间缀以红色五角星，象征着工人阶级的领导。整个会场是这个会徽的具体表现。六百多位代表，包含了中国人民民主统一战线中各阶级、各民族的代表人物。党派代表的席位在主席台右前方，中共代表位第一排，毛主席为首席。主席台左前方为部队代表的席位，人民解放军总部位第一排，朱总司令为首席。解放军后面是特邀代表，区域代表和团体代表的席位在党派和部队代表的两旁。大会济济一堂，真是空前的民族大团结。阶级的团结、民族的团结已经从人民政治协商会议的共同纲领上充分地表现出来了，即以年龄而论，也同样说明了这种情况。何香凝和廖承志母子两人，都是政协的代表。萨镇冰已经九十二岁了。中华全国学生联合会的代表晏福民，只有二十一岁，还不及前者的四分之一。大家团结起来一起奋斗，这就保证了在怀仁堂举行人民新中国开基立业的大典，封建帝王和蒋家小朝廷的宫殿变成人民的议事厅。

人民把会场布置得朴素而壮丽。会徽后面衬着杏黄色的幕布，在中国，这种颜色是象征庄严与伟大的。会场照明全用水银灯，一个接着一个，两廊下排着红色宫灯。新华门油漆一新，鲜红夺目，两边竖着八面红旗。门下挂着巨大宫灯。这一切，都给人们一种富有生命力的印象。中华民族本来是富有生命力的民族，过去被帝国主义、封建主义、官僚资本主义束缚着不能发展，现在真正解放了，相信不要很多时候，新中国就会建设得很好。各方面送给大会的贺幛中，充满了这种赞美与自信。民主朝鲜全体华侨送给大会的贺幛上，精致地绣着彩色的毛主席像，绣像的背景是中国共产党的党旗，还有一座工厂和几部拖拉机。旗上还绣着“庆祝新中国诞生，在毛泽东旗帜下前进”的字。这幅图案表示：工业的中国，独立、自由，富强的新中国在向我们招手了。

全世界的进步人士都在注意着我们，向我们欢呼庆祝。国内外的敌人也许在阴暗的角落里正对我们诅咒着。但是，我们有力量，有信心，“让那些内外反动派在我们面前发抖吧！”（毛主席在大会开幕词中语）

（原载于《人民日报》1949年9月22日）

艰苦斗争的成果

——记人民政协第一届全会第二天

李　庄

昨天为“秋分”前一日，已是仲秋天气，该穿夹衣了。但在人民政协的会场上，电扇却始终转动着。会场周围的电灯，起初放散着淡黄的温暖的光芒，以后改开日光灯，颜色变成青白了。人们的心和天气一样地温暖，会场的空气在平静中透着紧张。昨天的议程是报告人民政协筹备的经过，报告政协组织法、中央人民政府组织法和人民政协共同纲领这三个历史文件的起草经过。这是中国人民流血流汗艰苦斗争的成果，每一个好心的中国人，都在热烈欢迎它们的产生，坚决保证它们的实现，亲手参加起草这些文件的代表们，能不感到特别的亲切么？

胜利是经过长期斗争得来的。为了把胜利恰当地写在人民中国的大宪章上，代表们采取了极为恰当的态度和步骤。如果要用几个字概括起来，那就是：民主、团结、严肃、负责。

中共中央在去年“五一”提出召开人民政协的伟大号召。消息如野火飞传，迅速遍于全国和海外。响应的通电雪片飞来，各方民主人士络绎抵达解放区，各民主党派和全国人民都团结在“人民民主专政”的旗帜之下了。去年11月25日，中共中央的代表和已经到达哈尔滨的民主人士，商讨成立新政协筹备会及新政协的性质任务等问题，获得了共同的协议，大家一致承认中共的号召为全国人民团结奋斗的共同基础。至今年6月15日，新政协筹备会在北平宣告正式成立。

筹备会用了近三个月的工夫，拟订了参加人民政协的单位、名额和人选名单。为研究某一个代表适当与否，各方面函电往返，再四斟酌，有费时达数周之久的。哈尔滨协议中规定，不许任何反动分子参加人民政协，所以确定名单，实为一件极其严肃的事业。名单终于在反对帝国主义、反对封建主义、反对官僚资本主义，建立人民民主共和国的原则下拟定了。一件巨大工程圆满完工。代表们细心地听完了林伯渠关于政协筹备工作的报告，热烈地鼓掌致贺，一致举手，全体通过。

人民政协共同纲领的产生，同样经过了非常慎重的努力。筹备会负责草拟纲领的小组曾经讨论过三次，大会开会前已到北平的人民政协代表讨论了两次，筹备会常委会也讨论了两次，始成最后的草案。可以说，各方面应该集中的意见都集中起来了。广泛的民主铸成了新中国的大宪章。

人民政协组织法草案也是反复研究，慎重讨论的结晶。负责起草这个文件的第二小组就开过四次会。先交换意见，拟成讨论提纲，再按照提纲，研讨政协组织的基本原则及政协的性质、职权与政府关系等问题。这时在小组内组织了起草委员会，开始着手起草。初稿完成，又广泛征求各方意见，一再修改，在小组会上讨论、整理后，始提请常委会第四次会议通过。小组最后召开了第四次会议，整理了文字，提请筹备会第二次全体会议原则通过，成为现在的草案。中央人民政府组织法的产生过程，和上面几个文件大体相似。起草小组开过三次会，小组推定的五人起草委员会也开过三次会，还特别征询了专家的意见。政协第五次常委会讨论修改了文字，送请筹备会第三次全体会议原则通过。在这次大会上，将要最后研究与批准它，从而产生中华人民共和国的中央政府。

和前天一样，昨天的会议顺利地完成了各项议程。可以预期，大会一定会胜利成功，因为会前的准备工作做得十分周全。事先充分准备，慎重协商，取得完全一致的意见，这是人民政协会议一个显著的特点。

（原载于《人民日报》1949年9月23日）

团结一致，建设新中国

——人民政协第一届全会第三天特写

陆　灏

让全世界都知道我们团结的力量。

中国人民的代表在政治协商会议上表示的团结，昭示着新的中国灿烂辉煌的前程。中国人民政治协商会议组织法草案、中华人民共和国中央人民政府组织法草案和中国人民政治协商会议共同纲领草案三个伟大历史文献，集中了全国人民的意志，每一个字闪烁着人民的希望和理想，中国人民由此得到了建设新中国的无穷无尽的力量。

越是在胜利中，越是在快乐和欢跃的时候，人们对于前线艰苦作战流血牺牲的英雄们，更显得无限的怀念。当刘伯承将军表示第二野战军正在与全国野战军兄弟部队协同作战，保证一定能够彻底消灭西南、华南的残敌的时候，当粟裕将军谈到当于最短时间，歼灭舟山群岛和福建的敌人，尽一切努力于短时间内完成解放台湾的任务的时候，掌声犹如波涛翻腾，这些话，特别为代表六百七十万台湾人民的台湾代表和其他待解放区的代表听到，他们的掌声显得格外热烈，心情也格外关注。当强盛的、幸福的新中国已经来到，人们对于那残留的黑暗自然就格外厌恶，对于胜利的期待也就更加迫切了。

迫切的欢迎新中国的诞生，是全国人民一致的要求。刚从绥远回来的特邀代表傅作义将军也是如此，因此，在绥远，蒋介石打电报给傅作义将军还想拖他走历史的回头路，但傅作义将军坚决拒绝了他，赶回北平参加政协会议。在会上，傅作义将军说他高兴极了，大声的喊着毛主席朱总司令万岁，这种情形应该让蒋介石知道。这就算是傅作义将军给他的回答，这也表示团结的力量在不休的增长。

全国各阶层人民团结在三个伟大历史文献的周围，每一个人都有光辉的前途。我见到了各民主党派的紧密的团结，我听到的各方面代表的发言，都是对于新中国忠诚的宣誓。人民政治协商会议共同纲领草案六十条条文，其中有十六条是有关经济的，中央人民政府组织法草案里面，三十一个部门有十六个是属于财经方面的，新的国家如此重视经济建设工作，这给民族工商业家带来了广阔的道路。共同纲领草案关于新民主主义的，即民族的、科学的、大众的新中国教育方针，教育工作者表示愿意以培养千万个新中国的建设人才的实际行动拥护这三个伟大的文献。文艺界代表则郑重宣告：全国文艺工作者一定全心全意拥护三大文件，尽最大努力，用各种文艺形式，对全国人民进行宣传和教育。自然科学工作者首席代表梁希所说的苏联心理学家巴夫洛夫的故事，使人们回想到十月革命以后，年青的社会主义国家遭受十六国武装干涉和饥荒的痛苦，那时候的巴夫洛夫，在实验室旁，自己种菜，喂养他实验所用的动物，家离研究室十二公里，以七十高龄天天骑自行车往返奔跑，列宁托高尔基照顾他的生活，但巴夫洛夫辞谢了政府对他个人的资助。这种崇高的克己的精神，对于我们每一个人，都是一个很好的榜样。在这方面，粟裕将军也发表了动人的意见。他说："我们当想尽办法，克服困难，以维持最低生活为满足，并以'多贡献，少享受'为我们革命军人无上的光荣。"愿为人民服务的一致目标，就是我们永远团结的保证。

提交大会通过的三个历史的文件保证了全国人民的团结，全国人民的团结，必将保证我们伟大祖国的飞速前进。我们新中国建设工作有了这三大文件的基础，一定会像代表陶孟和先生所说的一样："我们应该努力在二十年里走完人家在二百年里所走的长路。"

（原载于《人民日报》1949年9月24日）

新纪元开始了

——记政协代表关于国旗国都纪元的讨论

李　庄

中华人民共和国就要成立了。怎样把我们伟大祖国的性质、精神在国旗上恰当地表现出来，是全国人民和政协代表热切关心的问题之一。昨天，政协代表分组开会，讨论政协筹备会第六小组提出的关于国旗、国都、纪年的意见。第六小组并专门召开会议，集中各组讨论的结果。政协筹委会编印了一本《国旗图案参考资料》，上面有三十八种国旗草案。各组认为其中第一图较好和可供参考的有一百一十二人，认为第二图较好和可供参考的有七十七人，认为第三图较好和可供参考的有一百八十五人。这三幅国旗草案，都是红底，黄星，加一黄条。红色象征革命，星象征中共和解放军，黄条象征黄河，黄河是我们中国经济文化的发祥地。虽然星、条的大小、位置、长短、宽窄不同，但意思是一样的。把上面三个人数加起来，赞成前述意义的，已达政协代表的过半数。《国旗图案参考资料》中的三十八种图案，旗底均为红色。其中三十一种图案的设计者，都说明自己的图案上的星是表示中共与解放军的。这是铁一样的事实，这是全国人民的意向！共产党领导了胜利的中国大革命，新中国的旗帜就要出现在世界之上了。

自从政协筹备会发起征求国旗图案以来，为时不久，应征的图案即达两千九百九十二幅。投稿者包括工人、农民、教授、教师、学生、作家及其他自由职业者。还有从辽远的美洲寄来了二十三幅。全国人民和海外华侨是多么热烈拥护自己的革命政权，对于代表自己国家的国旗，踊跃地发表了自己的意见。旧的代表国民党反动派的所谓国旗，在世界上是屈辱、无能的象征。现在，让它随着国民党反动派的彻底灭亡而灭亡吧！远在国外的侨胞，可以在即将决定的新国旗的照耀下挺起胸脯来了。

我在上午参加旁听了一个包括四十八个代表的小组会，代表们先后发言二十余次，讨论非常热烈。发言的基本精神只有一个，即如何把人民新中国在国旗上表现得更好些。有四五位代表发言提出："国旗要大众化，使每个老百姓都能制作。"新中国是属于人民的，人民的代表考虑任何问题，都要时时刻刻想到老百姓，这种精神和作风，将是人民政权的主要基本特点。

第六小组晚间汇报各组代表讨论结果时，发现参加讨论的代表们毫无例外地同意建都北平，并把北平易名北京。北平位于华北老解放区内，人民力量雄厚。邻近东北重工业区，便于发展工业。文物集中，交通便捷，具备着现代大国首都的各种资格。全国人民同样关心人民首都设在哪里。有些代表提出：北平毗邻天津，出海方便，航空交通四通八达，而且建筑雄伟，气象万千，应该把这些条件加在建都北平的理由之内。江西省人民政府邵式平主席向政协转来一封隐名氏的信，信中提议建都西安、重庆或成都。这位隐名氏用了二三十张纸申述了自己的理由。理由合适与否，这里不来说它，但其关心这个问题的热忱，是非常感人的。

人民共和国如何纪年？绝大多数参加讨论的代表都主张采用现代世界大多数国家公用的纪年制度，如今年即称1949年。因为新民主主义的创立，在中国历史上是一个划时代的大变革，不宜再沿用中华民国的纪元。有两三位代表不同意改用这种纪年办法，坚持请分组讨论时的召集人把自己的意见反映到第六小组中，各召集人都按照他们的请求办到了。尊重少数人的意见，正是我们提倡的民主协商的作风。

（原载于《人民日报》1949年9月24日）

我看见了勇气百倍的信心

——记人民政协第四天大会

李　庄

在昨天的大会上，我看见了代表们融洽无间的团结；更看见了代表们勇气百倍的信心。团结在共产党、毛主席的周围，发言的代表一致保证：一定要把新中国建设好。

代表们以狂热的心情、狂热的掌声迎接朱总司令的发言。朱总司令一连说了三次“我向大家保证”：保证把革命战争进行到底，解放全中国的领土，保卫中国的独立和领土主权的完整，保卫中国人民的革命成果和一切合法权益，建立一支统一的现代化的国防军，保卫我们伟大的祖国和人民。几十年来，多少凶恶的敌人都被我们的解放军打败了，绝非常人所能忍受的困难都被我们克服了。张云逸将军说：华南解放军在蒋匪敌后坚持了二十年的游击战争，现正积极配合南下人民解放军作战，解放全华南。华南解放区首席代表连贯说：华南人民正在多方准备，迎接南下的解放大军……三位代表的发言构成一幅壮丽的图画。在几千里的战线上，我们正在追逐败退的敌人。在不久的将来全中国解放的时候，几百万大军雄峙在人民祖国漫长的国防线上，让那些帝国主义者们蹲在大洋的彼岸，烦恼、焦急，悄悄地死去吧！

工人阶级从来是“吃得苦，做得多”的。特邀劳动英雄代表刘英源在大会上介绍了许多工人阶级的模范事迹。天津中纺三厂的青年工友，在敌人还拿着武器的时候，敢于挺身出来，解除三十多个敌人的武装，保护工厂不受丝毫损失。解放以后七天，就使工厂全部复工了。鞍山炼钢厂解放以后，很快地变了样子。职工们七个月修复了两部炼钢炉，在国民党占领时，二十一个月只修好了一部。刘英源说：“一到我们劳动人民真正作了自己国家的主人，我们就把祖国的前途当作自己的生命一样来爱护。”刘英源把三大草案说成是“保护我们劳动人民的大宪章”，“劳动人民一定要在中国共产党、毛主席领导之下，与全国各民主爱国阶层团结一起，共同奋斗。”他的讲话博得雷动的掌声。因为，人们都已深深地体验到，有了工人阶级领导，什么都会有办法。

张难先代表在会上发表了热情洋溢、简短有力的演说。张老今年已有七十六岁的高龄，饱经沧桑，阅历丰富。他那个组里有几位七八十岁的老人，数十年来始终不愿参加什么政治性的会议。但是这次“召开的人民政治协商会议，大家都欢欣鼓舞，不顾衰老，毅然参加”了。全场热烈鼓掌庆贺这些久历事变的老人，也可以说是庆贺人民政治协商会议的本身。这些老人选择了几十年，现在真正选对了。张代表说：“就这几位老先生之参加看来，真可以代表全国人民心悦诚服地拥护人民政府。”大团结给人们增加了大信心，即将成立的人民中央政府，会保证这些老年人在民主、自由、愉快的空气中，度过他们的晚年。

新中国给远在国外的侨胞带来了最大的信心和希望。陈嘉庚代表说：华侨的居留地不是资本主义国家，便是他们的殖民地。侨胞受到与日俱深的歧视、凌虐和迫害，渴望祖国的独立、强盛最为殷切。人民政协的共同纲领，特别是其中的民族政策与外交政策，可以保证把侨胞从现在的悲惨境遇中解放出来。因此，陈先生“代表海外华侨民主人士以及爱国侨胞，对于三个草案愿意无保留的接受”，并“努力促进实现”。陈其尤代表说：“华侨对于祖国的民主革命，素来努力。且其力量雄厚，未可轻视。”现在，侨胞的雄厚力量可以充分发挥出来了，他们有了真正的祖国，祖国的宪章上已经写明了，要保护侨胞的合法权益。

少数民族、学生、妇女、文人、自由职业者的代表发言时，也都向大会作了保证，保证彻底实现三大草案，把新中国建设得强盛而美丽。许多代表从自己过去的经验、当前的要求、未来的希望解释三大草案，都是歌颂赞扬，欢呼庆祝。这些草案代表了我国全体人民，当然也就代表了其中任何一部分人。大家从不同的角度出发，万众同心，得到了统一的结果。许多代表讲完了话，都高呼“中华人民共和国万岁”，“共产党、毛主席万岁”，这是完全自然的。有了毛主席的英明领导，有了全国人民的信心和努力，“建国大业必然成功，已是千真万确的了”。

（原载于《人民日报》1949年9月25日）

热爱领袖，嘲笑敌人

——记人民政协第五天大会

李 庄

在人民政协第五天大会上，许多代表无情地嘲笑了中外反动派。郭沫若发言时，以诗意深浓的句子说：我们“对于美帝国主义不存丝毫的幻想，也不存丝毫的恐怖。美帝国主义这只纸老虎已经戳穿了。我们今后还要继续努力的戳，戳得它遍体鳞伤，不成形状”。昨天发言的二十位代表中，有四五位起义将领。他们也一致地嘲笑了国民党反动派及其头子蒋介石。陈明仁说：“蒋介石不仅是不革命”，而且“是人民的公敌”，他说，“我当然要打倒他。”

我们的战士最会嘲笑敌人，他们说蒋介石这个“运输队长”的运输任务已近全部完成，他已经在国外找了不少房子，想去做“白华”了。

打败了敌人，剩下的事情是建设。朱学范发言，保证“为彻底实现全部共同纲领，特别是纲领中全部经济政策而奋斗。”薄一波代表华北六千七百万人民，竭诚拥护人民政协的共同纲领，他向大会保证：“在两年内把农业生产全部恢复到战前水平”，“争取在五年到十年内，有计划有步骤地恢复并改组华北的工业生产”。政协筹备会第六小组向大会建议定北平为首都，把“北平位于华北老解放区内，人民力量雄厚”列为重要理由之一，老解放区愿为新中国的建设贡献更多的力量，新解放区愿向老解放区学习，不久中国全部解放，大建设可以稳步前进了。

多少代表都表示愿意在不同的岗位上，为共同目标的实现而努力。每个人都尽力把自己岗位的事情做好，这就是最好的配合。中国民主促进会首席代表马叙伦说：“我们民族资本家的利益与国家民族的利益是分不开的，所以必能依据共同纲领的经济政策，合力建设工业化的新中国。”上海各人民团体的两位代表一致嘲笑了敌人的封锁。在敌人还保持统治的时候，我们和他们斗争，“一个人倒下去，千万个人站起来”，终究把它打倒了。现在，敌人小丑跳梁，回光返照，我们“还怕什么”？

在昨天会场上，人们看见了两种鲜明对照的情绪：对敌人说不尽的嘲笑和痛恨，对人民领袖说不尽的热爱和关心。内蒙古人民代表和穿着彩色蒙装的两位蒙古族少女，向人民政协、毛主席及朱总司令献花。代表并致祝词，对毛主席说："我们像热爱冬天的太阳一样热爱着你。"北平民主妇联筹委会也向毛主席献花，北海托儿所六个孩子稚气而天真地走到主席台上，把鲜花送给毛主席。毛主席弯下身子，和孩子们认真地一一握手。这时乐声大作，一片温暖的气氛感动着在场的每一个人。幸福的孩子们，你们找到最好的保护者了。

（原载于《人民日报》1949年9月26日）

未来是属于我们的

——记人民政协第六天大会

李　庄

一个年轻、强健、富有生命力的共和国在世界的东方诞生了。全中国与全世界的人民，都在赞美与庆贺我们伟大的祖国。昨天——1949年9月27日，在共和国国都北京，人民政协通过了《中国人民政治协商会议组织法》、《中华人民共和国中央人民政府组织法》，还通过了我们的国旗、国歌、国都和年号。每一个参加会议的人，终生都不会忘记那六次“举手通过”的庄严盛事。当时人们热情沸腾，水银灯和日光灯明如白昼，会场上充满了信心与希望、力量和光明。每一个议案通过时，代表和来宾一致热烈鼓掌，庆贺胜利。摄影机把各个重要场面都摄入了镜头，让我们的后代儿孙，看看他们的先人是如何开基立业吧！他们会珍爱所得的遗产，使之发扬光大。

在昨天的会场上，升起了新中国的国旗。红底黄星，庄严美丽。它是我们中国人民革命大团结的象征，在世界上，它会代表着伟大与光荣。每一个“身在异邦，心在祖国”（昨日华侨代表向毛主席献词中语）的侨胞，从此可以扬眉吐气了。《义勇军进行曲》在正式国歌未制定时，即为我们的国歌。十几年前，它鼓舞了全中国人民的战斗热情，今后，它将鼓舞我们继续胜利前进，建设一个幸福的新国家。两个标志民族团结的“组织法”都是全体一致通过的，没有怀疑，没有保留，表现了万众如一，同心同德——为共同目标的实现而奋斗。

对于我们的远大未来的坚强信心，同样表现在昨天的各单位代表发言中。昨天共有二十五位代表发言，其中有七位少数民族代表：维吾尔族、彝族、黎族、朝鲜族、苗族、高山族和藏族。我国有些少数民族，在共产党领导下已经解放了。朝鲜族代表朱德海说：东北有一百二十多万朝鲜族人民，他们参加了打垮蒋介石匪帮对东北的进攻，实行了土地改革，分得了胜利果实，他们培养了六千多民族干部，开设了一千多所学校，还创办了民族的报纸。他们“获得了彻底的大翻身”，他们幸福了，他们饮水思源，高呼“毛主席万岁”。

但是，我国的大部分少数民族还处在蒋介石残余匪帮的压迫中。热望毛主席的队伍去解放他们。十几年前，毛主席、朱总司令率队北上长征，走遍苗人区域。民族团结的温暖，至今使他们记忆犹新。中国人民时刻记挂着在横断山脉的丛林峻岭中，不断地与自然界的野兽（豺狼虎豹）和人间的野兽（蒋介石匪帮）斗争着的彝族人民；时刻惦记着居处台湾深山中，被敌人惨杀得只剩了二十余万人口的高山族人民；以及还没有解放的藏族、彝族等各族人民。他们期待解放如久旱望雨。天宝在发言中，保证藏族同胞会“配合人民解放军，驱逐帝国主义和它的走狗们”。他高呼：“把解放的旗帜插到喜马拉雅山巅！”他说要把三大文献迅速传播到藏族广大人民的中间去。

在过去，我们没有空军和海军。我们用木船、竹筏渡过浩瀚的黄河和长江，我们的地面部队击落了蒋介石不少飞机。现在，我们的空军和海军已经逐渐由无到有，慢慢就会由小而大了。国民党军中有良心的海空军人员，他们正在向光明集中，陆续脱离反动阵营，走入人民的怀抱。今年以来，国民党“黄安”、“重庆”、“长治”等军舰和第二舰队起义了，林遵在会上发言时说：“觉悟的海军军人，一有机会，是会跟着革命潮流走的。”多少起义的海军人员正在加紧学习，以便建设中国人民海军。邓兆祥说：“我敢保证海军学校全体一定遵照朱总司令前天在大会的指示，切实去执行。”刘善本第一个驾机起义，勇敢地飞到延安。他在会上表示“愿意终身服务于人民空军”，“为建设一支强大的为人民服务的空军而奋斗。”张学思代表中国人民海军发言，表示一定在毛主席、朱总司令领导下，建设一支强大的人民海军，配合空军，协助陆军，解放台湾、解放海南岛。他们的发言都充满了一种坚强的信念，因为我们会创造，有办法，未来是属于我们的。

（原载于《人民日报》1949年9月28日）

让全世界认识我们的力量

——记人民政协第七天大会

李　庄

昨天，人民政协在郑重而顺利的气氛中度过了议事日程的第七天。人民政协的共同纲领正式通过了。

通过共同纲领时，章乃器任执行主席。周恩来代表主席团常委会对纲领草案作了一些必要的说明。当主席征求“代表们还有什么意见”时，没有人发言，会场静悄悄的。一刹那间，会场响起一阵如雷的掌声。主席再问大家对纲领有什么意见，还是没有人发言，还是如雷的掌声。他第三次重复发问，所得结果依然相同。谁心里都清楚，共同纲领代表了全国人民的希望和要求，体现了每一位代表的心愿和意志，除了赞美拥护以外，还有什么意见好说呢？共同纲领先后拟制了三个多月，经过反复研究，字斟句酌，已是尽善尽美，完整无缺了。所以，当执行主席章乃器提出“赞成的请举手”时，六百多位代表，几乎是同一时间举起手来。全场没有一人投反对票与怀疑、弃权票的。大会执行主席至此宣布：“共同纲领全体一致通过。”会场上立刻爆发了持久的海潮一样的掌声。毛主席举手齐额，热烈鼓掌，一直坚持到最后。一百多年以来，特别是最近三十年以来，无数志士仁人为革命艰苦奋斗，几百万烈士以自己的鲜血培育了胜利之花，这朵光荣的鲜花，今天终于结果了。中国人民必将永恒记忆着不朽的烈士们，遵照共同纲领的规定，建设我们伟大的国家，把革命进行到底。

中央人民政府副主席和全体委员的名额，全体一致通过了。人民政协关于选举政协全国委员会和中央人民政府委员会的规定，全体一致通过了。几个非常重要的提案，也是全体一致通过了。通过提案时，人们可以看到，代表们是这样热爱人民解放军，憎恨国民党反动派。

参加政协的全体女代表提议：以本届大会名义，通电慰问全体人民解放军及军属烈属，同时，并提议各地在庆祝中央人民政府成立之际，以军鞋，肉食慰劳解放军。在全国民主妇联招待出席政协的女代表的时候，大家就决定要提出这个建议。妇女们为了打败蒋介石，曾经向我们的祖国献出自己的丈夫和儿子。她们最懂得解放军和自己的关系。这个提议被全场毫无例外地通过了。在全国即将完全胜利的今天，感谢人民解放军正是人同此心、心同此理。有两位穿西装的代表在散会后低声地交谈着：现在多慰劳解放军一些军鞋，是非常必要的。国民党残余匪帮跑得太快，他们可以光着脚跑。解放军跟踪穷追，一天不知道走多少路，得费多少鞋呀！我们发动大家多给他们做一些吧？

郭沫若、李济深、沈钧儒、李立三、黄琪翔等六位代表提了两个提案，郑重声明否认国民党反动政府出席联合国的代表资格。两个提案未经讨论，即由大会一致通过。这时会场的气氛极为郑重，郑重中还带着一种嘲讽的情绪。本来，蒋家小朝廷派遣了那么几个走狗爪牙，在太平洋彼岸狺狺而吠，其声也哀，原不值我们一顾。但是政协会作为我们伟大祖国的代表机关，在这新中国开基立业的时候，为了表示我们的尊严，却不得不作正义的声讨。让全世界听听我们的声音！全中国人民，全体人民解放军都是这个声音的后盾。

（原载于《人民日报》1949年9月30日）

“庆贺中华人民共和国的诞生”

——记人民政协最后一天大会

李　庄

“庆贺中华人民共和国的诞生！”

“毛主席万岁！”

在昨天政协闭幕典礼上，朱总司令以上面两句有力的口号，结束了他的闭幕词。在闭幕词中，他郑重地说：“我们全体一致宣告了中华人民共和国的成立。”这时候，会场中各种灯光齐明，掌声，如急风骤雨。主席台上展开一幅巨大的国旗，鲜红中泛着金光；乐队三奏国歌，人们屏息凝神，鼓掌应和。一种说不出的激奋情绪弥漫会场。是欣慰？是感激？每一个经过长期艰苦斗争的人都是懂得的。我们出生入死，英勇奋战，究竟为了什么？就是为了人民的大翻身，为了一个人民共和国。现在，我们的理想已经变成了现实，我们的努力开花结果了。每一个爱国的中国人，都来为人民的胜利而歌唱吧！

选举中央政府委员会主席、副主席和委员时，刘少奇任大会执行主席。周恩来对于选举办法作了扼要的说明，刘少奇宣布：“到会有选举权的代表共五百七十六人。”如数发下选票后，在我们开国史中最庄严的仪式正式开始。每一个人经过一度深思，立刻在选票中表达出自己的希望。其实，代表们都是胸有成竹的。谁领导了中国的革命，谁把灾难深重的中国人民解救出来，谁一定被选为中央委员会主席。他会继续领导我们，永远走向胜利。

大会选出六十个代表作监票人。九个票箱由九个监票人监守着。监查人详细检查了票箱，小心谨慎地锁起来，钥匙交给执行主席，然后开始投票。整个过程是那么严肃认真，表现着政协会议自始至终的精神。毛主席仔仔细细写好了自己的票，在四时二十分整，把票投进第三号票箱。

从开票箱中检出五百七十六票，与发票数目完全相符。执行主席李立三说：“有选举权的代表都投票了，我们的投票是有效的。”人们热烈鼓掌，庆贺投票手续的完美无缺。

七时三十分，执行主席刘少奇宣布选举结果。他一字一句地说：“中央人民政府主席，毛泽东，五百七十五票。”全场代表一致起立，热烈鼓掌。乐队奏起“东方红，太阳升，中国出了个毛泽东”的乐曲。代表们合着乐声的节拍鼓掌，其中并响着此起彼伏的“毛泽东万岁”的口号声。乐声刚刚停止，有节奏的掌声又升扬起来。全场情绪沸腾，欢欣鼓舞。这是众望所归，每一个人都为自己投了伟大领袖一票而感到光荣、骄傲。刘少奇宣布：“中央人民政府副主席，朱德……”，会场又沸腾起来，《解放军进行曲》与掌声相和，十分雄伟有力。刘少奇又宣布：“中央人民政府副主席，刘少奇……”，“中央人民政府副主席，宋庆龄”……一直到宣布了五十六位政府委员的名单，会场上始终回响着阵雨一样的掌声。真的，中央人民政府主席、副主席和委员完满地选举出来了，政协全国委员会完满地选举出来了，政协第一届全体会议宣言完满地通过了……新中国已经作了她在开基立业时所应作的一切，代表们和全国人民当然要欢欣热烈地庆贺了。

毛主席和六位副主席在持久的掌声中走上主席台。毛主席宣布：“我们的会议已完满成功，现在举行闭幕式。”朱总司令走到麦克风前，宣读了闭幕词。我们的开国盛典至此胜利结束，新中国的远大将来方在开始。

（原载于《人民日报》1949年10月1日）

愿我们不要忘记

——忆父亲李庄开国报道的几个细节

我的父亲李庄，在几十年新闻生涯中，写了大量新闻报道和评论文章。1986年，父亲从人民日报社总编辑岗位退居二线，放下红笔，重操蓝笔，写散文，写论文，写随笔，写回忆录，笔耕不辍十余年。父亲20世纪90年代陆续将他的书题字送我。他在《人民日报风雨四十年》的扉页上题写了“东东爱女一阅”，在《晚耕集》上题写了“东东暇时一读”，在《难得清醒》上题写了“东东爱女一读”……

说来惭愧，我这个父亲心中的爱女，忙于工作，忙于事务，直到2004年春天，才因编辑《李庄文集》认认真真地读了父亲的全部作品。一读之下，我对86岁高龄、卧病在床的老父亲，敬佩之余，感到了深深的惭愧。

多年以来，我就从父亲的战友、同事、部下、后学等新闻界同行口中，得知父亲为人、为文的口碑。年过八十、过去从未动笔写过父亲的母亲，也撰文回忆如何结识20世纪40年代在太行山根据地就已鼎鼎大名的《新华日报》记者李庄。而我这个出身新闻工作者家庭、被认为近水楼台的女儿，却几十年来不甚了解自己的父亲和他的著述。

1949年9月21日，中国人民政治协商会议第一届全体会议召开。父亲是不多几位进入中南海怀仁堂、勤政殿和登上天安门城楼的新闻记者之一，他和会内会外全体总动员的《人民日报》记者编辑一道，见证并记录了会议召开、中华人民共和国成立。这一经历无疑是他人生中最宝贵的记忆——父亲以流畅、质朴、生动的笔触记录下了共和国曙光初照时那一个个重要瞬间。它们真切地发生于事件现场，它们澎湃地涌动在记者心间……

见诸于1949年9月22日至10月1日《人民日报》的这些报道，以及纪念新中国成立50周年时父亲撰写的《新中国首届政协盛会侧记》《一个新闻记者看新中国诞生》《采访开国时的政协会议》等回忆文章，在2004年人民日报出版社和宁夏人民出版社联合编辑出版的《李庄文集》中被一并收入；十年前在北京医院病榻边，我也曾因编辑《李庄文集》，就这些相隔半世纪的报道、文章与父亲交流，听他讲述那难忘的经历，那宝贵的细节。

“开国”的日子和国庆日，不是同一天

人们大多习惯性地认为中华人民共和国是1949年10月1日成立的，即在天安门城楼上举行“开国大典”是新中国成立的日子。实际上，10月1日是中华人民共和国中央人民政府宣布成立的日子；而人民共和国是在九天前的9月21日，即第一届政协会议开幕时，就宣告成立了。中华民国三十八年九月二十二日的中共中央机关报《人民日报》和当天出版的所有报纸，都非常清楚地记录了这个历史时刻。《人民日报》在当天的头版头条刊登了“中国人民政协第一届会议上毛主席开幕词”，之下的新华社消息，是这样做的标题：“中华人民共和国开国盛典”（肩题），“中国人民政协开幕”（主题），毛泽东主席宣布会议任务：制定中国人民政协组织法与共同纲领，选举中国人民政协全国委员会暨中华人民共和国中央人民政府委员会，制定国旗国徽，决定国都所在地和年号。（副题）

我父亲发表于同日头版的署名新闻通讯“‘中国人从此站立起来了’——中国人民政协第一届会议特写”则写道——

> “占人类总数四分之一的中国人从此站立起来了。”毛主席在中国人民政治协商会议的开幕词中说：“我们团结起来，以人民解放战争和人民大革命打倒了内外压迫者，宣布中华人民共和国的成立。”
>
> 这是人民民主新中国开基立业的盛典。这个盛典是1949年9月21日，在人民首都北平举行的。毛主席宣布这个盛典正式开幕，乐队立即奏起《人民解放军进行曲》，礼炮在会场

外隆隆齐鸣。这是胜利的声音，我们在艰苦的斗争中深深地懂得，胜利是不容易得来的。中国共产党成立了二十八年，人民解放军建立了二十二年，从开始到现在，一直领导全国人民，和国内外的敌人艰苦地战斗着。这二十多年，使青年变成中年，中年变成老年，多少烈士为革命而英勇牺牲了，但是，人民终于胜利了，打出了一个人民民主的新中国。于是全国人民表示竭诚拥护共产党、毛主席和解放军，全场代表也毫无例外地热爱、尊敬共产党、毛主席和解放军。中共代表团在大会上，成为党派代表的首席。毛主席进入会场时，全场起立鼓掌达两分钟之久。他的开幕词经常为热烈的掌声所打断。

第一届政协会议开了8天，第一天会议宣示中华人民共和国开国的新闻报道刊于“中华民国三十八年九月二十二日”——1949年9月22日；与会五百多位政协代表在9月30日会议最后一天选出中央人民政府组成人员；而10月1日的庆典是大家登上天安门城楼，毛泽东主席向全世界宣告中华人民共和国中央人民政府成立。见诸于10月2日的人民日报社论“不可战胜的人民国家”，以及记者林韦、江夏、柏生、金凤等同志的通讯特写，都记载了这一点。我父亲“十一”当天没有写稿子，他从天安门回到报社，上夜班，认真地编辑、改定所有记者的稿子，天快亮了才回家。

定10月1日为国庆纪念日，新闻报道也有很清晰的记录。那是在10月9日中国人民政协全国委员会举行第一次会议，毛泽东当选全国委员会主席，会议选出副主席、秘书长，还决定了许多事项后，“许广平委员代表因病请假的马叙伦委员提出建议，请政府明定10月1日为中华人民共和国国庆日，以代替10月10日的旧的国庆日。这个建议获得全体一致的通过”。会议的相关重要内容，见诸于10月10日的各报报面，其中《人民日报》一版头条消息的第二副题，即为“建议中央人民政府定十月一日为中华人民共和国国庆纪念日”。

人民政协会徽：团结起来一起奋斗

在“中国人从此站立起来了”这篇通讯特写里，全副身心、聚精会神在怀仁堂采访的父亲，对会议气氛作了极具现场感的描述，就像是还原了新闻照片的影像一样——

> 看吧！在主席台上，悬挂着孙中山、毛泽东的巨幅画像，巨像中间是人民政治协商会议的会徽。会徽正面为一地球，地球中间是一幅红色的中国地图。地图上面有四面红旗，象征四个朋友，地球左右饰以麦穗，地球上面饰以车轮，麦穗与车轮表示着农民和工人，车轮中间缀以红色五角星，象征着工人阶级的领导。

被会场氛围深深感染的父亲，记录着事实，澎湃着胸臆，延展着思路，继续写道——

> 整个会场是这个会徽的具体表现。六百多位代表，包含了中国人民民主统一战线中各阶级、各民族的代表人物。党派代表的席位在主席台右前方，中共代表位第一排，毛主席为首席。主席台左前方为部队代表的席位，人民解放军总部位第一排，朱总司令为首席。解放军后面是特邀代表，区域代表和团体代表的席位在党派和部队代表的两旁。大会济济一堂，真是空前的民族大团结。阶级的团结、民族的团结已经从人民政治协商会议的共同纲领上充分地表现出来了，即以年龄而论，也同样说明了这种情况。何香凝和廖承志母子两人，都是政协的代表。萨镇冰已经九十二岁了。中华全国学生联合会的代表晏福民，只有二十一岁，还不及前者的四分之一。大家团结起来一起奋斗，这就保证了在怀仁堂举行人民新中国开基立业的大典，封建帝王和蒋家小朝廷的宫殿变成人民的议事厅。

毛主席少一票，要求如实公布

1949年9月30日是第一届政协会议的第8天，也是最后一天，会议的主要任务是选举中华人民共和国中央人民政府主席、副主席和委员。选举是下午进行的，父亲一直站在会场的前区，观察到很多细节。会议下午3点开始，毛主席在4点20分把填好的选票投进第三号票箱。从毛主席的投票时间看，大约全场应在4点多钟投完票，而公布票数的时间已经到了7点半，收集、统计选票的时间，接近三个小时。其间，全体代表到天安门广场为人民英雄纪念碑奠基，当年的新闻照片显示，奠基时天已黑了。在刊登于《人民日报》1949年10月1日四版的通讯“庆贺中华人民共和国的诞生——记人民政协最后一天大会”中，父亲忠实记录了他置身其中的会议选举现场，成为共和国信史的可靠依据：

> 选举中央政府委员会主席、副主席和委员时，刘少奇任大会执行主席。周恩来对于选举办法作了扼要的说明，刘少奇宣布：“到会有选举权的代表共五百七十六人。”如数发下选票后，在我们开国史中最庄严的仪式正式开始。每一个人经过一度深思，立刻在选票中表达出自己的希望。
>
> 大会选出六十个代表作监票人。九个票箱由九个监票人监守着。监查人详细检查了票箱，小心谨慎地锁起来，钥匙交给执行主席，然后开始投票。整个过程是那么严肃认真，表现着政协会议自始至终的精神。毛主席仔仔细细写好了自己的票，在四时二十分整，把票投进第三号票箱。
>
> 从开票箱中检出五百七十六票，与发票数目完全相符。执行主席李立三说：“有选举权的代表都投票了，我们的投票是有效的。”人们热烈鼓掌，庆贺投票手续的完美无缺。
>
> 七时三十分，执行主席刘少奇宣布选举结果。他一字一句地说：“中央人民政府主席，毛泽东，五百七十五票。”全场代表一致起立，热烈鼓掌。乐队奏起“东方红，太阳升，中国出了个毛泽东”的乐曲。代表们合着乐声的节拍鼓掌，其中并响

> 着此起彼伏的“毛泽东万岁”的口号声。乐声刚刚停止，有节奏的掌声又升扬起来。全场情绪沸腾，欢欣鼓舞。这是众望所归，每一个人都为自己投了伟大领袖一票而感到光荣、骄傲。刘少奇宣布：“中央人民政府副主席，朱德……”，会场又沸腾起来，《解放军进行曲》与掌声相和，十分雄伟有力。刘少奇又宣布：“中央人民政府副主席，刘少奇……”，“中央人民政府副主席，宋庆龄”……一直到宣布了五十六位政府委员的名单，会场上始终回响着阵雨一样的掌声。

这里有一个细节，就是父亲在特写中报道了选举结果——576票有效票，毛主席得575票——也就是说，有一票没有投给毛主席。

当时，中国共产党领导全国人民刚刚推翻三座大山、建立人民的新中国，得到全国各界和老百姓的极大拥护，毛泽东的个人威望也达到历史最高点，几乎所有人都认为毛主席会获得全票。所以几十年后我在看到这个报道后，仍然忍不住问父亲：“当时中央党报就这么把选举结果报道出来了？领导的选票数就能在新闻通讯里这样如数报？”父亲则说，当时的确没有任何领导说不许报道毛主席的票数，他作为现场记者，也没有感到少一票就不能报，于是本着新闻工作者的责任和职业操守，就这样如实报道了。

从监票组有关同志后来的回忆里人们才知道，这中间有一个小插曲。当选票全部清点完以后，发现毛主席少了一票，大家都感到难以相信，于是又认真进行了第二次清点，结果仍然是少一票。于是工作人员就去请示大会筹备组的主要负责人周恩来，怎么办？报不报票数？要不要再投一次？周恩来也感到事情重大，去向毛泽东汇报。而毛主席襟怀宽广地表示了这样的意思：代表们有投票选毛泽东的权利，也有不投的权利。他要求尊重事实，如实公布。

决定国旗图案，多数服从少数

父亲第三篇会议特写“新纪元开始了——记政协代表关于国旗国都纪元的讨论”中，生动地记载了关于国旗的讨论和决定过程；整整半世纪后，父亲在关于建国报道的回忆《新中国首届政协盛会侧记》等文章中，进一步丰富了当年未及见报的内容。在重大问题上，中共中央主要领导虚心听取各方意见、从善如流，以至于做决策“多数服从少数”的场景，这样真切地见诸于新闻工作者笔端——

政协会议讨论国旗图案最热烈，而且有起伏。中国曾经有过几个国旗：逊清的黄龙旗，北洋军阀政府的五色旗，国民政府的青天白日满地红旗。从喻义到图案，现代人想想要发笑。为集思广议，设计能代表新中国的庄严、大方、喻义深远的国旗，政治协商会议筹备委员会曾经向全国征求国旗图案，得2992案。应征者有工人、农民、解放军指战员、教师、干部和著名艺术家，也有远在印度尼西亚、马来西亚、朝鲜和美洲的华侨，充分显示了中国人的爱国热情。朱德、郭沫若等委员也设计过国旗图案，只是都未入选。筹委会从中选出38案，供代表考虑。374位委员主张选用第一、第二或第三案，人员过半数。这三案都是纯红底，红底上加一黄星、一黄带——红底象征革命，黄星象征共产党领导，黄带象征中华民族发祥地黄河；区别仅仅在于黄星的大小、位置，黄带的长短、宽窄稍有不同。毛泽东也看中三案中的一个，看来是定准了。我曾把这个方案写进一篇特写里，想“得风气之先”。但是早了。一些代表虽居少数，却坚决反对，张治中委员的意见有代表性，他认为上述方案决不可用。他说红底代表革命，黄星代表共产党的领导，立意都好。中间加一条黄带，如果被理解为把国家、革命分裂为二，就很不好。他认为中国人才众多，完全可以做出更好的设计。众委员认为他的意见很有道理，有的放弃原来的意见，转而同意张治中委员的主张。毛泽东也放弃原来的想法，同意张治中的主张。

讨论国旗图案的说明词时，也出现不同意见。原说明词是一大星代表共产党，四小星代表工人、农民、小资产阶级、民族资产阶级。有的委员说，我们国家要不断发展，进入社会主义后，民族资产阶级不存在了，国旗要不要改变？毛泽东认为有道理，提议改说明词，释为大星代表共产党的领导，小星代表中国人民革命大团结。大家都说好，方案定了。付诸表决的时候，有的委员又提出意见："国旗上角，黄色大星旁绕四小星"，这个说法必须另拟，因为小星有别解（古代称妾为小星）。当日执行主席周恩来认为这个意见好，并建议改释文为"国旗上角有五黄色星"，全场热烈鼓掌，一致通过。

"泄密"会议地址——怀仁堂，新华门

当年刚到而立之年、意气风发又稳健从容的父亲，一肩行李下太行，随中央"进京赶考"，进北平后连续赶上一件又一件大好事，"三生有幸"，高兴之余，竟还吃了一次惊吓：因通讯报道中写出了政协会议地点怀仁堂，被认为"严重泄密"，差点儿"牺牲"在战斗之初。

父亲这样回忆道——

《人民日报》的从业人员从8月份起就兴奋得"睡不好觉"。1949年8月1日《人民日报》升格为中共中央机关报。远在抗日战争的年代，我们参加党的新闻工作不久，在艰苦的反"扫荡"战斗中，每当想起将来可能到北平办报，立即胜利信心倍增。1949年1月底进了北平，8月1日升格为中央党报，立即着手准备有关人民政协的报道。好事一个接着一个，我们这些多数不到而立之年的"新闻记者"能睡好觉么？

参加这种采访本来就如临渊履冰，冲劲虽在，底气不足。到了怀仁堂，好像林黛玉进了荣国府，不敢多说一句话，不敢多走一步路。在根据地当过记者，看到的多是硝烟弹雨，接触的多是战士、农民。进城几个月，访问的也多是机关干部和普通市民。现在到的地方没有到过，要写的人、事没有接触过，主观上虽然小心谨慎，偏偏在第一天就出了岔子。

我在第一篇特写里提到新华门、怀仁堂，（即"中国人从此站立起来了”一文中：大家团结起来一起奋斗，这就保证了在怀仁堂举行人民新中国开基立业的大典，封建帝王和蒋家小朝廷的宫殿变成人民的议事厅。）被一位保密观念特别强的宣传部门负责人抓住了，他认为“严重泄密”，正式向大会宣传组负责人宦乡告状，提出“这个同志是否适宜参加这种报道值得考虑”。如果在若干年后，我一定是先作一个检查，再考虑是否以及如何申诉我的意见。当时我还有一点“初生之犊”的犟劲，又面临不能继续工作的威胁，只能据理力争，就不顾一切地对宦乡说，我认为根本谈不到泄密问题，开人民政协，这是大好事，无法保密，也无需保密。当时北平只有怀仁堂能开上千人的会，北平最好的汽车在新华门进进出出，能够保密？我甚至说：“我在特写里写了新华门、怀仁堂，我觉得没有什么错误。新闻里如果不写，我看是个不足。我们应该千方百计扩大政协会议的影响。”看来宦乡同意我的意见，只是说，“保密问题以后要多加注意”，了却这场“官司”。

2009年建国60周年大庆前，在中国文史出版社和人民日报出版社共同编纂出版《开天辟地的时刻——纪念中华人民共和国成立60周年中国人民政治协商会议第一届全体会议召开60周年》一书时，我和出版社编辑共同挑选当年的历史照片，印象特别深刻的一张，就是北平市民举着毛主席像、打着红旗（也可能是彩旗），还有的推着自行车，男女老少高兴地聚在中南海新华门前。而新华门的门楼子正中央挂着政协的大会徽，会徽下方是大幅会议横幅“中国人民政治协商会议第一届全体会议”，这不就是当年北平长安街上、中南海新华门前的公开的场景吗？所以直到今天我也纳闷，我父亲把新华门、怀仁堂这个会议地点写进新闻报道，不是和当时现场拍摄的新闻照片是一样的情形吗，怎么他的报道就“泄密”了呢？

父亲在后来的回忆文章《新中国首届政协盛会侧记》中很诚恳地写道，我没有在敌人统治下进行秘密工作的考验，我有身在敌人重重包围的根据地进行武装斗争的经历，从我的切身体验中，从我看过的对敌斗争经验介绍中，我认为保密工作确实极为重要，在一定条件下如不注意保密，革命者甚至不能生存，但是不能像对我那篇特写提出意见的同志那样草木皆兵。

2009年秋，庆祝新中国成立60周年时，我曾应邀写文章《我为父亲李庄的开国报道而自豪》。时值建国65周年、人民政协成立65周年，《纵横》杂志社编辑约我写点儿感想。写些什么呢？父亲当年的新闻报道从问世后便成为珍贵的历史，本身并不能再发生什么变化；这些年来变化了的是我——已从一线转战到二线，“荣升”为我们年轻时看爸爸妈妈为老干部的老干部，成为政协“三亲”（亲历、亲见、亲闻）文史资料的可能人选。那就从当年父亲在世、我编书时还能与他交流这“亲闻”的角度，从重读父亲的回忆文章，再来回顾一下共和国曙光初照时新闻报道所记录的这些细节吧！因为我发现，最近几年在不同场合谈起这些当年的新闻报道时，不论老中青，干部学人，乃至新闻工作者，大家都感到新鲜、没听说过；或许也还因为，从继承前人、开拓未来的角度说，历史，常忆才能长新，传统，常学才能长存……在“深化改革元年”，在实现中华民族伟大复兴“中国梦”的进程中，愿我们和我们的后人，不要忘记新中国开基立业的艰难与辉煌！

（原载于《纵横》2014年第10期）

附：

一个新闻记者看新中国诞生

李　庄

一个新闻记者有机会采访新中国诞生这件旷古盛事，用老话说是“三生有幸”。当时我有幸上天安门，进怀仁堂、勤政殿，访问众多政要、名流，写了些记述文字。在工作过程中，个人也获得终生难忘的教益。

岁月悠悠，转眼半个世纪。我们国家变化太大了，北京变化太大了。天安门永远雄伟壮丽，1949年10月1日，我在毛泽东主席附近，看他用扭转乾坤的巨手按下升起五星红旗的电动开关。怀仁堂当时是北京能容纳上千人开会的设备最好的场所，如今从规模、设施而言，已不大有人提起了。勤政殿金碧辉煌，原为清帝日常听政之所，中共中央也一度用为办公、会议场地，如今仅留名词。当时能在这些地方进进出出，为许多同行所艳羡。我深知这是党和大会给予共产党中央党报的照顾和尊重，对个人来说毫不重要。因此在工作中如临渊履冰，兢兢业业，写了若干记述文字。现在拿来看看，也许只能说“惭愧”二字。

当时党领导的人民解放事业如日中天，残余蒋匪退集西南一隅，全歼指日可期。蒋介石怕死，已躲到台湾，我们国家已掀开新的一页。

广大人民心情舒畅。中国人民政治协商会议在北平举行，北平人心情更加舒畅。行人走在街上，依然那样从容，嘴里却唱起“解放区的天是明朗的天”，老人都变得年轻了。

我一边工作，一边学习，这是在根据地养成的习惯。人民政治协商会议是个大课堂，从共产党领导人和许多委员的言行中，我看到“民主、谦慎、从善如流、平等待人”的作风，几十年牢记心上，学习、自励。可惜以后大约有一代人的时间，特别是十年动乱期间，大量事实与此相悖，给国家、人民造成严重损害；当然也取得了宝贵的经验教训。

1949年9月全国人民看着北平，是因为当时举行的中国人民政治协商会议代行全国人民代表大会的职权，制定起临时宪法作用的《共同纲领》；选举中央委员会主席、副主席，建立中华人民共和国。在召开中国人民政治协商会议之前，中共中央同各民主党派、人民团体代表人物通过各种方式反复协商，对建立新中国的各项重要问题取得广泛共识。大会正式讨论《共同纲领》的时候，全体代表严肃认真，字斟句酌，一个标点都不放过。但一个现象引起我的注意：从内容到文字，会上都未提出实质性意见。就在草案付诸表决的时候，有个委员提出一个重要意见：由于我们国家将来要建设社会主义——共产主义，现在就该在《共同纲领》中写明这个远景，“以激励全国人民为此奋斗”。中共中央认为社会主义——共产主义当然是我们的奋斗目标，但从革命不断发展和革命发展的阶段性考虑，目前在《共同纲领》中以不提这个目标为宜。刘少奇委员受党中央委托，在大会郑重发言，充分肯定上述建议的积极意义，同时指出：社会主义——共产主义是我们共产党人终生奋斗的目标，但作为社会制度，却是相当长久的将来的事情，如果在目前制定的《共同纲领》中写上这个远景，“很容易混淆我们在今天所要采取的实际步骤”，我们认为以不写为宜，请予考虑。中共另一位领导人、政协筹委会第三组组长周恩来介绍《共同纲领》起草情况时，也谈到同样的意思。众委员认为这个论断有理，一致表示同意。谁知没有几年，这个正确论断就被放弃，我不记得听人谈过充分的理由。

《共同纲领》的决议，主席、副主席的选举，都是全票通过，有些西方人士似乎难以理解。其实，这是中国民主的特点和优点：会前准备、酝酿充分，会中很少斗口哓舌，会后不留遗憾。我们的效率和气氛都是良好的。

关于国号的讨论就热烈多了，有相当多的不同看法。我心里说，这好像一场知识竞赛。有的委员主张定名“中华人民民主共和国”，有的委员主张定名“中华人民民主国”，各自陈述的理由都很充分。张奚若委员发言比较靠后，他主张定名“中华人民共和国”。他说：共和国说明国体，人民指工人、农民、小资产阶级、民族资产阶级，涵义准确，表述简明，请诸位委员审议。大家同意他的意见，决议以发表宣言的方式宣告中华人民共和国成立。张委员说话沉稳，言简意赅。我长时间默想：知识，知识，知识的力量真是无穷尽的。

政协会议讨论国旗图案最热烈，而且有起伏。中国曾经有过几个国旗：逊清的黄龙旗，北洋军阀政府的五色旗，国民政府的青天白日满地红旗。从喻义到图案，现代人想想要发笑。为集思广议，设计能代表新中国的庄严、大方、喻义深远的国旗，政治协商会议筹备委员会曾经向全国征求国旗图案，得2992案。应征者有工人、农民、解放军指战员、教师、干部和著名艺术家，也有远在印度尼西亚、马来西亚、朝鲜和美洲的华侨，充分显示了中国人的爱国热情。朱德、郭沫若等委员也设计过国旗图案，只是都未入选。筹委会从中选出38案，供代表考虑。374位委员主张选用第一、第二或第三案，人员过半数。这三案都是纯红底，红底上加一黄星、一黄带——红底象征革命，黄星象征共产党领导，黄带象征中华民族发祥地黄河；区别仅仅在于黄星的大小、位置，黄带的长短、宽窄稍有不同。毛泽东也看中三案中的一个，看来是定准了。我曾把这个方案写进一篇特写里，想“得风气之先”。但是早了。一些代表虽居少数，却坚决反对，张治中委员的意见有代表性，他认为上述方案决不可用。他说红底代表革命，黄星代表共产党的领导，立意都好。中间加一条黄带，如果被理解为把国家、革命分裂为二，就很不好。他认为中国人才众多，完全可以做出更好的设计。众委员认为他的意见很有道理，有的放弃原来的意见，转而同意张治中委员的主张。毛泽东也放弃原来的想法，同意张治中的主张。

讨论国旗图案的说明词时，也出现不同意见。原说明词是一大星代表共产党，四小星代表工人、农民、小资产阶级、民族资产阶级。有的委员说，我们国家要不断发展，进入社会主义后，民族资产阶级不存在了，国旗要不要改变？毛泽东认为有道理，提议改说明词，释为大星代表共产党的领导，小星代表中国人民革命大团结。大家都说好，方案定了。付诸表决的时候，有的委员又提出意见：“国旗上角，黄色大星旁绕四小星”，这个说法必须另拟，因为小星有别解（古代称妾为小星）。当日执行主席周恩来认为这个意见好，并建议改释文为“国旗上角有五黄色星”，全场热烈鼓掌，一致通过。

中国人民政治协商会议共有662位代表，除了因事因病请假者，经常到会者638人。他们曾在不同的情况下为新中国的诞生尽力，每个人的斗争事迹都可写成专门文章。但因长期战乱，环境动荡，地区分割，有些人的事迹并不普遍为国人所知。人民日报有一件事做得好：写访问记，介绍委员的事迹和政见。从1949年9月下旬到10月上旬，刊登了54篇访问记，如果加上95篇发言（有少数委员既有访问记又有发言），占委员总数比例相当高。人民日报24位同志参加了撰写访问记的工作。当时报社工作人员少，外出记者全部调回北平，又抽出一些编辑参加，还聘请了一些社外作者。

我的任务主要是大会采访，也抽空访问一些受人注目的代表。我访问过华侨代表司徒美堂，这位83岁的老人是全场的长者。他旅居美洲69年，17岁参加“反清复明”运动，辛亥革命前后以大量经费支援孙中山，抗日战争期间发起组筹饷局，提供现金和军用物资支援抗战。他说：“辛亥革命、抗日战争都很辉煌，可惜成果不永。毛公领导人民革命垂30年，得此成就，令人耳目一新。”我访问过戎冠秀，这位中年农村妇女在晋察冀边区家喻户晓，她在日寇眼皮底下掩护、照顾八路军伤病员，舍生忘死。她讷于言词，所说“那些20来岁的伤员都是我们的孩子”，令人终生不忘。我访问过傅作义将军。他在半年多前还是战争罪犯，现在是政协特邀代表。他为北平和平解放立了功。但是，他不对我谈北平和平解放，也不谈绥（远）东抗战反击日寇打第一枪，只谈作为军人执行乱命的罪过和我们国家的光明前景，更加令人钦敬。这些有特点的委员，人民日报都有介绍。

50年过去，两代人成长起来。披荆斩棘的创业人相继仙逝，万千后继者接过他们留下的革命火炬。我们国家前程似锦。

（原载于《新闻战线》1999年第10期）

新中国首届政协盛会侧记

李　庄

1949年9月，中国人民是在极度兴奋中度过的、中国人民政治协商会议召开，中华人民共和国成立，占人类总数四分之一的中国人站立起来了，毛泽东在人民政协9月21日开幕式上说得好："我们的工作将写在人类的历史上。"

《人民日报》的从业人员从8月份起就兴奋得"睡不好觉"。1949年8月1日《人民日报》升格为中共中央机关报。远在抗日战争年代，我们参加党的新闻工作不久，在艰苦的反"扫荡"战斗中，每当想起将来可能到北平办报，立即胜利信心倍增。1949年1月底进了北平，8月1日升格为中央党报，立即着手准备有关人民政协的报道。好事一个接着一个，我们这些多数不到而立之年的"新闻记者"能睡好觉么？

人民政协这样的大事、新事旷古未见，从报道角度来说，应该如何准备？我们有个老传统：大家想办法。果然有效。七嘴八舌，想出两个好主意，准备一批代表访问记，会中逐日写"特写"。印刷、发行各个环节也作了相应的安排。

人民政协共有662位代表，由于多年战争、地区分割、情势变化等等原因，读者对代表并不完全了解，通过访问记作介绍是有效办法。事后证明，几十篇访问记产生了巨大的影响。如根据地"子弟兵的母亲"戎冠秀，舍生忘死，掩护、照料八路军和解放军伤病人员，十几年如一日，在晋察冀边区家喻户晓，其他根据地人民也相当熟悉。但新解放区，蒋管区人民就比较陌生。如华侨代表司徒美堂，旅居美洲69年，17岁参加"反清复明"运动，辛亥革命前后以大量经费支持孙中山民主革命，抗日战争期间组织"筹饷局"，募集现金和物资支援抗战。不要说解放区，蒋管区人民也不大了解这位当年已83岁的爱国人士。还有一些国人瞩目的知名人物，如傅作义将军，几个月前还是蒋方反人民战争的方面统帅、中国人民认定的头等战犯，几个月后成为人民政协的特邀代表，他怎样看自己的过去，他的近况和政见如何，都是大家想知道的。54篇访问记，基本上涵盖了方方面面的代表人物。

报社能写访问记的人手不多。同现在比，当时的记者少得可怜。下了狠心，把外出的记者全部调回，还聘请了一批社外作者参加写作，共计24位同志，在当时算得浩浩荡荡了。

人民政协于1949年9月21日开幕。毛泽东致开幕词，中国共产党代表刘少奇，特邀代表宋庆龄，国民党革命委员会代表何香凝，民主同盟代表张澜，解放区代表高岗，解放军代表陈毅，民主建国会代表黄炎培，全国总工会代表李立三，新疆代表赛福鼎，特邀代表张治中、程潜，华侨代表司徒美堂等12人，相继在会上发表主旨讲话，提出对国是的意见。我在特写中概括大会充满“民主、团结、严肃、负责”精神，我认为完全符合实际情况。

读者说9月22日《人民日报》下了“倾盆大雨”，一点不错。对开6版，是当时全国篇幅最大的报纸，全部登载人民政协的材料。社论《旧中国灭亡了，新中国诞生了》，以万分喜悦的口吻，弃旧迎新，提出建设新中国的庄严任务。

虽然全社人员废寝忘食，当天日报还是出成晚报。很长一段时间，《人民日报》不能按时出版，越是有大事，读者希望早些看到报纸，我们出版越晚。主要由于政治上需要研究考虑，其次由于技术条件限制。22日报纸，我们自认为准备相当充分，但纰漏不出在编辑部门而出在印刷部门。从上午到中午，催报的电话不断，甚至责备报社“麻木不仁”、“不负责任”，我们事先规定代表发言者都要有照片，但报社摄影记者很少，发言者多数年高德劭，有的要休息，有的公事忙，很难抽出时间拍照，急得记者团团转。

现在电子照排准确便捷，半世纪前排版、制版还是手工操作。我熟悉印刷操作全过程，一个深切的体会是工人师傅遇有急要任务是“心里热手上稳”，别人越催越坏事。当时技术水平确实低，《人民日报》受到各方照顾，排印、制版技术在北平还算最好的。

我获得得天独厚的工作条件，能上天安门，进怀仁堂，出入勤政殿采访，为众多同行难以企望。我知道领导给我这些条件，很难说是因为我的水平高、经验多，主要是因为我在中央党报工作，忝为报社首席记者，完全出于“工作需要”。我自知绝对不能辱没这个光荣称号，不能辜负组织的殷切期望。新华社记者以李普为首包了公报新闻，我决心每天写一篇特写——一篇一主题，事、情并重，随着会议的进程而发展，希望最后汇集起来成为会议的侧面历史记录。一天写一篇特写，今天的记者不足挂齿，在当时却是一件大事。记者这一环节就不易写出，编辑这一环节要加工整理，排印这一关更要有足够的时间操作。所幸自定的数量完成了，质量肯定离上乘甚远，读者如果认为及格已很不错。

参加这种采访本来就如临渊履冰，冲劲虽在，底气不足。到了怀仁堂，好像林黛玉进了荣国府，不敢多说一句话，不敢多走一步路。在根据地当过记者，看到的多是硝烟弹雨，接触的多是战士、农民。进城几个月，访问的也多是机关干部和普通市民。现在到的地方没有到过，要写的人、事没有接触过，主观上虽然小心谨慎，偏偏在第一天就出了岔子。

我在第一篇特写里提到新华门、怀仁堂，被一位保密观念特别强的宣传部门负责人抓住了，他认为“严重泄密”，正式向大会宣传组负责人宦乡告状，提出“这个同志是否适宜参加这种报道值得考虑”。如果在若干年后，我一定是先作一个检查，再考虑是否以及如何申述我的意见。当时我还有一点“初生之犊”的犟劲，又面临不能继续工作的威胁，只能据理力争，就不顾一切地对宦乡说，我认为根本谈不到泄密问题，开人民政协，这是大好事，无法保密，也无需保密。当时北平只有怀仁堂能开上千人的会，北平最好的汽车在新华门进进出出，能够保密？我甚至说：“我在特写里写了新华门、怀仁堂，我觉得没有什么错误。新闻里如果不写，我看是个不足。我们应该千方百计扩大政协会议的影响。”看来宦乡同意我的意见，只是说，“保密问题以后要多加注意”，了却这场“官司”。

我没有在敌人统治下进行秘密工作的考验，我有身在敌人重重包围的根据地进行武装斗争的经历，从我的切身体验中，从我看过的对敌斗争经验介绍中，我认为保密工作确实极为重要，在一定条件下如不注意保密，革命者甚至不能生存，但是不能像对我那篇特写提出意见的同志那样草木皆兵。十分遗憾，这种“草木皆兵”的现象竟延续了许多年，结果许多事情对自己的一些人可能保了密，对有先进侦察技术的敌人却大门洞开，这种教训实在应该总结了。

人民政协第一届首次会议的主要任务是制定和通过起临时宪法作用的

《共同纲领》，制定和通过《中华人民共和国中央人民政府组织法》，选举中央人民政府，决定国旗、国歌、首都。有些外国人不了解我国的民主制度，对于我国在决定重大问题时常常“一致通过”难以理解。其实，我们在决定问题之前，都经过充分磋商、讨论、酝酿甚至论争，许多工作做得很早、很细。到50年代后期，由于多种原因，伴随“一言堂”作风的发展，使我国的民主精神遭到严重损害，新中国成立前后的实事求是、生动活泼空气逐渐淡薄。以《共同纲领》而论，在讨论过程中，有的委员考虑我们国家的前途是社会主义——共产主义，提议应该在《共同纲领》中明确阐述这个远景。中国共产党代表刘少奇提出不同意见，认为中国将来是要走到社会主义——共产主义的，那是相当长久的事情，如果在《共同纲领》中写上这个远景目标，“很容易混淆我们在今天所要采取的实际步骤”。中国共产党另一位领导人、政协筹备委员会第三组组长周恩来作关于《共同纲领》的说明，也谈到这个意思。委员们认为很有道理，一致同意这个意见。

关于国旗，也经过热烈讨论，我还犯了一个“抢先”错误，幸亏是在当时，若在十多年后，不知道有的人会上纲到什么程度。原来政协筹备委员会曾向全国征求国旗图案，得2992案。筹委会筛选出38案供委员选择。314位委员主张选用第一、第二或第三案中的一案，人员已过正式代表半数。毛泽东也持这种意见，看来是定准了。这三案大同小异，都是红底加一黄星一黄带——红底象征革命，黄星象征中国共产党的领导，黄带象征中华民族发祥地黄河；区别仅仅在于黄星大小，位置和黄带长短、宽窄稍有不同。我自认得风气之先，就把这种选择及其理由写进第三篇特写。但是糟糕，早了。有些委员不顾自己居于少数地位，坚决不同意这种选择。张治中的发言有代表性。他说，红色代表革命，黄星代表共产党的领导，设计得好，唯中间一条黄带，如果被人理解为把国家、把革命分裂为二就不好了；他坚决主张再作考虑。许多委员转而同意他的意见。最后一致决定选用现在用的五星红旗。讨论这个图案的说明词时，又出现不同意见。原来的说明词是大星代表共产党，四小星代表工人、农民、小资产阶级、民族资产阶级。有的委员提出，按照这样解释，不久进入社会主义、民族资产阶级不存在了，岂不又要改换国旗？多数委员，包括毛泽东在内，同意改用五星红旗，这时也同意改变说明词，不释四小星代表四个阶级，而说四小星象征人民大团结。大家说这样好，方案定下来了。最后表决时又有委员对国旗释文提出意见，说“上角一黄色大星，旁绕四小星”，不妥当，因为小星有别解（古时妾也称“小星”），应该另释。当日执行主席周恩来立即表示同意这个意见，建议改释文为“上角有五黄色星”，全场鼓掌一致通过。对于新中国国名讨论也很热烈。有人主张定名“中华人民民主共和国”，有人主张定名“中华人民民主国”。张奚若主张定名为“中华人民共和国”。他说，共和国说明国体，人民指工人、农民、小资产阶级、民族资产阶级大团结，符合“鲜明、准确、完备”的主旨，足够了。全体代表同意这个方案，最后以发表宣言的方式，宣告中华人民共和国成立。

人民政协第一届第一次会议开得好，报道这次会议，我个人尽了全力，如果能够在这个基础上继续追求，可望在记者岗位上取得较好成绩。可惜因为工作需要，在此后几十年中，除了去朝鲜短期采访外，一直做编辑工作。对于领导的安排，我没有任何意见，但是记者工作却中断了。1993年，我在《人民日报风雨四十年》一书中，曾经扼要回顾我采访人民政协一届首次会议的工作，说句客观的话，我认为能够代表当时工作着的我国记者的水平。但是质量不高。数量达到了每天一篇的预期，水平却不理想。当记者，“依样画葫芦”不难，写事能够翔实、准确，文字清通，基本及格。难在记者本人在新闻中加点什么。当然不是加事实，新闻记者必须遵守绝对真实的原则，在这里不能有任何随意性。但是可以“加”观点，加思想——在客观、全面、准确、缜密介绍事实的基础上，提出个人的分析和判断。记者水平高低似乎主要表现在这个地方。当时我已知道应该作此努力，但是功力不济，效果不佳。我曾力求每篇特写都在当天的会议进程、成果（事实）的基础上，表现它的特点，即提炼一个观点作为立论基础。第一天开幕式，会场洋溢着兴奋、胜利气氛，体念创业艰难，瞻望前程远大，人人一副笑脸。我个人是抗日战争、解放战争的幸存者，同全场情绪融通，文字虽然粗朴，却是一边书写一边拭泪的。可惜以后拙作未能在这个起点上前进一步。功力如此，是勉强不来的。

我在那本书里写道：“除了加观点，我以为还可以‘加’知识，包括烘托主题气氛的背景材料、中外古今的相应掌故，等等。”我认为，记者不仅应该努力学习和掌握马克思主义立场、观点、方法，而且应该力求成为及格的“杂家”，积累、运用广博的知识，写文章始能挥洒自如，收烘云托月之效。我当时十分拘谨，不敢作此努力；功力不逮，也难于作此努力。所以几篇文字基本是“依样画葫芦”的水平。

（原载于《名家》1999年）

采访开国时的政协会议

李　庄

北平解放前的20多年中，除了日本侵略者盘踞的8年，总被国人称为文化故都。全国著名的学校、图书馆、博物院，各种高水平的展览会、内容丰富的文艺演出……为全国人民所称道。四合院、小胡同、行人稳缓的脚步……散发着静谧的气息，同上海、天津等城市的快节奏大不相同。这里没有十里洋场，没有高楼大厦，直到北平解放，全市最高建筑的北京饭店老楼，其实只有7层；最宏大、最豪华的会场怀仁堂只能容纳千人。解放前十几年更加不幸，日本的侵略和国民党的摧残，加速了这个古老城市的衰败和残破。

但北平竭力保持自己的作派。礼貌是老北京一大特征。除去劳动人民实在缺乏条件，北京人只要出门，必着一袭长袍，年长者戴一顶瓜皮帽，中年人戴一顶旧呢帽，徐步缓行，从容不迫……

1949年1月31日下午，中国人民解放军先头部队入城不久，作为“地方干部”中的第一批，我们一队新闻兵从西直门跟进入城。城门开启不久，“拒马”（一种缠绕铁蒺篱的木制防御物）尚未撤除干净，岗兵还是人民解放军和起义部队混合编组，解放军验过我们的证件，表示竭诚欢迎。起义部队也像看到了自家人满脸堆笑。我们没有赶上倾城出动“欢迎解放大军”的壮观情景，但从满街被挤破的纸旗可以想见当时的热烈场面。

车到新街口，遇到3个中年男子，安步当车，步履从容，看样子是欢迎解放军后兴尽回家的。3人都是四十上下年纪，两人戴眼镜，都着蓝布长袍，从作派看是知识分子，3人尽情谈笑，时不时哼着“解放区的天是明朗的天……”，此情此景，强烈地掀起我这个新闻工作者的冲动。想到汽车不能停留，只得继续赶路，但是心里一直在想：北平原是华北“剿总”所在地，昨天还挂青天白日旗，特务横行，行人缄口，他们这歌是从哪里学的？随口而出，十分自然。几小时后我接管国民党的“中央社”北平总分社明白了一些道理。

我们在紧张、兴奋中工作了半年多，深深感到我们党地下工作威力的强大，北平人心向背的鲜明。

一件大事接着一件大事，一件好事接着一件好事，几个月后，新的大好事又落到我的头上。我得到通知，采访为新中国奠基的人民政治协商会议。因场地限制，我能上天安门，进怀仁堂、勤政殿，这是特殊的优待。我以外，还有新华社极少数同志，以及中央人民广播电台的个别直播人员（当时尚无电视）。

人民政协代表662人，除了因病、因事请假的，实际参加1949年9月21日开幕式的共638人，代表各民主党派、人民团体、无党派民主人士等24个单位。有些人从海外归来，有些人从尚为蒋残军盘踞地区经过千难万险到达北京。从代表的衣着可以看出他们的职业和来处：有的穿中山装，有的穿干部服，有的穿军装，有的穿西装，有的穿长袍马褂，有的穿整洁的工装和对襟农服……从一幅幅笑脸，深知当前工作的分量，既是过去斗争的总结，又是今后创业的开端。毛泽东的豪言壮语表达了大家的心声："中国人民从此站立起来了！"

50年前，我入世很浅，高山峻岭爬过，游击战打过，但政协会议这个阵势没见过。怀仁堂是干什么的也没听说过。

采访政协会议全是首席记者，一则以喜，一则以惧，说临渊履冰实不为过。但毕竟年轻，有股"初生之犊"的劲头，决心拼命一试，不懂就学，错了就改。新华社发新闻，我每天写一篇特写，记录大会情况，兼及个人一些观感。每天一篇在今天不算什么，当时可不是小事。经过个人的拼搏，编辑的照顾（留下版面），数量是完成了，说到质量，估计只能留下"幼稚"二字。

采访这次大会，确实学到不少东西，包括十分正确但日渐稀少的东西。

例如：政协筹委会曾公告征求新中国国旗图案。中国曾经有过几个国旗：清朝的龙旗、北洋政府的五色旗、国民政府的青天白日满地红旗，从寓义到图案都被扫到垃圾堆了。政协筹委会征求国旗图案公告发出后，全国各界踊跃应征，海外华人也寄来许多应征图案，开国元勋朱德、文坛泰斗郭沫若也有作品送来。筹委会只认作品，不问作者身份，他们两位的应征稿都没有进入筹委会提交全体会议的38幅参考案。我当时想，这种精神好啊！实在应当传之永远。我赞佩这种做法，但是没有写入文章中，说明我的骨头那时候就不够硬。

筹委会推荐的38个参考案中，有3案大同小异：都是红底，象征革命；一黄星，象征共产党的领导；一黄带，象征中华民族发祥地黄河。所不同的是黄星的大小、位置，黄带的长短、宽窄略有差别。参加会议的委员共630多人，赞成从这3案中选一案的374人，过半数。毛泽东也主张采用3案中的一案，看来是定准了。我在表决前一天写的一篇特写中写了这个意思，自以为得风气之先。但是错了。我忽略了会中有个顽强的代表正确意见的少数派，代表人物是张治中。这位先生利用各种机会宣传自己的意见：红色代表革命，黄星代表共产党领导，意思都好。中间加一黄带，如果被理解为把国家、革命分裂为二就很不好，因此必须重新考虑。他在会上宣传这个意思，当面向毛泽东提出这个意见，十分坚持，十分执着。许多代表想想有理，转而同意他的意见，毛泽东也同意了他的意见，最后决定采用现在用的五星红旗。毛泽东说真理有时候在少数人手里。此言不虚。

共产党的目标是社会主义——共产主义，这个信念在任何情况下不会动摇。但是在起宪法作用的政治协商会议共同纲领中没有表达，有的民主人士对此表示难以理解，有的在大会发言中正式提出建议，认为应该在共同纲领中写明这个远景。政协委员、中国共产党代表刘少奇，政协委员、政协筹委会第3组组长周恩来相继发言，提出中国将来肯定建设社会主义——共产主义，但这是相当长久的事情，如果在共同纲领中写上这个目标。“很容易混淆我们在今天所要采取的实际步骤”，认为暂时不写为好。全体委员认为他们二位说得很有道理，一致同意共同纲领不写这个词句。

中国人民政治协商会议于1949年9月21日开幕，大会通过共同纲领，选举毛泽东为共和国主席，宋庆龄等6人为副主席，决定国旗、国歌、国都、纪年后胜利闭幕。10月1日下午，毛泽东用那扭转乾坤的巨手，按动电气开关，升起五星红旗，宣告中华人民共和国成立。

（《李庄文集》收入，2004年10月）

重温昨日新闻　再现开国盛典

——在《开天辟地的时刻》出版座谈会上的讲话

尊敬的各位领导，
同志们，朋友们：

大家下午好！

在伟大祖国即将迎来60华诞之际，在中国人民政治协商会议第一届全体会议召开60周年之时，以新闻报道和历史史料真实再现新中国成立盛况的大型画册《开天辟地的时刻》出版发行了。这里还要报告各位的是，这本画册已被新闻出版总署评选为“庆祝新中国成立60周年百种重点图书”，并将在国庆期间在全国范围内集中进行展示和推广。这是从新闻出版的视角对60年前开国盛典的纪念以及对伟大祖国的深深祝福，为历史提供了一套权威厚重、准确翔实的信史，具有重要的文化积累价值。我谨代表国家新闻出版总署、代表柳斌杰署长，对画册的出版表示热烈祝贺，向为画册出版付出心血汗水的同志们致以诚挚问候，向给予画册出版关心指导的各位领导表示衷心感谢！

《开天辟地的时刻》以中国人民政治协商会议第一届全体会议的召开、中华人民共和国开国大典的举行为主线，以60年前《人民日报》的要闻版面和记者的新闻报道为内容，充实以大量珍贵的新闻照片，图文并茂，全景式地再现了共和国曙光初照的真实场面。

翻开书中所选1949年9月22日至10月2日及10月10日共12天的《人民日报》，从一张张发黄发脆的竖排版面上，读者看到的不仅仅是一篇篇令人激情澎湃的新闻报道，更是60年前我们伟大祖国发生的创造历史的巨变。当时，人民日报社、新华社、中央人民广播电台以及新闻电影制片厂等极少数单位的新闻工作者见证了这一伟大时刻，并以记者的视角忠实、详细地记录了新中国的诞生，成为一个民族、一个国家信史的可靠依据。我的父亲李庄作为《人民日报》记者，有幸见证并真实记录了当年的新闻，即新中国开国的历史。今天，我们从这些报道、版面中能真切地感受到当时天翻地覆的变化。例如，1949年9月21日政协会议召开的第一天直到9月27日，人民日报的报眉和报头下分别印着“中华民国三十八年”、“北平”的字样。而随着会议议程的推进，国都、国旗、国歌和年号的通过，从9月28日开始，人民日报报眉上的日期改为“一九四九年”，报头下的北平改为“北京”。我父亲在他的记会议第六天的通讯《未来是属于我们的》中深情地写道：“每一个议案通过时，代表和来宾一致热烈鼓掌，庆贺胜利。摄影机把各个重要场面都摄入了镜头，让我们的后代儿孙，看看他们的先人是如何开基立业吧！他们会珍爱所得的遗产，使之发扬光大。”

60年来，我们国家继承了开国大典的光荣传统，以毛泽东同志为核心的党的第一代中央领导集体、以邓小平同志为核心的党的第二代中央领导集体、以江泽民同志为核心的党的第三代中央领导集体和党的十六大以来以胡锦涛同志为总书记的党中央，团结带领全党全军全国各族人民，承前启后，继往开来，努力推进社会主义建设和改革开放伟大事业，谱写了中华民族自强不息、拼搏奋进的新的壮丽史诗。在这波澜壮阔的伟大历程中，新闻出版事业与新中国相伴而生，与共和国一道成长，用一本本图书、一篇篇报道、一张张图片，生动翔实地谱写着中华民族站起来、富起来、强起来的宏伟篇章，为国家富强、人民幸福、祖国统一提供精神动力、智力支持和舆论氛围。特别是改革开放以来，新闻出版战线不仅加快自身改革发展，而且深入宣传中国特色社会主义理论体系，深入宣传改革开放和社会主义现代化建设的巨大成就，深入宣传广大干部群众团结奋进的先进事迹，为激励全党全军全国各族人民奋力投身改革开放的伟大事业做出了积极贡献，赢得了党和人民的高度赞扬。

回顾60年前的中国人民政治协商会议，重温中华人民共和国诞生的辉煌时刻，我们更加怀念出席第一届全体会议的毛泽东等老一代领导人及所有人民政协代表，是他们宣告了旧中国的永远灭亡和新中国的伟大诞生。我们还要向历届政协委员致以崇高的敬意，是他们认真履行政治协商、民主监督、参政议政职能，为伟大祖国的建设贡献出自己的聪明才智。因此，《开天辟地的时刻》一书首次收录了中国人民政治协商会议第一届全体会议代表名单，第一至第十一届政协全国委员会历届名誉主席、主席、副主席、秘书长、常务委员及委员名单。从首次公开发表的这份历久弥珍的名单中，可以看到随着时代变化，人民政协界别的增加和变化，各界别政协委员规模、结构及届中调整变化等情况，清晰记录了人民政协60年来的发展脉络，从一个侧面反映了新中国政治、经济、文化、社会发展情况。例如，参加1949年中国人民政治协商会议第一届全体会议的六百多名代表中，新闻界有正式代表12名，候补代表2名，没有单列出版界代表。到2008年，政协第十一届全国委员会委员中，新闻出版界已增加到46名委员；60年中，共有289人次的新闻出版界政协委员。60年间这种变化，反映了我国新闻出版业从小到大、从弱到强的发展轨迹。根据1950年春全国新闻工作会议调查统计，新中国成立初期，全国共有1万多名新闻工作者，公私合营报纸253种，总发行数250万份。截止到2008年底，全国新闻从业人员已达100万；报纸总数1943种，报纸年总印数442.92亿份。自2000年以来，我国日报出版规模连续八年位居世界第一；整个新闻出版产业总产值超过8500亿元，已相当于汽车业的产值，占国民经济百分之二点多。

纪念过去是为了更好地开创未来。60年来新闻出版业取得的成就已载入史册，我们肩负的是中华民族文化复兴和新闻出版大发展的历史重任。相信，在党中央、国务院的正确领导下，凭借中华民族五千年的优秀文化积淀，继承发扬中国人民政治协商会议和新中国成立60周年的伟大精神，我国新闻出版业必将在改革创新中实现更大发展，为推动社会主义文化大发展大繁荣，夺取全面建设小康社会新胜利，开创中国特色社会主义事业新局面，实现中华民族伟大复兴作出新的更大的贡献。

谢谢大家。

（2009年9月11日）

随感·报道

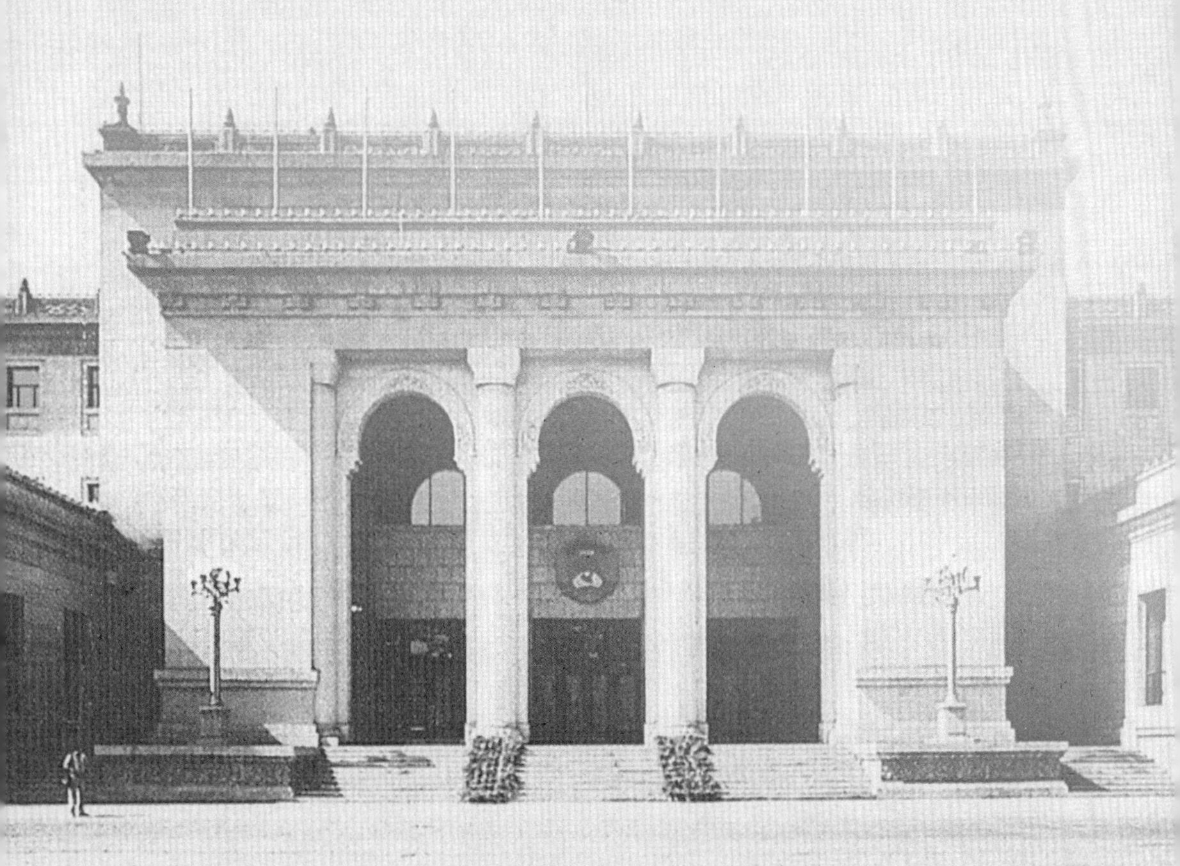

委员随感

五年时短友谊长

又是一年春光明媚日，又是一度政协全国会议召开时。十多天时间里，委员们相聚一堂，以高度的历史责任感和充沛的政治热情，商讨国家大事，积极参政议政。

新闻出版界别有46位委员。会场上，我们专注倾听，踊跃发言；会场外，我们坦诚交流，推心置腹；房间中，我们认真研读文件，精心准备提案……四年的参政议政，我们度过了忙碌、充实而难忘的幸福时光，彼此间结下了真挚而深厚的友谊。时光荏苒，初聚恍若昨日，转眼四年已逝。回首四年，我感受最深的莫过于为委员们服务很幸福!

作为新闻出版界别小组召集人之一，承蒙委员们信任支持，我深感召集人就是服务员，应该为大家好好服务——无论是组织工作还是友谊联络。

记得2008年春第一次大会召开时，刚刚换届，大家初聚，除了杨澜、李瑞英、海霞等常在荧幕上露面的委员外，大家彼此间并不很熟悉，许多同志知晓名字一时对不上人。“怎么能让大家尽快熟悉起来，多交流，多沟通？”我就想应该赶做一本通讯录，方便大家彼此“对上号”，更加亲近。于是用委员自己在会议上的新闻照片加通讯联络方式的编排形式，做了一本新闻摄影通讯录。

万捷和范冰冰委员热心摄影、热心为大家服务，我在他们拍下的每次会议和活动的照片中精心筛选、编辑。编排过程中发现谁的照片短缺、在画册中不均衡，第二天还得赶着补拍。那几天里，白天照常开会讨论，夜里一股劲加班加点，为了让大家在会上就能用上这本画册通讯录，熬夜是必须的。终于在会期倒数第三天，《让我们记住——中国人民政治协商第十一届委员会新闻出版界委员通讯录》就送到了委员们手上。那天小组讨论会会场，大家拿到打着自己名字的专册，都在惊喜地翻看，后来的几天，又纷纷拿着通讯录互相签名留念。这本小册子跟大会材料一样，成了大家随身携带的资料。看到这个小小的“抓手”能帮助大家很快熟悉起来并留作纪念，我感到很温暖，熬了这几夜，值得！

今年的两会，是本届政协的最后一次大会。第四次会议胜利结束分别时，大家特别提出，希望我能主持做一本画册，为十一届新闻出版界委员们留下参政议政、团结友谊的宝贵纪念。大家的愿望就是我的任务！一年时间，公务事务繁冗，忙忙碌碌过去了；壬辰春节后，只有一个月时间了，我带着出版社同志进入了画册编排制作攻坚阶段。在上千张图片中遴选，精心设计，按照正规出版物的标准去编辑、组版、印刷……为了能确保在第五次会议之前赶印好画册，一开始，我带着出版社同志编，后来，与出版、印刷两个环节的同志一道编，抢进度；再后来，我被“抢”进了协和医院，发烧住院去了；再后来，编辑和制作部门的同志们“继续战斗”，给我往医院里传样子，接着往下抢……

终于，赶在会前编印出了这本新闻摄影纪实画册——《参政五载　朋友一生》。这本画册，记录下了新闻出版界的政协委员们从2008年到2012年商讨国事、参政议政的工作瞬间，也记下了我们之间恰似大家庭般的深情厚谊与温暖和谐。编辑画册时，我们把每位委员的手书留言嵌进他的专页，留言中那浓浓的深情和不舍让我深为感动。

“相约年年见”——是96岁高龄的沙博理委员在我们前去他家探望所作寄语，他说，盼望大家每年都能相见。

“五年时短友谊长，难得人生聚一场。来日有缘再相会，议政堂上复磋商。”——卞晋平委员的祝愿，既是总结概括，也是大家的心声。

纪念画册既是对历史的温馨回忆，也是对未来的期盼祝愿；让我们牢记政协委员的责任，用自己的热烈情怀和积极的行动，为人民政协事业增光添彩，为国家发展大业奉献力量；期盼祝愿大家永远铭记那些共同度过的美好时光，让五年里建立的珍贵友谊地久天长，永不褪色。

这里没有政府官员、企业老总、社会名流等身份头衔的区别，甚至没有人在意彼此间年龄的差距，我们就像是一个快乐的大家庭。能为这个大家庭服务，我感到很幸福！

（原载于《中国政协》2012年第6期）

活力　温暖　友谊

——政协新闻出版界活动一瞥

时间过得真快，转眼之间，我担任全国政协委员已经七年了。七年来，在全国政协这个大舞台上参政议政，感到十分丰富和充实——加入了新闻出版界这个大家庭，在界别活动中履行职能，增长见识，大家共同探讨问题，相互学习，加深了对新闻出版工作的理解，由工作的纽带连接而为朋友，彼此结下了深厚的友谊。

实现“10天委员”和“365天委员”的结合

今年“两会”期间，我与卞晋平、刘佳义、赖明委员一道，参加了全国政协十二届二次会议第二场记者会，围绕“政协委员谈推进人民政协协商民主建设”回答中外记者提问。

光明日报记者从媒体上注意到，新闻出版界别近年来开展活动比较活跃，于是她提问：你们开展这些活动是基于什么考虑的？到目前为止又取得了哪些成效？

媒体这样报道了我的回答：

——界别作为人民政协的基本组成单位，是政协区别于其他政治组织最显著的特色，也是政协履行政治协商、民主监督、参政议政职能的主要依托。现在政协委员按界别分组讨论、协商，已经成为政协全会和常委会议共商国是、议政建言的主要形式。但是在政协闭会期间，如何更加充分地发挥界别的作用，依然是个需要深入探讨、研究和实践的重要课题。新闻出版界委员在讨论的时候提出，要使政协组织更加充满活力，就必须充分发挥界别的功能。通过开展界别活动，解决好参加每年10天的全体会议和会外履职的关系，也就是俗称的“10天委员”和“365天委员”的关系。

——新闻出版界委员围绕当前国家改革发展和业界改革发展的热点问题开展了一系列的活动，比如以“开发性金融助推文化发展”、“全媒体时代的文化责任和网络安全”、“探索建立健全现代文化市场体系”、“体认当代中国价值观念，弘扬中华民族文化精神”等等，组织本界别委员深入到新媒体、深入到影视制作机构，更好地开展调查研究，进行专题研讨，提出意见建议，应该说收到了积极效果。

在记者会现场，我还展示了我们界别一年来履职的工作记录——关于以上活动的四本委员履职纪实画册。

我告诉媒体朋友，这样做虽然很辛苦很琐细，但有助于把委员们的研讨成果和深入基层的工作过程记录下来，增强了凝聚力，委员们都很高兴。同时，我们把几方面力量集聚起来，为实现“10天委员”和“365天委员”的结合，积极探索新的工作模式。联系新闻出版界别的政协副主席卢展工高度重视界别活动；联系我们界别的全国政协文史和学习委员会积极组织活动；我所在的中国新闻文化促进会大力配合，形成了今天界别活动活跃有效的良好局面。

回忆这七年多来的工作，我感到，新闻出版界之所以能在界别工作中取得这样的成果，与我们努力尝试去做“365天委员”，组织会外活动，并以多种形式密切联系委员，加深彼此的交流与友谊，是很有关系的。

十二届以来的几次活动就是最好的例证。

继承和延续：一次及时活跃的会外活动

2013年4月8日，十二届一次会议闭幕不到一个月，全国政协新闻出版界委员一行就到武警特种警察学院参观调研，与部队干部、与特警战士们一起度过了难忘的一天。

当时的新闻报道这样记述：

> 活动中，委员们认真观看了军事课目汇报表演，对特警战士们精准的射击技术表示赞叹。在参观特警训练场地以及反恐战斗实验馆时，委员们驻足认真聆听讲解。
>
> 在随后进行的交流座谈中，委员们讨论了今后如何积极进行会外履职，深入研究，做好选题，搞好调研，更好地发挥界别的作用。此次警营一日活动，是政协十二届一次会议闭会后新闻出版界的第一次会外活动，委员们格外珍惜活动机会，纷纷表示，这样的活动非常有意义，不但加强了军地双方的文化交流，同时又加深了政协委员之间的交流与团结，为更好地开展界别活动、组织界别调研开了好头。
>
> 此次活动由全国政协委员、原新闻出版总署副署长、现任中国新闻文化促进会会长李东东和全国政协委员、解放军报社社长、中国新闻文化促进会副会长黄国柱组织发起。据了解，为了更好地促进全国政协新闻出版界委员会外履职，加强委员间联系沟通，中国新闻文化促进会承担了新闻出版界别全国政协委员会外活动的服务工作和组织协调工作。李东东表示，全国政协新闻出版界委员格外重视闭会期间的履职工作，通过围绕重大选题组织会外活动，既可以更好地贯彻落实中央和政协的工作要求，又可以充分调动委员的积极性，凝聚委员的集体智慧，提高参政议政能力，发挥建言献策作用。

这次活动规模虽不大，但它有着积极的意义：这是新闻出版界十一届以来界别活动的继承和延续，同时，也是为委员们“盼望加强联系、增强界别凝聚力、不要只在三月会议时年年见”的心愿提供一个实现形式，更为重要的是对十二届全国政协的界别工作开展起到了一定的促进作用。

副主席联系界别：活动更加规范

本届第一次活动之后，我们及时把情况报告了全国政协领导，并提出希望建立政协副主席定向联系指导界别、专委会联系组织界别活动的工作机制的建议，这与俞正声主席在换届之后不久的指示不谋而合，得到领导同志的高度重视和充分肯定，新的工作局面很快形成。

当年8月30日，配合贯彻落实全国宣传思想工作会议精神，结合党的群众路线教育实践活动，我们及时组织了深入新媒体的现场调研、研讨活动“全媒体时代的文化责任与网络安全”，认真学习领会习近平总书记8·19重要讲话精神，围绕如何巩固壮大主流思想舆论、优化网络舆情监管体系、推进网络信息安全等提出相关建议。委员们积极参与，社会反响热烈。

以下是当天新华社的报道——

为贯彻落实全国宣传思想工作会议精神，结合党的群众路线教育实践活动，充分履行政协参政议政职能，积极发挥政协界别优势，全国政协文史和学习委员会与中国新闻文化促进会共同组织部分新闻出版界委员，就全媒体时代的文化责任与网络安全专题，30日上午在北京奇虎360科技有限公司进行调研座谈。全国政协副主席卢展工出席会议，并与委员们一起研讨。

参加调研座谈的委员们一致赞同习近平总书记在全国宣传思想工作会议上的讲话精神，认为新闻出版界全国政协委员们应积极履职，充分发挥界别优势，带头传播正能量，胸怀大局、把握大势、着眼大事，找准工作切入点和着力点，做到因势而谋、应势而动、顺势而为。

邬书林、李东东、马利、黄友义等全国政协委员和媒体代表还就促进社会舆论健康发展、推进互联网信息安全、优化网络舆情监管体系、提升新闻工作者特别是网络新媒体从业人员职业道德和专业素养等方面作了发言。

活动取得了良好的效果，得到了全国政协领导的高度肯定。俞正声主席在关于这次活动的《政协信息专报》上做出重要批示，充分肯定了新闻出版界委员、专家的有关履职成果。卢展工副主席现场参加并精心指导了这次活动。他说，要通过组织开展界别活动，广泛听取委员的意见和基层群众的意见，及时反映给相关方面，让它在更高层面决策中发挥作用，做到学明白、想明白、说明白、做明白。

党的十八届三中全会召开后，我们即开始积极筹划如何学习宣传贯彻，并于今年1月18日组织召开了全国政协新闻出版界委员和新闻出版业界代表共同参加的“体认当代中国价值观念，弘扬中华民族文化精神”十八届三中全会精神专题学习会。卢展工副主席出席会议并与委员们交流研讨。国家新闻出版广电总局党组书记、副局长蒋建国出席并与委员面对面沟通交流，国务院新闻办等有关部门负责同志积极参与并和委员真诚协商。

《深圳特区报》这样报道——

18日上午，在全国政协文史和学习委员会指导下，由中国新闻文化促进会主办、北京奇虎科技有限公司承办的“体认当代中国价值观念，弘扬中华民族文化精神——深入贯彻落实十八届三中全会精神专题学习会”在全国政协礼堂举行。全国政协副主席卢展工出席会议。

这次学习旨在深入贯彻落实党的十八届三中全会精神，贯彻落实习近平总书记系列重要讲话精神，贯彻落实中共中央办公厅印发的《关于培育和践行社会主义核心价值观的意见》而举办的。

国家新闻出版广电总局党组书记、副局长蒋建国出席会议并讲话。全国政协委员、中国新闻文化促进会会长李东东在会上致辞。

这次活动为新闻出版界委员及时学习十八届三中全会精神提供了平台，取得了良好的社会反响。

界别的温暖与友谊：看望老委员老专家

全国政协目前最高龄、最资深的委员，即将百岁的沙博理在我们新闻出版界别。我与沙老共同担任政协委员，一起参加了七次全国政协大会，前三次，2008、2009和2010年，他都是能够到会议现场来参会的，2011年的十一届四次会议，96岁高龄的沙老请假，没有现身大会和小组会现场，我们新闻出版界委员利用会议休息时间，带着鲜花和水果，带着委员们的心意前去看望，祝福他的同时，盼望与他明年见……这一看，就连续看了四年，直至今春3月8日，与他相约“明年见”！

这些年来，不论会期多紧、事务多繁钜，我们大家总惦记着彼此——自己界别的委员要常常联系，“一个都不能少”！

2011年3月14日《中国新闻出版报》这样报道，“两会期间，全国政协委员、新闻出版总署副署长李东东、《中国日报》副总编辑黄庆等新闻出版界别委员分别到著名翻译家沙博理委员、鲁迅之子周海婴委员家中探望慰问。由于身体原因，两位委员今年未能参加两会。”

那是我们界别委员们第一次登门看望由于年龄和身体原因不能到会的委员。2011年的看望，是第一次看望沙老，是唯一一次看望海婴。那年两会之后不到一个月的4月7日，周海婴委员病逝，3月份我们全体委员一一签名送给病中海婴的祝福卡，成为海婴夫人马新云的永远纪念。4月11日，我们界别几位委员又专程赴八宝山，代表大家送别海婴。

2012年3月12日，我和黄国柱、杨澜、范冰冰、龚亚夫等委员看望沙博理委员时，97岁高龄的沙老十分高兴，他说：“今年我虽然没有到大会现场，但关于两会的新闻，我每天都通过电视、广播、网络密切关注。我很想念各位新闻出版界委员，每天在心里和你们一起参政议政。希望继续与大家一起学习、交流，努力履行委员的职责。”

当年，我们编排了十一届政协会议期间界别活动画册《参政五载　朋友一生》，以新闻摄影纪实手法记录了新闻出版界委员们几年来关注社情民意、积极参政议政、努力建言献策、加强团结友谊的一个个生动瞬间，我们界别的委员都很珍惜地留作纪念，我们几人代表大家向沙老赠送了画册。

2013年3月14日，新闻出版界委员艾克拜尔·米吉提文章《我们怎么笑》则谈到——

> 那天上午，我和李东东、黄友义、唐宁几位委员来到什刹海旁的南官房胡同，看望98岁的全国政协委员、著名美裔翻译家沙博理先生。
>
> ……
>
> 从2011年起，每年两会期间利用休息时间看望沙老，已成为新闻出版界别的固定活动。他说，自己很想去参加会议，但是医生不让出门。他现在视力不太好，很想看些东西，但是不行。前不久在协和医院已经做了两次手术了，过几天还要做。我们都由衷地祝福他老人家长命百岁。他说，对我来说，已经活到98岁了，生命可能还有几年，几个月，几天，或者几个小时。但是这不要紧，要紧的是，还能和你们这些新老朋友们相见。我注意到他胸前佩戴着政协会徽，此刻，工作人员又为他戴上了本次会议出席证。他高兴地说："我非常想和你们一起学习、研究和讨论"，"我保证，只要能活一天，我就做一天的'螺丝钉'。"

今年"两会"期间，我们如同2011年一样分别看望了两位不能到会的老委员老专家，这次是沙博理和沈鹏委员。如同上一届一样，我们把十二届一次会议上委员们积极履职的新闻照片迅速收集整理，编印成新闻摄影纪实通讯录，既有文字又有图片，直观、亲切，便于委员互相认识，加深印象。十一届的通讯录名为《千万不要忘记》，十二届为《五年议政友谊长》。汲取上次的经验，我在每位委员的信息页上、在其阳光笑脸之下，设计了一个委员留言栏，可以留下自己的祝愿和寄语。今年，由于沙老和沈老分别为百岁和八十多岁高龄，我们就先为他们两位的专用册签名题词，到会的委员一个都不落地分别写下了对沙老、沈老的祝福祝愿。

《人民政协报》3月31日在文化周刊发表文章"紧扣文化发展的脉动"，

对此作了关于委员议政的责任与友谊的专栏报道——

"沈老您好，我们来看您了！"

"今年大家都来参会了么？大家都好吧。"

亲切的问候，带着暖意的笑容，这是今年两会结束前一天发生在沈鹏委员家里的一幕。83岁高龄的沈老今年由于身体原因未能现场参加全国政协十二届二次会议，新闻出版界的李东东委员、张丕民委员、艾克拜尔·米吉提委员特地来看望老委员。

……

共同的责任在凝聚智慧的同时，也沟通着情感、增进着友谊。在代表新闻出版界委员看望老委员时，李东东等委员赠送给沈老一本特别的新闻摄影通讯录——《五年议政友谊长》，这本画册以新闻摄影纪实手法记录了新闻出版界委员们在全国政协十二届一次会议期间积极参政议政、努力建言献策的一个个生动瞬间。更特别的是，每个委员都在沈老的专用册里留下了祝福的话语："沈老寿，年年见！""沈老您好！墨香伴您健康长寿。"……

"这是最珍贵的。请你们替我感谢大家。"沈老翻动着通讯录，看着委员们一张张熟悉的笑脸，不住地赞叹。值得一提的是，几天之前委员们去看望近百岁高龄的沙博理委员，沙老看到这本通讯录时，与沈老的反应一模一样，十分珍视这份议政的友谊。他说："你们来，我心里特别高兴，希望大家，尤其是年轻人，把我们的工作做得更好，多付出一点，为国家多做一份贡献，让我们的国家发展得更好。希望国家一切都好，年年往前！"

沙老和沈老都是德高望重的文化老人，一位为中国文化对外传播做出了杰出贡献，一位为弘扬传统文化不懈努力，他们的文化情怀令人佩服、感动。

在对文化发展的热切关注中，委员们的责任和友谊如跳动的音符般，流淌出和谐的乐章……

三月春风里的政协大会过去半年了，新闻出版界委员在大会堂前笑意盈盈的合影已印制成册页给大家留念，会外履职活动仍在继续进行……当我们明年三月再见时，一定又有新的感悟、新的收获，而不变的，始终是这个温暖的大家庭里诚挚的友谊。

（原载于《中国政协》2014年第18期）

相约沙老，明年见！

编者的话：今年是新中国成立65周年，人民政协成立65周年。多年来，政协委员们建言献策、参政议政，在政协这个平台上展现了独特的风采，彼此也结下了深厚的情谊。本刊特刊发全国政协委员李东东的文章，讲述最年长全国政协委员沙博理的精彩故事，以及委员们团结共事的一个个难忘瞬间……

引言：今年春天，“两会”期间的3月8日，政协新闻出版界委员连续第四年前往北京什刹海畔南官房小院去看望沙博理委员。转眼半年过去，秋凉了。

金风送爽之时，新中国成立65周年，人民政协65周年；适值“深化改革元年”，每条战线都在发展变化，每个人都能举出自己生活中的种种特点亮点……而对全国政协委员沙博理来说，最大的变化和亮点应该是——今年底他即将迈进百岁门槛，走入人生极其难得的高寿境界；而我在回想春光里白髮苍苍的沙老时，在得知他已不能到现场（哪怕坐着轮椅）去领取今年夏天获评的“中华图书特殊贡献奖”时，心生感慨，更觉得应小心翼翼地爱戴和守护这位有幸同界别的德高望重的老专家，人民政协目前最高龄、资深的老委员。

参加政协工作，又在文史和学习委员会，我写文章时增加了新意识也添了个“毛病”——增强了“存史”、存“信史”的意识，在提笔时往往不由得下意识寻找“新闻根据”，援引“客观记录”，以使文章事事有出处。如此，这文章便不若纪实抒情散文那样生动细腻，而显得平铺直叙；但或许，也因此能从委员的经历和视角，留下些客观的、点滴的历史记录。

——李东东

他长我父亲三岁，就像父辈一样

2008年春，全国政协第十一届一次会议，我作为新委员加入了新闻出版界这个热气腾腾的温暖的大家庭。这个集体很有特点，从年龄资历说，全国政协最高龄的委员在这儿——沙博理委员；从知名度说，电视屏幕上的“国脸”有几位在这儿——李瑞英、杨澜、海霞委员；从名门之后说，鲁迅和巴金的儿子在这儿——周海婴、李小棠委员……当然，新闻出版界卓有成就的代表性人物都集中在这儿。

而沙博理委员任何时候的出场总会引人注目，一是因为他的年高德劭，二是因为他的洋人面貌。我俩很快熟悉起来，小组会时，常常挨着坐。这是由于沙老年高，身体原因不住会议驻地，但每次小组讨论特别是重要议题的交流，他都尽量参加。这样，每当他非常准时地慢慢地走进会场、微笑着和大家打招呼时，往往我的座位旁边还有空儿；又常常是在讨论开始后、会场安静下来时，我会悄悄地小声向他介绍各方面情况。

以下是人们熟知的关于沙老的传奇——

沙博理，1915年12月23日出生于美国纽约一个犹太人家庭，毕业于圣约翰大学法律系。参加过第二次世界大战，成为美国陆军一名高射炮士兵。后来由于时局的需要，美国决定培养一批军人学习世界语言，沙博理被派去学习中文和中国的历史文化。他的一生从此与中文和中国文化结下不解之缘。

1947年春天，沙博理抱着“到中国看看”的初衷，带着仅有的200美元只身来到上海，令他始料不及的是，从此便在中国扎下了根。刚来中国不久，他就结识了上海著名演员凤子，第二年两人结为夫妇。沙博理曾经说过：“因为凤子，我才能适应并且心满意足地生活在中国，她已成为我的中国。凤子、Phoenix、我的中国的凤凰。我爱上了凤凰，也爱上了中国龙。”沙博理1951年在对外文化联络局工作，1952年到《中国文学》杂志社工作，1972年到《人民画报》社任职。

沙博理主要译著有《水浒传》《新儿女英雄传》《家》《春蚕》《林海雪原》《创业史》《保卫延安》《李有才板话》《孙犁小说选》《小城春秋》《月芽》等著名小说，被赞誉为“红色经典中国翻译家”；他还陆续撰写了自传体著作《一个美国人在中国》和《我的中国》，以及研究中国问题的著述《四川的经济改革》《中国封建社会的刑法》《马海德传》等书，在中国、美国、以色列、新加坡等国出版后反响强烈。

沙博理译作和原著各种文版加在一起达数十册，可谓著作等身。为此，2010年他获得中国翻译协会颁发的“中国翻译文化终身成就奖”，又在2014年荣获“中华图书特殊贡献奖”，成为获得这两项荣誉的唯一一位中国籍美国人。

1963年，由周恩来总理批准，沙博理加入中国国籍，是第一批加入中国籍的外国人。自1983年离休后担任第六届全国政协委员以来连任至今。他始终积极参政议政，常到全国各地考察，履行政协委员职责。由于他为中国对外宣传事业所做的富有成果的工作和为增进中外了解和友谊做出的贡献，曾多次受到党和国家领导人的亲切接见，被誉为“陪伴中国人民走过半个多世纪的真诚朋友”。

而我认识沙老，是在2008年3月3日，政协十一届一次大会开幕之际，我父亲则恰在此前两年的同一天逝世。说实话，从2006年春天起，由于父亲的离世和心中的不舍，我开始格外关注与我父亲同辈而健在的老人，包括父亲的战友和业界的名家，总觉得应当格外珍惜他们，他们只要在我们身边就好，他们多存世一天，就是时代的传奇，就是后人的福气。沙老的浪漫潇洒岁月我只能从书本上了解，我认识的沙老就是位鹤发童颜的慈祥老人，总被委员们围着嘘寒问暖，祝福祝愿；而他90多岁了，还能参政议政，现场出席会议，精神矍铄地和大家切磋交流……如此说来，在小他三四十岁的委员跟前，沙老可不就和父辈一样吗！

代读发言，联名提案

这是2008年3月11日人民网的一则消息加图片《李东东副署长为沙博理老先生“代言”》——

> 新闻出版界的委员中，有一位白发苍苍的老先生，他就是今年93岁高龄的沙博理。在小组讨论政府工作报告之前，沙老先生显然做了充分的准备，打印好了几页纸的讲稿。到他

发言的时候，不知是由于太激动，还是由于年事已高，沙老讲起话来显得有些吃力，这时，坐在他旁边的小组召集人、新闻出版总署副署长李东东征得老先生的同意后帮沙老先生读起了讲稿，会场里顿时响起了李东东委员标准的普通话，清晰、响亮，沙老先生认真听了一会儿后，慢慢摘下眼镜，轻轻放到桌上的材料袋上，放心地当起了“听众”。

我从电脑上查了查会议现场人民网记者拍的照片的基本信息，这个小组会是在当年3月11日，但当时具体讨论什么内容实在无从记忆了。只记得，当时沙博理委员是能够事先有所准备，并明确表示要在会议上发言的。若是能想到两年后沙老不再能参会，这是他最后一次现场发言，帮他留下那两页发言稿作纪念多好!

而另一次被记者拍了张不错的照片的，则是我请沙老在我的提案上联名。这是参会第一年我就建设中国出版博物馆事项的提案，征得了几十位委员的联名。2008年刚刚参加政协会议的时候，经验不足，准确地说还毫无经验，不像后来知道，委员提案可以跨界联名以扩大提案的影响，当时只想着尽可能多地得到新闻出版界这40多位委员的支持。沙老德高望重，极富代表性，又不是每次会议或讨论都能见到，因此3月5日下午，我一定是抓住了他在会场的时机，向他说明了这个提案的由来，“为积极贯彻落实党的十七大对兴起社会主义文化建设新高潮、推动社会主义文化大发展大繁荣做出的战略部署，推动新闻出版公共文化服务体系建设，使人民基本文化权益得到更好保障，我们提议建设中国出版博物馆……”并就建设出版博物馆的必要性和可能性做了解释，沙老认真地听着、了解着、赞同着，欣然提笔联名。

又一年，在十一届二次会议上，沙老提了关于禁止香烟贸易的个人提案和关于发挥文学在对外宣传中的作用的联名提案，我在他的提案上联名；我提交了关于设立国家新闻出版产业发展专项资金的提案，沙老也在我的提案上联名……

四载春光，小院相约年年见

我与沙老共同担任政协委员、一起参加了七次全国政协大会，前三次，2008、2009和2010年，他都是能够到会议现场来参会的，2011年的十一届四次会议，96岁高龄的沙老请假，没有现身大会和小组会现场，我们新闻出版界委员利用会议休息时间，带着鲜花和水果，带着委员们的心意前去看望，祝福他的同时，盼望与他明年见……这一看，就看了四年，直至今春3月8日，十二届二次会议期间，我们再次去往他在什刹海畔的小院，相约“明年见”！

这里摘录几段有关报道和文章。

2011年3月14日《中国新闻出版报》——

> 两会期间，全国政协委员、新闻出版总署副署长李东东、《中国日报》副总编辑黄庆等新闻出版界别委员分别到著名翻译家沙博理委员、鲁迅之子周海婴委员家中探望慰问。由于身体原因，两位委员今年未能参加两会。
>
> “新闻出版界别委员特别委托我们来探望您，祝您健康长寿。”3月13日，李东东等委员一进门就向沙博理委员问好。李东东说，总结“十一五”、规划“十二五”是今年全国两会的重要内容，“十一五”期间，新闻出版业取得了可喜成绩，在“十二五”起航之际，我们格外珍惜今天来之不易的成果。老同志为新闻出版事业的发展付出了大量心血、汗水和智慧，我们要学习老一辈新闻出版人胸怀大局、无私奉献、全心全意谋发展的精神。
>
> 李东东还向沙博理介绍了新闻出版界别在两会期间的主要工作及下一步计划。她说，为在闭会期间更好履行委员职责、发挥新闻出版界别作用，今年，新闻出版界别委员将依托全国政协教科文卫体委员会，开展3场调研活动，涉及内容包括全媒体融合发展、文史档案、军地文化交流等方面。
>
> “两会期间，我每天都看电视、上网，等于和你们一起参

加了两会，我很想念大家。”96岁高龄的沙博理委员告诉前来探望的委员们。临别时，沙博理委员为新闻出版界别委员写下“相约年年见”，他说，“我要留点儿劲，继续跟你们学习、讨论。”

2012年3月13日人民网——

3月12日，全国政协委员李东东、黄国柱、杨澜、范冰冰、龚亚夫等来到全国政协委员、著名翻译家沙博理家中探望慰问。李东东等委员代表全国政协新闻出版界委员祝愿沙老健康长寿。

……

97岁高龄的沙老对此表示感谢，他说：“今年我虽然没有到大会现场，但关于两会的新闻，我每天都通过电视、广播、网络密切关注。我很想念各位新闻出版界委员，每天在心里和你们一起参政议政。希望继续与大家一起学习、交流，努力履行委员的职责。”

李东东代表新闻出版界委员向沙老赠送了她组织编纂的《参政五载　朋友一生》，该画册以新闻摄影纪实手法记录了新闻出版界委员们在十一届政协期间关注社情民意，积极参政议政，努力建言献策，加强团结友谊的一个个生动瞬间，充分体现了人民政协事业团结和谐、务实进取、蓬勃发展的良好局面。

“朋友是生活中的阳光，祝您天天快乐”，“祝沙老青春永驻”……临别前，前来看望的每位委员都向沙老表示了美好祝愿。委员们和沙老都表示，“相约年年见”。外文局常务副局长郭晓勇介绍，沙老现在还每天笔耕不辍，积极向海外说明中国。沙老谦虚地表示，“我在国外有很多朋友，我解释更好一些，能干点儿就多干点儿”。

2013年3月14日，新闻出版界委员艾克拜尔·米吉提文章《我们怎么笑》——

那天上午，我和李东东、黄友义、唐宁几位委员来到什刹海旁的南官房胡同，看望98岁的全国政协委员、著名美裔翻译家沙博理先生。

……

这是一个老北京僻静的小四合院，进门便是一个照壁，照壁上写着一个端庄饱满的“福”字。绕过照壁，便是一个精巧的院落，有几株植物在小小的院落里迎风摇曳，期待着春天的来临，我想，稍待几日，便会鲜花怒放，把这个院落点缀得春意盎然。而靠近屋门台阶前有一棵古柏，无声地叙说着它所目睹的无数寒暑。

进得屋来，在正屋里已经有几位记者和客人等待。沙博理先生却深坐于沙发，放大了声音在看电视新闻。虽然由于身体原因，他没有到大会现场，但是每天通过电视密切关注着两会。

“沙老，我们又来看望您了！”李东东委员是沙博理先生的老朋友了，她大声说着，走向沙发中的老人。我隐隐有些担忧，耄耋老人能否站立。显然，我的担忧是多余的，老人站了起来，与李东东委员相拥相见。老人家面色白里透红，精神矍铄。“今年是政协换届大会，新闻出版界别新委员很多，我给您带来了几位新朋友。”李东东委员说着，将我们几位一一介绍给沙博理先生。

……

从2011年起，每年两会期间利用休息时间看望沙老，已成为新闻出版界别的固定活动。他说，自己很想去参加会议，但是医生不让出门。他现在视力不太好，很想看些东西，但是不行。前不久在协和医院已经做了两次手术了，过几天还要做。我们都由衷地祝福他老人家长命百岁。他说，对我来说，已经活到98岁了，生命可能还有几年，几个月，几天，或者几个小时。但是这不要紧，要紧的是，还能和你们这些新老朋友们相见。我注意到他胸前佩戴着政协会徽，此刻，工作人员又为他戴上了本次会议出席证。他高兴地说："我非常想和你们一起学习、研究和讨论"，"我保证，只要能活一天，我就做一天的'螺丝钉'。""螺丝钉"精神，其实也是雷锋精神，从那个年代走过来的人，对这种精神记忆犹新。多么可爱的老人。……

2014年3月9日，人民网图文报道《沙老，我们相约明年见！》——

3月的北京，春风拂面。位于什刹海南官房胡同一座安静的小四合院比平时多了份热闹。利用会议休息时间，全国政协委员王国庆、李东东、黄国柱、黄友义等来到全国政协委员、著名翻译家沙博理家中探望慰问，转达新闻出版界委员的问候与祝福。

99岁高龄的沙老在家人的搀扶下走进客厅，李东东上前拥抱老人，动情地说，"我是东东，我们新闻出版界的委员又来看您了！""我们之前说好的，相约年年见！"扶着沙老坐稳后，李东东小心仔细地帮沙老戴好今年政协会议的委员出席证。环顾围桌落座的客人，沙老露出笑容："来了这么多朋友，你们来看我，我心里特别高兴！谢谢你们！"

"沙老，我是新委员。"王国庆自报家门说道，"我很荣幸能和您这位德高望重的老委员一同探讨国家大事。"他向沙老介绍了本次会议的有关情况，以及新闻出版界委员围绕政府工作报告和业界改革发展进行的相关讨论及提出的建议，并表示随时向沙老征询意见和建议。

李东东拿出了由她牵头编撰的《五年议政友谊长》，这本委员通讯录以新闻摄影纪实手法记录了十二届新闻出版界委员们在十二届一次会议期间积极参政议政、努力建言献策的一个个生动瞬间。“沙老，您看看，十二届政协咱们新闻出版界的每位委员都为您写了一句祝福的话，大家都很惦念您!”“祝贺沙老五十公岁寿辰，祝您向一百公岁迈进！——卞晋平”；“期颐之年，寿比南山！——韦建桦”；“祝您幸福舒心！——白岩松”。李东东一边翻着画册，一边为沙老读着祝福，沙老不时露出会心的笑容。

“大家相聚一堂，这个机会很难得，我特别感谢也特别高兴，也祝大家快乐健康。我期待年年如此，年年和朋友们见面。希望大家、尤其是年轻人，把我们的工作做得更好。希望国家一切都好，年年向前!”阳光暖暖地照进来，洒在老人的脸上。在老人心中，中国就是自己的家。

这就是七年来我的政协工作经历中的几个小片段，在春光里履职、在春风中感慨的那一张张小画面。年底，就要为沙老过百岁诞辰了。那时，我们更要祝愿新闻出版界的常青树沙博理委员，寿比南山，明年见!

（原载于《人民政协报》2014年9月29日）

相约沙老，明年见！

编者的话：这是全国政协委员、原新闻出版总署副署长、中国新闻文化促进会会长李东东为本刊撰写的文章，讲述全国政协最年长的外裔委员沙博理认真行使政协委员权利，忠实履行政协委员职责，及自己与沙老之间的交往。本意是迎接即将到来的沙老99岁寿辰，但令人深感遗憾的是，文章编撰之际，98岁的沙老于2014年10月18日8时30分在北京家中安详辞世。闻此噩耗，李东东同志和编辑部扼腕叹息之余，决定将此文重新编辑刊发，以此悼念并缅怀沙老。

今年春天，全国“两会”期间的3月8日，政协新闻出版界委员连续第四年前往北京什刹海畔南官房小院去看望沙博理委员。转眼半年多过去，秋凉了。

金风送爽之时，新中国成立65周年，人民政协65周年，几家报刊分别约我写文章，而我下意识的选择不是写我父亲李庄，而是写与我父亲同辈的沙老——同在新闻出版界别的全国政协委员沙博理，已步入人生极其难得的高寿境界，并且是任期最长、年龄最大的现任外裔全国政协委员。而我在回想白髮苍苍的沙老今春身体已明显消瘦。在得知他已不能到现场（哪怕坐着轮椅）去领取今年夏天获评的“中华图书特殊贡献奖”时，心生感慨，觉得更应小心翼翼地爱戴和守护这位有幸同界别的德高望重的老专家，人民政协目前最高龄、资深的老委员。

他像慈祥的父辈一样

2008年春，全国政协十一届一次会议，我作为新委员加入了新闻出版界这个温暖的大家庭。这个集体很有特点，从年龄资历说，全国政协最高龄的委员在这儿——沙博理委员；从知名度说，电视屏幕上的“国脸”有几位在这儿——李瑞英、杨澜、海霞委员；从名门之后说，鲁迅和巴金的儿子在这儿——周海婴、李小棠委员……当然，新闻出版界卓有成就的代表性人物都集中在这儿。

而沙博理委员任何时候的出场总会引人注目，一是因为他的年高德劭，二是因为他的洋人面貌。我俩很快熟悉起来，小组会时，常常挨着坐。沙老由于身体原因不住会议驻地，但每次小组讨论特别是重要议题的交流，他都尽量参加。

沙老一生传奇：1915年12月23日出生于美国纽约一个犹太人家庭，毕业于圣约翰大学法律系，参加过第二次世界大战。1947年4月，沙博理来到上海，从此便在中国扎下了根。新中国成立之时，沙博理在对外文化联络局工作，1972年到人民画报社任职。1963年，由周恩来总理批准，沙博理加入中国国籍。自1983年离休后担任第六届全国政协委员以来，始终积极参政议政。

而我认识沙老，是在2008年3月3日，全国政协十一届一次大会开幕之际。我父亲则恰在两年前的同一天逝世，这就使我不由得格外关注与我父亲同代而健在的新闻出版界老人。我认识的沙博理委员，就是这样一位鹤发童颜的慈祥老人，总被委员们围着嘘寒问暖；他90多岁了，还能参政议政，现场出席会议，精神矍铄地和大家切磋交流……如此说来，在小他三四十岁的委员跟前，沙老可不就和父辈一样吗！

代读发言，联名提案

在2008年3月11日召开的全国政协新闻出版界小组会上，讨论开始之前，可以看出93岁高龄的沙老显然做了充分的准备，打印好了几页纸的讲稿。到他发言的时候，可能是由于太激动，或是年事已高，我感到坐在旁边的沙老拿着稿子的手有点儿抖，讲起话来也显得有些吃力。在征得老先生的同意后，我就帮沙老先生读起了讲稿。

当时人民网记者现场拍摄了照片、作了图文特写报道，可惜那天具体讨论什么内容我实在无从记忆了。若是能想到两年后沙老不再能参会，这是他最后一次现场发言，帮他留下那两页发言稿作纪念该有多好！

而另一次被记者拍了张不错的照片，则是我请沙老在我的提案上联名。参会第一年我的两个提案中，其一是就建设中国出版博物馆事项的提案，征得了几十位委员的联名。沙老德高望重，极富代表性，又不是每次会议或讨论都能见到，因此3月5日下午，我一定是抓住了他在会场的时机，向他说明了这个提案的由来，“为积极贯彻落实党的十七大对推动社会主义文化大发展大繁荣做出的战略部署，推动新闻出版公共文化服务体系建设，使人民基本文化权益得到更好保障，我们提议建设中国出版博物馆……”并就建设出版博物馆的必要性和可能性做了解释，沙老认真地听着、了解着、赞同着，欣然提笔联名。

又一年，在全国政协十一届二次会议上，沙老提了关于禁止香烟贸易的个人提案和关于发挥文学在对外宣传中的作用的联名提案，我在他的提案上联名；我提交了关于设立国家新闻出版产业发展专项资金的提案，沙老也在我的提案上联名……

四载春光，小院祝福

我与沙老共同担任政协委员、一起参加了七次全国政协大会，前三次，2008年、2009年和2010年，他都是能够到会议现场来参会的。2011年的十一届四次会议，96岁高龄的沙老请假了。我们新闻出版界委员利用会议休息时间，带着鲜花和水果前去看望……这一看，就连续看了四年，直至今春3月8日，全国政协十二届二次会议期间，我们再次去往他在北京什刹海畔的小院，仍然相约“明年见”！

从2011年起，每年两会期间利用休息时间看望沙老，已成为新闻出版界别的固定活动。他每年都兴奋地等着大家，说自己很想去参加会议，但是医生不让出门了。我们一方面向他介绍大会的情况和业界的改革发展，同时都由衷地祝福老人家长命百岁。他说：“对我来说，已经活到98岁了，生命可能还有几年，几个月，几天，或者几个小时。但是这不要紧，要紧的是，还能和你们这些新老朋友们相见。”他还曾动情地说：“我非常想和你们一起学习、研究和讨论”，“我保证，只要能活一天，我就做一天的‘螺丝钉’”。“螺丝钉”精神，就是雷锋精神，我们这些从那个年代走过来的人，对这种精神记忆犹新。多么可敬可爱的老人……

今年3月8日的看望，98岁高龄的沙老是在家人的搀扶下慢慢走进客厅的，较之以往几年，我心中顿感他的身体情况变化之大，但仍笑着对他说："我们新闻出版界的委员又来看您了，我们去年说好的，相约年年见！"扶沙老坐稳后，我仔细地帮沙老戴好今年政协会议的委员出席证。环顾围桌落座的客人，沙老露出笑容："来了这么多朋友，你们来看我，我心里特别高兴！谢谢你们！"

沙老笑眯眯地接过界别女委员祝福他的玫瑰花后，仔细地看着我们新闻出版界别新的通讯录《五年议政友谊长》，这本委员通讯录以新闻摄影纪实手法记录了全国政协十二届新闻出版界委员们在一次会议期间积极参政议政、努力建言献策的一个个生动瞬间。"沙老，您看看，全国政协十二届咱们新闻出版界的每位委员都为您写了一句祝福的话，大家都很惦念您！""期颐之年，寿比南山！——韦建桦"，"祝沙老健康长寿！——万捷"，"祝您幸福舒心！——白岩松"……

"大家相聚一堂，这个机会很难得，我特别感谢也特别高兴，也祝大家快乐健康。我期待年年如此，年年和朋友们见面。希望大家、尤其是年轻人，把我们的工作做得更好。希望国家一切都好，年年向前！"阳光暖暖地洒在老人脸上，在老人心中，中国就是自己温暖的家。

临别前，委员们纷纷送上自己对沙老的良好祝愿，并表示一定把沙老的祝福带给大家，要像老一辈委员那样认真履职，做好本职工作，为建设社会主义文化强国，实现伟大的中国梦贡献自己的力量。

春光里，春风起，那令人感动的画面已定格在记忆深处；秋色浓，秋风劲，沙老驾鹤乘风，永远离开了我们。我的第五年、第六年、年年接着去看望他的心愿也不能实现了。斯人已去，浩浩长风，沙博理委员的真挚热忱、儒雅淡定，他为人为文的崇高境界和奉献精神，将永远激励我们前行。

（原载于《人民画报》2014年第11期）

云淡风轻镇北堡

2014年8月27日，“民族团结宁夏行”全国媒体大型宣传报道活动启动仪式在银川举行。这个活动是由中国报业协会、宁夏党委宣传部、自治区民委、宁夏日报报业集团共同举办的，我代表中国报协出席了会议。这是我调任北京离开宁夏七年多时间里，第五次回宁夏参加活动。宁夏的同志们在安排我的行程时，告诉我很多朋友想见我，问我要见谁？我也说了不少朋友的名字，有的想一起聚聚，有的准备前去看望。其中之一，是宁夏文联原主席、著名作家张贤亮。但贤亮同志当时不在银川，家人告知正在北京治病，这次就见不到了……岂料，一个月后的9月27日，张贤亮同志因病逝世。

当日，参与治丧工作的宁夏文联副主席哈若蕙同志即与我通讯通话；次日，我与正在殡仪馆守灵的贤亮夫人冯剑华同志通了电话。我们回顾了我在宁夏工作五年间团结共事、亲切交往的历程；因从事宁夏的宣传文化工作相识并共同奋斗，因奋斗和相知建立友谊；斯人已去，长风浩荡，宁夏文学事业长在，我们的真挚友谊长在。

《朔方》杂志要组织编写关于张贤亮同志的纪念专号，约我写文章，这就勾连起了我的一段思绪、一本已有构思尚未提笔的小书——我的宁夏岁月。其中，与宁夏老中青几代文化人的交往与友谊，与宁夏文学和文化代表性人物、著名作家张贤亮的工作交流，应该是其中的重要情节。眼下这篇文章，就算是书中一小段未及铺展的片段吧！

一份事业

我之所以从“云淡风轻镇北堡”谈起，是因为我和时任宁夏文联主席张贤亮同志的工作交往，主要是在宁夏文学事业、文化工作、大而至于宣传思想战线，而那期间与贤亮同志有交集的许多活动、许多交谈，又常常是在镇北堡西部影城——宁夏文化和旅游的重要标志点进行。2002年5月中旬，我在履任宁夏党委常委、宣传部长不到一个月时，陪同时任自治区党委书记陈建国同志赴镇北堡调研，看望张贤亮同志；之后数年，开会、办活动、陪客人参观考察、年节探访，来来往往难以记叙，但贺兰山前阴晴雨雪，堡子内外生气勃勃，却是深深留存于记忆中的。

我任职宁夏的前半段，张贤亮同志任宁夏文联主席；后半段，任名誉主席。不论当现职主席还是名誉主席，贤亮同志都不在银川城里办公，而是住在办得有声有色的镇北堡西部影城，精雕细琢着事业，有滋有味地生活。而我，除了在自治区其他会议场合共同出席活动，很少在自治区党委自己的办公室约见张贤亮主席，一般情况下多是我去镇北堡。那两个明清时代的堡子在银川市区西北、贺兰山前，地势比城区稍高。他要找我谈工作或我有事与他商讨，他往往会在电话中这样问：你上来，还是我下去？多数时候我会说，我上去吧！一方面，这是对老同志、对文化名人的尊重，同时，在云淡风轻的贺兰山前，在地阔天高的堡子说说话，心情也变得地阔天高。

因为张贤亮同志对宁夏文学、对中国文学的重大影响，也因为我对宁夏老中青几代文化人的尊重，我们之间始终不以领导被领导的感觉相处。我在宁夏工作两周时到文联调研座谈，一个月时到镇北堡调研，两个月时与贤亮同志一道在央视做节目宣传宁夏旅游……那时我总是提醒自己，我到宁夏才几十天，而张主席在宁夏已几十年，无论从阅历、经验还是学识，我都有太多需要虚心请教之处。由是，无论是在清堡小院书房里喝茶，还是在堡子里散步，我们的交流绝大多数时间是听他睿智、幽默间或犀利的侃侃而谈——谈宁夏文化事业发展，谈扭转不良社会风气，谈文学创作，谈经营堡子，谈过去的苦难，谈未来的打算……

他对自己人生经历的坦诚回顾，优渥的童年，多舛的青年，奋斗而成功的中年，那种种苦中有乐的细节，总是很吸引我陷入沉思；他的不断发展镇北堡的宏图大计，是当时他最乐于最长于谈及的话题，而他请我帮助协调银川市拆除堡子外一处影响西部“荒凉”景观的现代建筑的要求，很遗憾最终没能实现；他说他虽然是中国作家中经商最成功的，但最终不会放下作家的笔，忙过这几年，他还要继续自己的写作计划，我说我等着看你人生最厚积薄发的璀璨之笔……

终于有一次，我忍不住就我们俩的现实状况发表了八个字的感慨：你是神仙高卧，我是俗务缠身啊！是的，作为党委常委、宣传部长，我必须恪尽职守、完成好上级交给我的诸般任务：组织指挥协调运作，上山下乡深入基层，发展宁夏文化事业，爱护宣传战线干部……在宁夏负重爬坡、加速发展的关键时期，自治区党委书记对每个常委分管的那摊事，都是丝毫不能讲条件的“抓落实，拿结果”！就是再羡慕主席的“神仙高卧”，我也得一天十几小时、一周七天不容懈怠地埋首公务。

理论教育、社会宣传、新闻出版、文学艺术、精神文明建设……宁夏宣传文化战线抖擞精神推进事业发展，许多过去不敢想的思路想到了，过去没条件做的事情做成了。宁夏文联、作协坚守西部情结又走出西部内陆，进京、出区办活动的同时，也大力吸引国家级和跨省性活动办到宁夏、办到银川，其中有些活动就办到了镇北堡、办进了百花堂，中国作协六届八次会议，第十三届中国金鸡百花电影节——中国电影论坛学术研讨会，镇北堡西部影城文学艺术奖颁奖会，等等活动，相继在西部影城举办。

一篇文章

地方工作的繁忙、辛劳与同志间的亲近、温暖，我是在张家界当市委副书记时就体验过的；在宁夏，赶上西部扶后发优势追赶全国、加速发展时期，更是时不我待，争先恐后。每天“两眼一睁，忙到熄灯”，我那点儿文人习气再度被修理掉了但也还保留了点儿，按我爸爸要求的，做领导工作时也不要放下手中的笔——于是在调任宁夏工作四个月左右时，焚膏继晷地找了一个多月辛苦，夜深人静爬罗剔抉，写了《宁夏赋》。《宁夏赋》于壬午中秋也就是2002年9月21日在《人民日报》《宁夏日报》发表后，张贤亮及其夫人冯剑华同志，以及宁夏许多同志都很明确地向我表示，原来李常委除了做党政领导工作，还是我们文化界的人。

其后的2003年春夏，我出了一本散文集《远离北京的地方》，贤亮同志为之作序，也就是后来收入他的散文集《中国文人的另一种思路》一书中的《我眼中的女作家李东东》一文，文中这样写道——

> 我已连任了五届全国政协委员，我以为将“两会”称为“名利场”不算错。随着我国社会主义政治体制改革的逐步深入，这个“名利场”的特点越来越显著，如果来自全国各地的代表委员

们不趁此机会运用自己的能量为自己的选区扬名，为自己选区的人民群众争取利益，反而算失职了。而要能扬名获利，就离不开传媒。于是，各大媒体的记者就活跃在“两会”的会内会外。东东虽是《中国改革报》的负责人，不是驻会记者，但我在好几处小型聚会都见过她的身影。她善于倾听，也就是说她会和蔼可亲地、机敏地用一两句话引导谈话对象的话题，并能敏锐地把握谈话者的谈话要点。她的话不多，而我从她的微笑中可看出她每次与谈话对象的交谈都有所收获。那时她给我的印象是“这个女人不寻常”，但我还不知道她能写。

后来，她调到宁夏工作，却成了我的领导，我们两人见面相视一笑，大概都觉得这个世界太小了。既然是我的领导就须到宁夏文联机关及各个艺术协会讲话，她同样是和蔼可亲的，同样是机敏的，没有官话套话，既说且听，经过几次会议我又发现她不仅会听还会说。尤其是有一次我随她到北京给宁夏做宣传，在中央电视台、北京大学这种高层次文化场合，面对主持人、记者和教师学生的发问，她也能即席侃侃而谈，展示出作为一个宣传官员的干练。

虽然这也需要有较高的知识素养，但我仍然没有发现她还能写。发现她的文学创作才能，已是读到她的《宁夏赋》的时候。现在的作家都不愿用俳赋的形式写散文，字少，稿酬既少难度又大。尽管现代化了的文赋已不像古代律赋那样要求严格，用韵比较自由，可是它总是从古代俳赋、骈赋发展而成的一种文体，基本上要继承一定的格式：参差的句式要以四、六言为主，字词要精练，意象要高度浓缩，因而必须反复推敲，惜字如金，同时音调要铿锵，通篇语言文字须有节奏感和韵律。而在《宁夏赋》中，东东表现了她对汉语驾轻就熟的功力，掌握了文赋夹议述理、叙事写景融为一体的特点。这就不禁让我投之青眼了。

不久，我又读到东东的白话体散文。应该说，能让我读下去并且感觉到阅读的愉快的是她的文笔。东东没有像今天众多时尚散文家那样，去媚俗地追求唯美主义，她不用华丽的辞藻刻意把文章打扮得炫然闪烁。她显然走的是平实的路子，如涓涓细流，雨打芭蕉，如泣如诉，玉盘倾珠，推心置腹。当我读到这样的话：“人们都说时间会磨平一切，这种意思，也没少记述在古今中外的圣贤之书里。但是对此要有真正的体会，则一定是自己经历了，并且在很久之后，心情平复的时候。今天当我回忆当年的一切，感到那么幼稚、有趣、有意思，可这轻轻的‘有意思’三个字，所涵盖的那5年岁月，对于‘大革命’中一个父亲受冲击的地方干部子女，当时，却常常感到生命中不能承受之重。”（《我也曾是一个兵》）我就感到从文字中有扑面而来的沧桑。她文章中几乎所有的词都没有意象，而是直指，但词组合成句，再组合成篇时，就能让读者觉得有言外之意。和她的文赋体的散文一样，引杜牧在《答庄充书》中的话为标准：“意全胜者，辞愈朴而文愈高；意不胜者，辞愈华而文愈鄙。”因为她的“意全胜”，所以她的“辞愈朴”。

我想，这几段文字已经清楚地表明了贤亮同志对我写文章的鼓励和指点，我感谢他的心意和妙笔。但我另外想到的是，读者可能会问，地方党政工作忙都忙不过来，写篇赋也罢了，怎么还有时间有精力写文章、出书？说起来那还真是个意外、一个小小的“机遇”。

2003年2月底到5月上旬，我有幸参加了此生第一次党校学习——中央党校第34期省部班，也就是空前绝后戴着口罩毕业的“非典”班。5月的宁夏，正因防治“非典”工作严防死守成效显著受到中央表扬，对我这等从北京“疫区”回来的个别分子更是严阵以待，卫生厅保健局给出三条道路选择，在机场落地、测试过体温后立即执行——住医院，住宾馆，住党委宿舍小院，一天数次记录体温，完全隔离12天。我毫不犹豫地选择了回我的小院儿，由司机小马一天三顿打开院门、隔着楼门送饭。我心安理得地享受着组织上给予的空前绝后的待遇，悠闲地看了两天书后，突感有点儿不对头，大好时光不能闲抛虚掷，于是一惊而起，开始了十天的爬格子奋斗……

以这十天奋斗的成果为基础，又加上其后月余的夜深人静爬罗剔抉，无意中成就了行政工作忙忙碌碌多年来难以做成的事情，也无意中使张贤亮、冯剑华等许多同志朋友认了我这个文友。

一番探讨

而另一次，我孜孜以求做宁夏文学界“后勤部长”的辛勤劳动成果，却没有得到张主席的积极肯定。我兴致勃勃地告诉他，正在如何报告自治区党委书记、协调相关组织人事部门，调整和加强自治区文联特别是作协的工作机构和领导力量；如何费尽周折，正在把获得春天文学奖和其他多种文学奖项的一位少数民族青年作家从西吉调银川，调入《朔方》杂志编辑部当编辑，我把这种调动视为对文化战线优秀人才进一步培养、向优秀人才提供更好的发展环境的导向性行为来看待。

作为老一代作家代表，张贤亮同志不完全同意我的做法，甚至半开玩笑地对我说，东东常委，你是苦心做了不少工作，可要小心别把宁夏的文学事业砸在你手上！我说此话怎讲？他说，高尔基有句名言：苦难是一所最好的大学，我就上的是这所大学；你太过呵护年轻作家了，为他们创造的条件太好了，温室里的花朵不经风雨，没有了艰难困苦的锤炼，怎么写得出生活呢？

是的，他说得对，“艰难困苦，玉汝于成”，贤亮同志本人就是惨烈的政治环境和生活境遇催迫出的思想大家和文学奇才，而我对宁夏文学的认识，对西北大漠高天的憧憬，对人生命途多舛的瞠目，就是从20世纪80年代读他的小说开始的，《灵与肉》《肖尔布拉克》《绿化树》和《男人的一半是女人》……但怎么也不会想到的是，20年后会坐在小说中的“镇南堡”——现实中的镇北堡里，听他讲那过去的故事：当年在银川西北有两个农场，西湖农场是劳改农场，南梁农场是普通农场，一路之隔，西湖在南，南梁在北。运动来了，政治风声紧了，他就被发往路南，在西湖监控改造；运动过去了，风声缓和了，他又被送过路北，在南梁劳动、生活。

他曾问我，你能想到是什么原因使我写出这些人性的极致吗？我试着回答，政治上极度苦难？他笑了：不对，是饥饿，极度的饥饿！他说，在你那个家庭、你那个年纪，再怎么说和全国人民一样经历过三年困难时期，也不会有多大饿肚子的体会；可你看看我写的，人为了吃到一根黄萝卜动的心思，就知道什么是困窘的卑微的人生；而再穷再苦，人也不愿放弃人生……

我真的太过惊异于他的经历和见解，可我还是很难想象，在新的历史时期，如何再用艰难与惨烈的生活体验来造就文学人才，至少我认为这已很不现实。于是，我坚持把曾在天山草原放过马、在巴颜喀拉山淘过金、揣着本新华字典浪迹大西北的了一容调进了银川，因为，银川不仅生活条件好得多，子女教育环境好得多，更重要的是，这“世界”毕竟大得多了。

石舒清、陈继明、金瓯、张学东、郭文斌、了一容……张贤亮这棵大树之后成长起来的“三棵树”和一片文学林，已经形成新的历史时期的新的文学宁夏现象，当时我认定，我所应当做的，是与宣传文化战线的各级领导干部一道，珍视当今快节奏、比较浮躁的生活中西北大地这片清新宁静的文学林，把爱惜宁夏文学人才作为事业来坚守，时时为之浇水、培土、遮风、挡雨。记不得这是不是我们交换意见中的唯一一次观点不大相同，但我知道，作为深深热爱并倾心回报宁夏这片故土的文学家企业家，从爱护人才、发展文学事业的根本来讲，张贤亮同志与我的观点是一致的。

一次治疗

宁夏有着西北内陆地区气候上的明显特点，6、7、8、9月是最好的季节，故而也是我们各级干部在工作、会议、接待等几方面任务叠加之下，最为繁忙的时候。2005年夏末的一天，我陪着北京来的一位部长参观考察镇北堡西部影城，因为客人提出想拜望、结识著名作家张贤亮，宣传部便与贤亮同志约了11点到他家拜访。

镇北堡分南北两堡，是中国重要的影视基地之一，《牧马人》《红高粱》《黄河谣》等一批中国电影从这里走向了世界，也留下了“黄金月亮门”“新龙门客栈”“都督府”等经典场景，还有惟妙惟肖的集市一条街，以及展示北方民俗、收藏古董级家具的院落，吸引着来自海内外的大量游客。建于明朝的明城堡在南，建于清朝的清城堡在北，贤亮同志家小院就建在清堡北端。我们安排客人参观路线，特别是客人提出想拜访著名作家张贤亮时，便经常是先南堡后北堡，最后到达张主席家。

或许是连日太累，或许是早上天凉，那天正在明堡参观，不到10点，我突感腹痛，迅速加剧，一时疼得浑身冷汗，眼看要走不动了。实在不想使客人扫兴，我说部里临时有个事情需要处理一下，由副部长陪着在两个堡子多走走多看看，11点我们在北边的清堡、张贤亮主席家院子会合。

望着客人一行渐远的背影，办公室主任扶着我慢慢向城门挪动，一边开始给贤亮同志打电话。我问他眼下在堡子什么地方？我马上就过北堡、到他家去。贤亮同志接起电话说，我不在堡子里，咱们约的是11点我没记错吧？刚好有个事今早我下来到党委来了，现在正往回走，肯定提前到家不误接待。又问我要提前到，是不是发生什么事了？知道他正在开车，我就简要说了说眼下我的突发情况，告诉他我得到他那儿先缓缓，我没有让客人觉察，客人仍是11点到……

张主席开车，在银川是有名的绝对安全，因为他开着配置、性能俱佳的宝马，却从不超车，哪怕在车迹稀少的沿山公路，哪怕长时间慢慢跟在一辆晃晃悠悠的大货车后——这是我曾坐他的车倍觉放心的实地体验。如此，他就从容地边开车边同我讲，你这是累着了凉着了，让他们马上送你过来北堡，我这就告诉家里开院门等着；给你准备一杯热水，你进屋喝了热水就在那个软的长沙发上躺下蜷一会儿，一定蜷起来千万别挺着；我这会儿已经开过军区了，很快就回来，我回来给你吃药，家里治胃肠痉挛、急腹痛的药好多种，吃对了药不用半小时就能缓过来……

就这样，在一个小时时间里，我经历了喝热水、蜷缩休息、正确用药的民间科学治疗过程，在客人11点到来之时，就像什么都没有发生一样，与张主席一道，在小院儿的庭园里迎接客人，聚会欢谈。

在明堡的百花堂开会，在清堡的小院叙谈，在春光里，在雪影中……岁月悠悠，当年在镇北堡的一次次活动、一次次聚会，转眼间是距今十年上下的事情了。贤亮同志驾鹤，是在镇北堡；他后半生的事业和牵念，也是在镇北堡。这一曾因“出卖荒凉”而著名的文化现象，岂知不是创作者对西北热土的无限情怀。不论后世如何评价这位作家里最成功的商人、商人里最成功的作家，都应当记得他是“宁夏的名片”，都不会忘记他对宁夏山川大地父老乡亲的热爱，对宁夏文学和文化建设的巨大贡献，以及在中国文学史上的独树一帜、浓墨重彩。

（原载于《朔方》2014年第11期）

留住中华民族的“集体乡愁”

作为全国政协新闻出版界委员、文史和学习委员会委员，2014年笔者参加了“加快推动传统媒体和新兴媒体融合发展”和“传统村落的保护与利用”专题调研活动。对后者，虽然远不如对新闻出版熟悉，远不如研究多年的专家学者，但经过赴江西、山西的实地考察，仍激起了内心很大的震撼，感到无论从学习研究的角度还是从建言献策的责任，有些认识和建议很想与大家交流切磋。

传统村落是中华民族的“集体乡愁”

2013年12月，习近平总书记在中央城镇化工作会议的讲话中提到了“乡愁”，强调要让百姓“望得见山、看得见水、记得住乡愁”。对此笔者深有感触，乡愁是要具体到个人的感受的，承载乡愁的家乡，是大年三十千里万里一定要回归的地方。神州大地、中华儿女，每个人的乡愁在哪里？我的乡愁在哪里？我们这些在新中国成立后出生并成长于北京的一代人以及我们的后代，应当怎样感受乡愁呢？

回忆几十年的人生经历和情感深处的印记，似乎还是儿时经历中的胡同和四合院儿，北海的白塔和绿树红墙，能留住我们这代人的乡愁——实际上是老北京风情的浓浓记忆。从这个意义上讲，传统村落可以说是中华民族、中华儿女的“集体乡愁”，或说是中华数千年耕读文化的集体记忆。

传统村落是中华耕读文化千年传承的硕果，是中国传统建筑精髓的重要组成部分，真实地反映了农业文明时代的乡村经济和极富人情味儿的社会生活。正如有学者这样概括：它们是中国乡村社会的缩影，因其深厚的文化积淀、丰富的历史信息、意境深远的文化景观，而具有“史考”的实证价值、

"史鉴"的研究价值、"史貌"的审美价值。

村落是什么？是村口门楼上高悬着的斑驳青砖，是过年时村中心比肩接踵的老戏台，是洒满乡间俚语、欢声笑语的那片田埂……"斜阳照墟落，穷巷牛羊归。野老念牧童，倚杖候荆扉。""绿树村边合，青山郭外斜。开轩面场圃，把酒话桑麻。"我们每个人从启蒙之时就开始诵读的唐诗宋词，以美丽的文辞描绘了村落所负载的农耕文明的景观与生机，教会了一代又一代人去感受传统村落蕴涵的中华民族血脉中生生不息的文化基因。

中华大地上历数千年难能可贵留存至今的数千传统村落，对耕读文明历史的传承直观、立体，比文字记载更准确、真实，实在不应该让它们在我们这代人手中消失，不能让后代子孙只能在出版物、在文字和影像中来想象它们的样子。

认真汲取发展建设中的历史经验教训

在当前新一轮城镇化进程中，笔者感到迫切需要认真汲取新中国成立65年来建设发展过程中的历史经验教训，千万别让传统村落在开发建设中消亡；同时还应避免在保护和改造中淡化了人文因素，使原有的乡村古朴风貌和风土人情丧失殆尽，变成符号式的、博物馆式的村落。笔者赞成这样的提法，叫作"死保"传统乡村这个"活化石"。

在讨论传统村落保护利用时，不由自主联想到北京城半个多世纪的变迁。我们这一代人亲身经历了从20世纪50年代到21世纪初北京城的大拆大建，在取得巨大建设成就的同时不能不正视，几代人对百年老北京文化积淀消逝的失落感也与日俱增。这种经历、惆怅和遗憾，既是北京人的，也是无数中华儿女的。台湾作家龙应台在20世纪80年代访问北京后就曾感叹："新建筑给我的整体印象是毫无个性、特色和美感，把古城温馨、传统的氛围破坏了，使老北京荡然无存。这些古迹属于整个中华民族，也属于我。我有一种被剥夺的感觉。好像趁我不在的时候，有人把它毁掉了。"

众所周知，20世纪50年代初，著名建筑学家梁思成与留英建筑专家陈占祥提出了"梁陈方案"。该方案建议，在北京城西月坛到公主坟再建一座新城，而长安街就像是一根扁担，挑起北京新旧二城，新城是现代中国的政治心脏，旧城则是古代中国的城市博物馆。这样的规划布局，使古与今交相辉映，并为城市带来更大的发展空间。但是这个方案被否定了。

在微弱的反对声中，北京老城墙和老建筑开始被大规模拆除。北京原本有三重城墙：中央是宫城（紫禁城），第二层是皇城，第三层是京城——分为内城、外城（即南城）。里应外合的三道城墙，如今只剩下了孤零零的紫禁城。1953年，左安门被拆除；1956年，中华门被拆除；1957年，永定门、广渠门、广安门、朝阳门被拆除；1958年，右安门被拆除；1965年至1969年，东直门、宣武门、崇文门、安定门、阜成门、西直门、元城墙被拆除。迄今只有正阳门、德胜门、钟楼得以部分保存。

20世纪80年代后，北京加大了对老城区的改造力度。最为明显的是胡同的消失。据文献记载，北京的胡同在清代有1800多条，民国时有1900多条，新中国成立初期统计有2550多条。1998年1月，地图出版社的调查显示，北京城里胡同还有990条。几十年光阴过去了，梁思成当年的预言在今天仍然掷地有声："世界上很多城市都长大了，我们不应该走别人走错的路，早晚有一天你们会看到北京的交通、工业污染、人口等等，会有很大的问题。"梁思成先生还说过："中国古建筑的保护工作，与在大火之中抢救宝器名画同样有急不容缓的性质。"他对北京古城一步步被拆除大声疾呼而未果。几十年拆建下来，在某些方面造成的结果已不可逆转。今天，有关部门开始打算重修某些老建筑，如城门和牌楼，但致力于保护北京文化遗产的人士却表示，阻止新的拆除比重建项目更为重要。

殷鉴不远。面对一些地方此伏彼起的大拆大建的热潮，笔者痛切地感到，对待传统村落保护，千万不能重蹈历史覆辙，再走当年梁思成建议保护老北京城而未果的老路。

切实拿出扶持和保障农民参与保护开发的方案、政策和措施

新世纪以来的十多年间，中央政府相继出台了有关政策法规，对传统村落文化进行保护。2002年，《中华人民共和国文物保护法》首次将具有文物价值的传统村落保护纳入法制轨道；2003年10月，建设部和国家文物局公布了第一批"中国历史文化名镇（名村）"，标志着我国传统村落被正式纳入保护序

列；2005年和2008年，国务院分别颁布了《关于加强文化遗产保护的通知》和《历史文化名城名镇名村保护条例》，明确了传统村落的审批条件和整体保护的原则，强化了政府的保护责任；2012年12月至2013年8月，住建部、文化部、财政部与国家文物局（四部局）联合公布了两批中国传统村落共1561个，并于2014年4月出台了《关于切实加强中国传统村落保护的指导意见》，标志着中国传统村落被正式列入国家历史文化保护战略。在这一系列政策措施指导下，在专家学者和有关方面呼吁下，我国传统村落保护在社会舆论层面日益引起重视，也取得了不少阶段性和区域性的显著成果。

但毋庸讳言的是，传统村落的保护与利用还存在着大量亟待解决的问题，一些地方的保护工作不但没有加强，反而在城镇化进程中出现迅速消亡的迹象，就全国范围而言，消亡的速度一度接近或超过两个百分点。

当前，传统村落出现了两种危机：一是普遍呈现空巢化、老龄化的境况，缺少生机和活力；二是缺少有意义的公共文化生活，村民日常生活呈现出碎片化、个体化的特征。而在传统村落保护方面，也存在两大突出矛盾：既要避免因为资金困难导致保护力度不够让传统村落自然消亡，也要避免城镇化开发建设对传统村落造成不可补救的破坏。

为国家为民族留下中华耕读文化的“集体乡愁”，应当彰显党和政府的责任。但毕竟，村民是生产生活于村落中、使村落得以生生不息的主体，只有使村民在村落保护和发展中受益，认识到文化遗产是宝贵的发展资源，才能真心实意地保护文化遗产，实现对古村落的自觉保护、自主管理和自身受益。

每一个人都有趋利避害以及追求幸福的权利，现实状况是，呼吁保护传统村落的城里人、文化人没一个生活在那儿履行保护责任，事实上是让亟待提高自身生活质量的农民群众为保住“活化石”承担历史责任。我们不能拒绝人民群众对现代物质文明的追求，不能以牺牲农村居民的幸福为代价进行保护，为此，应有整体规划和保护的顶层设计，以及相关配套措施。因为传统村落的历史、环境、人居、民族等各不相同，留存现状、所处位置也不尽相同，有着巨大的差异和多样性，故而传统村落的保护应像医生给病人看病开药方一样，不应局限于固定的、单一的几种办法，有时甚至应当是一对一的解决方案。地方政府在新农村建设中应做好传统村落保护的规划，保护其人居环境。有些老房子光线不足、年久失修、位置不好等问题应该得到妥善解决。在保持传统村落格局、外观、院落的同时，合理地增加各种现代生活设施，如卫生间、垃圾站、医疗卫生场所等，以提高居民的生活质量和安全性。

此外，我们在呼吁和探究传统村落保护——死保“活化石”的同时，也需要以辩证唯物主义的历史观来实事求是地看待这一问题。经济基础决定上层建筑。生产和生活方式是文化的重要组成部分，属于上层建筑的范畴，生产和生活方式的存在已经落后于或者不适应社会经济发展的现实，一定会在主动和被动两个维度进行变革。

当前，我国各地的经济文化社会发展水平还很不平衡，但总体发展方向是一致的。传统村落及其传统的生活方式一方面是中华民族的历史文化载体，另一方面也是社会发展变革的对象。指南针的精妙可以存在于博物馆和历史教科书中，但是现实生活中所需要的一定是“北斗”卫星导航系统。蜂窝煤炉子是我们这代人的家庭记忆，但是每个人都希望自己的子孙能够居住在有暖气设备的屋子里过冬。

因此，在探究保护传统村落的问题时，我们应当秉承大历史观，一方面通过顶层设计与政府的积极投入，努力实现“在促进城乡一体化发展中，要注意保留村庄原始风貌，慎砍树、不填湖、少拆房，尽可能在原有村庄形态上改善居民生活条件”，对文化遗产进行保护；另一方面，也无须因为落后的生产方式和生活方式的消失而自责和唏嘘。因为几百年后，我们现在的生活方式也一定会成为后人讨论的文化遗产。

像设立爱国主义教育基地、红色旅游线路一样设立“中华传统文化村落教育基地”

习近平总书记在十八大后内政外交讲话中，多次提到对中华优秀传统文化的继承和弘扬，这是最大的“势”——代表了时代潮流和国家意向，应该说是推动各项工作创新发展的最佳时机、有利时机。

笔者在2014年12月12日全国政协“城镇化进程中传统村落保护”双周协商座谈会上提过一个建议，希望有关部门共同规划、设立“中华传统文化村落教育基地”，集聚各界力量，加大工作力度，做好这项传承中华耕读文化传统的利国利民的工作。

传统村落的保护与利用，无疑要帮助生产生活于其中的村民提高生活品质，积极参与并持续保有这种生活状态，但其意义应远不止于此——因为仅仅为了提高农民生活质量的话，拉开架子另建新村要省事得多；而保护和利用这一“活化石”，可以说更重要的意义是要对子孙后代起到传承教育作用。

传统是需要教育才能传承的。我们这一代人的红色传承理念几十年根深蒂固、贯穿一生，源自我们从入读小学起，学校年年清明都组织到八宝山革命烈士公墓扫墓献花，在革命先烈公墓和纪念碑前向少先队旗宣誓——六年的现场教育氛围，远胜于一般意义上的书本教育。如果孩子们能在整个小学教育或中学教育阶段去一次或几次传统村落，就能实地感受“开轩面场圃，把酒话桑麻”、“竹喧归浣女，莲动下渔舟”的传统乡村民俗文化场景，使唐诗宋词里读到的诗句不再只是书面的、文字的熏陶。

笔者建议，借鉴爱国主义教育示范基地和红色旅游线路的运作模式，集多方力量共同推动传统村落的保护和宣传教育工作。爱国主义教育基地经十几年努力成型。1994年8月23日，中宣部颁布了《爱国主义教育实施纲要》，1995年3月民政部确定了第一批100个爱国主义教育基地，1997年7月中宣部公布首批100个“爱国主义教育示范基地”；2001年6月11日中宣部公布了第二批100个“爱国主义教育示范基地”；2005年11月20日中宣部公布了第三批66个“爱国主义教育示范基地”；2009年5月22日中宣部公布了第四批87个“爱国主义教育示范基地”，分四批公布共353个爱国主义教育基地。2004年底中办、国办联合印发《2004—2010年全国红色旅游发展规划纲要》。红色旅游建设大约五六年成型。

已建成的爱国主义教育基地和红色旅游线路，其政治、文化形象在社会各界反响都很好。为此，建议有关部门共同规划、设立“中华传统文化村落教育基地”。首期可分地区、分民俗、分建筑风格设立100个至数百个基地，作为青少年了解认识中国传统文化的生动载体，让他们实地感受能够体现耕读文化传统的乡村魅力。

随着“中华传统文化村落教育基地”的逐步增加，相信其开发利用将会更有组织、更加合理、更加有效，从而更加健康持久。期待随着对传统村落的有效保护利用，中华民族的“集体乡愁”一定会真正留得住、留得久。

（原载于《中国经济社会论坛》2015年第2期）

做党和人民信赖的新闻工作者

2016年2月19日，习近平总书记在党的新闻舆论工作座谈会上的重要讲话，从党和国家事业发展全局和战略高度，深刻阐明了新闻舆论工作的职责使命、目标任务和原则要求等一系列重大理论和实践问题，提出了一系列富有创见的新思想新观点新论断新要求，成为主流媒体在新的时代条件下做好新闻舆论工作的基本遵循。

2017年1月17日，时近习近平总书记“2·19”重要讲话一周年，在全国政协文史和学习委员会支持下，中国新闻文化促进会邀请全国政协新闻出版界委员和新闻界代表，共同举办“学习贯彻习近平总书记新闻舆论工作重要讲话‘不忘初心担当使命’专题座谈会”，深入学习贯彻习近平总书记重要讲话的内涵与实质，牢记职责使命，积极探索创新，坚持正确政治方向，坚持正确舆论导向，努力做党和人民信赖的新闻工作者。

不辱使命，坚定政治担当。习近平总书记的新闻舆论观与我们党长期形成的新闻思想一脉相承又与时俱进，是对马克思主义新闻理论的重大继承丰富与发展。“48个字”职责使命，涵盖了党的新闻舆论工作的各个方面，新闻舆论工作者必须内化于心，忠实践行。

我们党的新闻事业史已经超过百年，在百年来可歌可泣、波澜壮阔的历史进程中，一代代新闻工作者竭诚奉献、倾情投入，发挥了传播真理、唤醒民众、鼓动革命、引领潮流的巨大作用，谱写出辉煌多彩的篇章。这些优秀的新闻记者既是历史的亲历者、参与者，也是历史的记录者、思考者。从战争年代到新中国成立到改革开放初期，他们忠实地记录着党领导人民为民族独立、为民主政治、为社会发展做出的伟大贡献；进入改革开放时期，他们认真贯彻落实党中央的要求，贴近实际、贴近生活、贴近群众，创造性地开展新闻工作，把前辈们忠于党、忠于人民的光荣传统发扬光大。虽然历史阶段、表现形式各不相同，但在这些优秀记者身上，体现的是不辱使命、勇于担当，是对国家富强、人民幸福的满腔赤诚。

在新的时代条件下，新闻舆论工作者要更好地肩负起职责使命，根本在于坚持党性原则，增强政治意识大局意识核心意识看齐意识，不断巩固壮大主流思想舆论，积极引导社会舆论热点，维护国家利益，维护党的形象。通过新闻工作者的努力，使新闻报道成为党中央治国理政的重要资源和重要手段，成为党团结带领全国人民实现“两个一百年”奋斗目标、实现中华民族伟大复兴中国梦的最有力的舆论武器。

不负重托，坚守文化责任。优秀的新闻人应当是优秀的文化人。新闻舆论工作是政治性很强的业务工作，也是对文化底蕴素养要求很高的专业工作。习近平总书记强调：“媒体竞争关键是人才竞争，媒体优势核心是人才优势。”这就要求新闻舆论工作者不仅要政治坚定，还要业务精湛、作风优良，才能让党和人民放心。新闻本身就是一种文化，而且是各种文化的交汇点，历史经验和现实需要都表明，新闻人本身就应该是文化人，优秀的新闻工作者应该是有社会责任感、有学问、有道德、有能力的优秀文化人。邵飘萍、邹韬奋、范长江、范敬宜等优秀新闻人无一不是知识渊博、学贯古今的文化大家。唯其具有远大理想、执着信念、奋斗精神、扎实作风以及深厚的文化修养，新闻工作者才能够不负党和人民的重托，更好地履行职责，成为党的政策主张的传播者、时代风云的记录者、社会进步的推动者、公平正义的守望者。

注重传播当代中国价值观。我国正处于从经济大国迈向经济强国的重要战略机遇期，综合国力快速提升、中华民族走向伟大复兴，中国正前所未有地走向世界舞台的中央，前所未有地成为世界关注的中心。为此，新闻舆论工作者更要加强国际传播能力建设，讲好中国故事，传播好中国声音，抒写政治清明、经济发展、社会稳定、人民团结的文明大国形象，抒写全面推进经济建设、政治建设、文化建设、社会建设、生态文明建设的发展大国形象，抒写弘扬平等互信、包容互鉴、合作共赢，维护国际公平正义与世界和平，促进共同发展的国际大国形象，增强我国的国际话语权，让世界充分了解当代中国。

不懈追求，坚持实践创新。习近平总书记“2·19”重要讲话再次强调了“要推动融合发展，主动借助新媒体传播优势”。当前，媒体格局、新闻受众和传播技术都在发生深刻变化，特别是互联网给新闻传播领域带来一场前所未有的变革。传统媒体所面对的是由传播技术突破带来的整体性、全局性挑战，所推进的是包括组织结构、体制机制、人才结构、生产流程等在内的全面、彻底的融合。

“2·19”重要讲话一年来，中央与地方主流媒体积极作为，主动加快推动和新兴媒体在内容、渠道、平台、经营、管理等方面的深度融合，创新体制创新技术，构建新型一体化深度融合体制，做强做大媒体融合的技术引擎。中国报业协会2016年选取全国520家报业单位进行调查，微信、微博开通率超过80%，新闻客户端开通率超过60%。另外，全国有200多家广播电视台有了网络平台，推出了客户端。

技术为支撑，内容为根本，主流媒体融合发展的根本目的归根结底还是要做内容，提高原创内容特别是精品内容的生产供给能力，推动由纸媒内容生产向互联网媒体产品生产升级。在讲话精神引领下，主流媒体不懈追求，坚持实践创新，形成了以“中央厨房”即融媒体中心建设为龙头的新型采编发网络，创新移动新闻产品，打造出“新媒体矩阵”、“全媒体网络”等移动传播矩阵，使主流媒体传播阵地得到有力拓展，传播力、引导力、影响力、公信力显著提升。

学习贯彻习近平总书记重要讲话精神，关键要体现在行动上、落实到工作中。我们高兴地看到，老中青几代新闻人，坚持不忘初心继续前进　不辱使命，不负重托，不懈追求，积极构建新闻舆论传播新格局，开创党的新闻舆论工作新局面；争做党和人民信赖的新闻工作者，努力成为无愧于我们这个伟大时代的优秀新闻人。

（原载于《人民政协报》2017年2月23日）

媒体报道

凭君从容攀越

——读李东东同志散文《我也曾是一个兵》

王久战

我也曾是一个兵，且军营十五年。铁道兵军旅生涯中，识得不少有学识、有作为的战友，如今分布在全国各地不同的岗位上，多半过了“知天命”之年，仍在不停息地忙于工作，又颇有成就。其中，李东东同志就是一位佼佼者。

与东东同志结识于1971年的春夏之交。那时，我们都是一个兵，是普普通通的小兵。东东同志给大家的印象是，能写会画，勤于学习，善于思考，质朴中蕴含着灵气，淡泊中闪烁着精神。都认为她将来一定能够成就事业。

果然，她从普通一兵，经过漫长的路程，走上了省委常委、宣传部长的领导岗位，又在繁忙的公务活动中，仍然笔耕不辍，写下了不少有见地、有思想、有影响的好文章。其中的诗赋、散文、文论等，敛凝含蓄，文气丰沛，最具个性。正所谓，纤笔一枝，豪情似海，把人们带进不同时段、不同地域、不同环境的阔大空间。我读过的《在那远离莫斯科的地方》《在那远离北京的地方》两篇散文，朴实无华、洗练率真，是她言为心声的真实表达。

阅读中，赞叹的同时，作为战友，心头又掠过几分缺憾。《在那远离莫斯科的地方》和《在那远离北京的地方》，反映了她青少年时代不同平常的经历和多彩的人生，特别是《在那远离北京的地方》，把在黄土高原种地、在茫茫草原牧羊，这一上山下乡的艰苦生活，写得是那样的苦中有乐、舒展自如；然而，就作者的青年时代而言，却少了五年的军旅生涯的反映。是对那段生活快然不快、不愿提起，还是公务繁忙，无暇着笔？猜测中，于今年夏天，欣喜地看到她反映军旅生活的散文《我也曾是一个兵》。

四个月之后，又收到了她的散文集《远离北京的地方》。散文《我也曾是一个兵》收入其内，并作为首篇，当我重读她修改后的《兵》文，特别是看到她军旅生活的照片，更增添了许多的亲切感，引发了诸多的回忆和感慨。

参军入伍，报效国家，是青年人的荣耀和向往。对于伴随着新中国成长起来的同代人来说，当兵的经历也算不上稀奇。但是，在“文革”的那个特殊年代，一个“走资派”的女儿，一个不曾投靠与屈从张春桥、姚文元的新闻界挂了号的“走资派”的女儿，能够加入解放军的行列，又的确不是件易事。然而，人间自有真情在。东东同志凭着一颗赤诚之心，在好心人的帮助下，终于穿上了绿色的军装。

军装是荣耀，也是压力。因为在她当兵的五年里，父亲一直没有“解放”，一直在张春桥、姚文元的高压之下。在风雨如磐的岁月，在出身能够决定人们政治生命的年代，一个“走资派”的女儿，能够在部队立住脚、扎下根，需要付出更多的坚强和忍耐。东东同志以自己顽强的承受力和聪敏好学、出色工作，赢得了领导和战友的同情、信赖和赏识，从容地走过了五年的军旅生涯，并光荣地加入了中国共产党。可想而知，如果没有包容一切的气度、平静恬淡的心态、卧薪尝胆的韧性、不屈不挠的精神，这是很难做到的。

辩证法告诉人们：逆境是包袱，也是财富。逆境可以使人一蹶不振，就此潦倒；也可以使人蕴积力量，锻炼意志。看来，当时尚不足20岁的她就掌握了这一辩证法，并努力运用于自己的实践。正如散文《我也曾是一个兵》的“引子”中所言：“如果说，上山下乡使我们这一代人了解国情，坚忍顽强，懂得了艰苦奋斗；那么当兵的经历，则扎扎实实培养了我们服从指挥、雷厉风行、拉出来能打、打就得打赢的作风。这份财富，也足以使人受益终生。”后来，一旦提起当兵的经历，她总是无怨无悔且颇为自豪地告诉朋友：每当耳边响起《我是一个兵》那熟悉的旋律时，便不由自主地想到——我也曾是一个兵。

散文的力量在于真实和自然，以本色本香炙热读者。作为她的战友，反复阅读散文《我也曾是一个兵》，字里行间，自始至终，感到的是不假华饰、坦诚自然、厚重有力；看到的是一个真人真事真性情的李东东。我曾见过，有些同志一旦走上领导岗位，对“位卑”时的境遇便讳莫如深，总怕提起来失身份、丢面子，而东东同志不！如今尽管世殊事异，她仍居崇不矜，为文显示的依然是一个真实的自我，道真实情，讲心头事，让读者感到亲切可信。又从她的为文之道联想到她的为官之道，给人以人格力量的辐射和震撼。

“文革”十年，是让人不堪回首的十年。十年光阴里，东东同志在部队度过了五年。“文革”的怀疑一切、打倒一切的歪风阴霾，污染着当时的整个社会，也污染着当时的铁道兵学院，使这个大院里一度派性肆虐、是非颠倒。上层少数人的明争暗斗，也株连着基层的同志，连普通一兵也不能免，闹得乌烟瘴气，人人自危。在这种环境里，东东同志由于特殊的背景，更需要小心翼翼、谨慎从事，稍有不慎，就会招致污泥浊水、飞短流长。当时，她少言寡语，只是默默地工作，任劳任怨地忙碌。记忆里，劳动中，她和男兵们一起拉犁拉耙，下猪圈挖粪，完全没有城市兵、高干子女的娇气，让人颇生敬意。

此时的东东同志内心深处怎么想，我们不甚清楚，但可以肯定地说，她有过苦闷、忧伤和高干子女落难之后的悲凉。正如在散文中所说，“如履薄冰”，“站在最底层”，“很努力很小心”，到了“实在难以承受的边缘”；“那时我非常想家，尽管当兵的人报效祖国，必须先国后家，三两年都可能回不了家；那时我满怀期盼，盼望什么呢？我在下意识盼望有人能帮帮我，改变我的处境。”可是，她不能回家，她的爸爸还没有“解放”，恶劣的政治环境不允许她回家，连春节也要在部队过，虽然家就在北京，距石家庄只有三个小时的路程。这对于一个身着军装的战士，对于一个渴望父母温暖的女儿，实在有失天理人情！而东东同志没有悲观，没有怨天尤人，在极“左”思潮的高压下，她把眼泪咽在肚里，把委屈埋在心底，依然满怀理想主义，做事追求完善，沿着“小时候做好孩子、上学时做好学生、工作后做好干部”的“三好”模式孜孜以求。

好在有学院主要领导和宣传处领导的关爱和呵护，又考虑到她的聪慧与才学，安排她做图书资料员兼广播员工作。每天编播完稿子之后，那间小小的图书资料室便成了她“徜徉书海、扩充知识”的园地，也使她有了精神上的慰藉。正如作者自己所说：“书是人类的朋友——高尔基这话真是不假；特别是在人不太顺利的时候，在格外需要精神指引和安慰的时候，我感到。在我的军旅生涯中，这间小小的资料室给了我无穷的乐趣，也给了我极大的帮助。”

古人言，祸福相倚。曾记得，在那个小小的资料室里，先是有了《史记》和《汉书》，很快又有了《辞海》和《辞源》。再以后《古文观止》《资治通鉴》和二十四史中的其他史籍，随着内部发行渠道的愈益通畅，源源不断地登上了书架。一时间，红皮书、黄皮书、灰皮书，凝聚了她工作之余甚至包括工作时间在内的大部分注意力，生性好学的她，逐渐把不愉快的事情看淡，从而丰富了思想，拓宽了视野，开阔了胸襟，走出了压抑的羁绊。东东同志愈挫愈奋、大度能容的品格，雷厉风行、干就干好的作风，诗文辞赋兼收并蓄的才学，不能不说得益于五年的军旅生涯和这一“祸福相倚”的小小的图书资料室。

正因为受书籍的启迪和熏陶（当然包括后来漫长的从文、从政和读书生活的修炼），才使她保持了平静、镇定、独立思考，把挫折视为生活之波澜的心态。30年后，再用这种心态回首和审视往事，就有了一种新的境界，把过往的经历看得更为真切、自然和富有感情。“尽管30年后的今天，由于铁道兵早已撤销，学院早已交给地方，院址所在地已不复当年面貌，那也很难抹去我们这些把青春年华留在那里的兵的心底的记忆。”这段质朴无华、最见性情的语言，完全是真情的吐露，一扫幽怨、感伤、凄楚的心理，取而代之的是思想的练达和情感的丰沛。诵读《我也曾是一个兵》全文，一颗传统的“儿不嫌母丑”的游子之心跃然纸上。

从“投笔从戎”到“解甲归田”，从魂牵梦萦到一朝离去，作者对她所在部队留下了长长的思念。这期间，无论是从文还是从政，无论是在繁华的京都还是在地僻天远的他乡，无论是普通一兵还是身居要职，她总是顺路或专程来学院看看，故地重游，或不时地用电话传来对老领导和老战友的问候。她对学院当时的一草一木、一房一舍，乃至周围的环境，都记忆明晰，历历在目，并赋予感情色彩。

“大院儿里，有教学楼、学员楼；有礼堂、图书馆、门诊部、食堂、军人服务社等等；还有操场、靶场和铁路抢修训练场；为响应毛主席走‘五七’道路的号召，大院儿里还有庄稼地、菜地、猪圈；在院子的最西头儿，学院自己设有印刷厂。而大院儿的东墙，便是陆军260医院的西墙，如果生了院门诊部治不了的病，一墙之隔便可以进医院了。260医院再向东，隔着马路，是学院庞大的机关干部职工宿舍区，宿舍区里，设有自己的幼儿园。以今天的眼光看，这简直是个自给自足的小社会，遇上个如‘非典’之类的天灾人祸，关起门来也能过日子。”

“每天清晨，由政治部宣传处一个值班战士打开广播室扩音器，在唱机上放上起床号的唱片，唱针一滑动，悠扬的起床号就‘吹响’了，整个大院开始苏醒，开始沸腾。无论机关还是学员队，10分钟后，要集中在操场上出操，盛暑严冬，没有例外。这一声号响，便把全院各种身份的人，带入了各自一天的工作和生活。”

……光阴荏苒，岁月如梭。转瞬间，我们这一茬当年的年轻人已走入“称老”的年龄，也到了回首往事的时候，感谢东东同志，是她用散文家的“长镜头”把那段历史拉了回来，并用她独到的审美观、价值观和意态之真、情感之笔，从具体而细微的取材上，廓清了我之俗见，让人释然，让人感奋，让人醒悟，一个“峰回路转，凭君从容攀越”的“兵”的形象再次出现在我们眼前。

（原载于《中国铁道建筑报》2003年12月1日）

续写父亲的新闻人生

冯　喆

李东东，闻其名，一个简单、平实、富有乐感的中性名字；观其人，一位干练、优雅、知性的魅力女人；读其文，如庚寅新岁刚刚发表的《八一赋》，磅礴大气，遣词华美，字字铿锵，又似看到军人的身影。

今年政协会议前夕，记者专程采访了李东东委员，因为她是新闻出版界与政协有着特殊感情与渊源的一位。去年秋天新中国成立60周年大庆前后，她回忆父亲开国报道的文章，就是对红色传统的一种继承。从中可以看到，父亲李庄与政协、女儿李东东与政协、父亲和女儿共同与政协之间，有着特殊的经历、特殊的际遇、特殊的感情，似乎是一种难得的机缘巧合。

父亲李庄，《人民日报》创始人之一，人民日报社原总编辑。“乱世能横戈立马，以笔代枪；盛世能夙兴夜寐，殚精竭虑”——新中国第一代新闻工作者之一，全程参与采访报道中国人民政治协商会议第一次全体会议，见证与记录了新中国的诞生。1949年秋，李庄作为党中央机关报《人民日报》派出的主力记者，进入中南海怀仁堂，参与了政协第一届会议的新闻报道工作。在为期8天的会议进程中，李庄从1949年9月22日在人民日报头版发表《“中国人从此站立起来了”——中国人民政协第一届会议特写》开始，到1949年10月1日发表《“庆贺中华人民共和国的诞生”——记人民政协最后一天大会》，共在《人民日报》发表8篇特写，真切地、生动地、忠实地记录了新中国的诞生。2006年3月3日，父亲李庄驾鹤西去。从2008年3月3日开始，女儿李东东担任全国政协委员。3月3日是政协开幕的日子，她不能和家人在这一天去八宝山革命公墓看望父亲；但她相信父亲会因为她忠实履行政协委员的职责而感到欣慰——对国家尽忠就是对父母尽孝，这是父亲李庄生前对女儿的一贯教导。

记者了解到，从2008年新任全国政协委员开始，李东东委员在过去两次政协会议期间已分别提交《关于将回族使用汉语言文字视同其他少数民族使用本民族文字，加大扶持回族文化出版事业力度的提案》以及《关于建设中国出版博物馆的提案》；联合新闻出版界41位委员提出了《关于设立国家新闻出版产业发展专项资金的提案》等。在2009年政协十一届二次会议上，她还作了《加大投入，优化政策，发挥新闻出版业在“保增长”中的重要作用》大会发言。去年秋天，新中国成立60周年大庆前，她曾在接受媒体采访时说，“能和众多委员一起，重温人民政协成长的光辉历史和宝贵经验，展望美好的发展前景，更加感到自己肩上的任务艰巨和使命重大。我们一定要继承革命前辈的优良传统，不辜负他们的殷殷期望，努力把工作做得更好。”

知道记者来自中国档案报，李东东提及去年7月中旬她在中央档案馆参观时，看到了父亲李庄在20世纪40年代发表于《解放日报》的几篇文稿档案。这几件浸染着半世纪沧桑的珍贵档案，让李东东为父亲李庄倍感自豪与骄傲。

几十年来，家庭成员生活在一起，一般很少书写信件，很难留下文字往来的记忆。唯其如此，李东东对于父亲留下的片纸只字都会有种莫名的感动，她告诉记者，自己一直保存着父亲留下的几件珍贵“档案”：

半世纪前的两张贺年卡和几张老照片 历经半个世纪，颜色已泛黄的两张贺卡和几张老照片是父亲李庄53年前在苏联工作期间，1958年新年从莫斯科寄给小女儿李东东的。其中一张贺卡是一个穿着红线衣、踮起脚尖正在认真装饰圣诞树的苏联小女孩，这张卡片背面父亲李庄用蓝色铅笔一笔一画地写给女儿的是：“东东，你看这个画儿好不好？这个孩子比你还小哩！”在新年到来之际，身在异国工作的李庄看到贺卡上的小女孩，定是思念远在千里之外的女儿东东了。

那是1958年，李庄驻莫斯科，与苏方新闻界同行共同编辑出版《苏中友好》杂志。组织上安排家属探亲，妈妈就带着小女儿东东去了莫斯科。穿着漂亮的连衣裙，小辫子上扎着大大的蝴蝶结，7岁的小东东被爸爸抱在怀里，瞻仰列宁遗容，在斯大林塑像前留影，游览莫斯科河，参观展览馆和集体农庄……爸爸在繁忙的工作中难得地忙里偷闲带着小女儿游玩，一向严肃的爸爸脸上始终挂着灿烂的笑容。

父亲离去的时日越长，每当看到定格着自己童年幸福记忆的几张老照片和这两张贺卡，李东东心中的思念就越强烈。

父亲在“十年浩劫”中写给女儿的书信 李庄于1937年卢沟桥事变后，“一声炮响上太行”，参加了革命，从事新闻宣传工作。1946年参与创建《人民日报》。他将火热的年华全部奉献给了党的新闻宣传事业。从抗日战争时期写作的《在保卫大武汉的紧急声中纪念鲁迅先生》到解放战争发表的《为七百万人民请命》，从新中国成立初期的《“中国人从此站立起来了”——中国人民政协第一届会议特写》到抗美援朝时期采写的《被人们欢呼“万岁”的部队》《战斗十日》等等，李庄的作品对党和人民的奋斗历程所做的真实、生动的记录，展现了中国共产党人的光辉形象和崇高品质，展现出中国人民自强不息的伟大民族精神。然而在“文革”早期，李庄成为“文革”的第一批牺牲者。在“十年浩劫”身处逆境时期，父亲李庄承受着巨大压力，但他一直顽强地给小女儿以指导，文学、哲学、历史……李庄通过一封又一封长信，竭尽全力帮助正在求知阶段、受他牵连前途未卜的李东东。随着岁月的流逝，有些信件已损失了，今天，李东东保存的少量几封父亲的书信就显得愈发珍贵。在这几封珍存的书信档案中，有一封是李东东的宝中之宝，那就是1972年，李东东在解放军铁道兵学院政治部宣传处当资料员兼做新闻报道时发表的第一篇新闻作品，也是父亲唯一给她修改过一二十个字的稿件。

陪伴父亲四十多年的老书柜 李庄80岁以后多次出入医院。在他脑子还清醒的时候，对住房、存款等家庭财产，做出了不平均分配给子女的决定。小女儿没有说什么，只向父亲要了一样东西，那就是陪伴父亲四十多年的一个老书柜。“这个没问题，书柜就给你！”父亲痛快地答应了。

那是20世纪80年代初，报社将新中国成立初期分配给干部使用的旧家具作价给父亲，其中有一个木头书柜，上半部是两扇玻璃门，下半部是两扇木门，柜顶横梁上钉着一个小铜牌，上面刻着“人民日报社”五个字。父亲李庄一生清廉，这个差不多和李东东同龄、已经由浅黄变成棕黄色的老书柜，成了父母不多的财产之一。李庄逝世后，李东东每当站在书柜前，就仿佛看到了父亲在这个书柜旁伏案疾书，时而颔首沉思，时而来回踱步，时而从书柜里找出什么书翻阅……少年时代，李东东曾经在一个星斗满天的静夜，坐在书房的沙发上，久久望着父亲笔耕，感悟写作原来这样美好，又这样辛苦。她对新闻和写作的热爱，就是从父亲在老书柜旁的身影发端的。她觉得这个书柜熔铸着父亲的精神。守着这个书柜，就像守着父亲；抚摩这个书柜，就像抚摩着父亲。这个书柜，在李东东的心中是父亲的一种象征，一个念想。

父亲亲笔题字送女儿的著作 李庄68岁从人民日报社总编辑岗位退下来后，撰写、发表了一系列珍贵的回忆录和随笔。他在《人民日报风雨四十年》上题了“东东爱女一阅”，在《难得清醒》上题了“东东爱女一读”，在《晚耕集》上题了“东东暇时一读”。李庄是个很重感情的人，但他从不轻易对女儿流露自己的感情。有生以来的这次题字送书，是因为小女儿在他晚年时西行宁夏，一年只能见几次面。

李东东从小就是出类拔萃的，但无论小学入队后不久就当了中队长还是考出全班第一的好成绩，父亲顶多说一声：“嗯，很认真，很努力。”长大后，无论是20世纪90年代她高票当选湖南张家界市委常委，任职副书记，还是数年后当选宁夏回族自治区党委常委，任职宣传部部长，父亲都没夸过女儿一句。他说的永远是“应该这样做，还要努力”。但人到晚年，父亲给女儿的题字中，一个“爱女”，写尽了舐犊之情，写尽了父亲对女儿的赞赏和褒扬。

刊登父亲新闻作品的老报纸 李东东珍存着刊登父亲不同历史时期新闻作品的老报纸复制件，其中有非常珍贵的1949年9月22日至10月1日10天的《人民日报》。李东东每次阅读那些文章，都仿佛从当年那一天天、一篇篇令人振聋发聩的新闻报道中看到父亲李庄等老一辈党的新闻工作者，殚精竭虑，夜以继日，笔走龙蛇，倚马可待，奉献给历史、奉献给人民的激情、才华和忠诚。

2006年李庄以88岁高龄辞世。用李东东母亲的话说，李庄一辈子只做了一件事，就是党的新闻工作。而在女儿李东东看来，这“一件事”中颇具重大意义的事情就是对新政协召开、对新中国诞生的报道了。

李庄不仅把新闻的真实写进了历史，作为一位经历过抗日战争、解放战争的党的新闻战士，他更是把历史的厚重写进了新闻。

李东东说，父亲李庄留给她的不仅仅是一些触手可及、举目可见的“档案”，从这些“档案”背后收获与感悟的，是父亲给与她享用一生的精神财富。

薪火相传的父女都从事了组织安排、自己也很热爱的新闻事业，李东东认定，自己的人生，是父亲人生的一种传承。她一直在践行父亲要求的，做人要善良正直，做事要认真努力；而父亲李庄为人正直、为文平实的操守，是她孜孜以求的至高境界。

作为新闻出版界的政协委员，李东东正在认真思考在贯彻落实党的十七大精神、推进社会主义文化大发展大繁荣的历史进程中，新闻出版行政管理部门和新闻出版工作者应该如何做出自己应有的贡献。两年来，她认真履行政协委员的职责，为党的新闻出版事业献计献策。她说，今年的政协会议上，她同样将借助政协这个大平台，把新闻出版业改革发展中需要解决的问题，积极地、合理有效地提出来。

（原载于《中国档案报》2010年3月5日）

盛世写赋颂八一

苏　容

政协会上的李东东身着藕荷色中式上装，对襟一串哑金珠扣，在一片藏青深灰的男性西装中显得格外亮眼。这样一个看似文弱的女子，内里却是豪情万丈。

“巍巍华夏，历五千载波飞云涌；熠熠神州，经十万阵雨骤风狂。煌煌盛世，看六十年人民中国；莽莽铁军，护十三亿百姓安康。”发表于己丑即逝、庚寅新降的《八一赋》，刚好1000字，字字心血，句句铿锵，增一字嫌多，减一字则少，韵与意浑然天成，严丝合缝。那是从心底奔涌而出的激情，对党，对国家，对三十多年前她服役过5年的军队。

那段军旅生涯，绵延出她对部队的一生情怀。所以，接到战友请她为部队作赋的委托，刚刚完成《北戴河赋》的李东东爽快地答应下来。然而答应后，她才发现这事太难了，把一个政治性极强的现代军事组织入赋，浩繁82年历史，事件人物何止千万，如何以精练的文字、以古典文学的形式表现出来？并且还不是简单的吟咏抒情，内容要能够基本涵盖军队的大脉络。即使对李东东这样写词作赋游刃有余的人，也是一个巨大的挑战。

然而当兵的经历给了她灵感，那时的军装被人们形象地称为“一颗红星头上戴，革命红旗挂两边”。以军旗、军歌、军徽“三虚”，带忠诚之旅、威武之师、人民之军“三实”，岂不浑然天成！框架既搭，思路清晰，以她对部队的深情，一贯的文采，动笔很顺利，特别是大气磅礴的首尾，很快写就。“吟明月之诗，咏红日之章，歌三军之志，诵六合之祥……”文思泉涌，对仗工整，一气呵成。

“实质性内容怎么写？提炼出几条线索，装几个‘筐’相对科学和系统？以千字容量状描人民军队，只能挂一漏万，但挂上来的必须是经得起推敲的标志性事件，最重要的东西不能遗漏。”建军82年，有文字记载的历史事件浩如烟海，哪件大事不重要？哪场大仗不关键？随着资料越垒越高，与军事科学院战友的切磋电话越来越热，词赋的思路渐自清朗成形——

第一个“筐”装军史，“飘我军旗，红自南昌。忠诚之旅，党指挥枪……”人民军队82年的历史浓缩在332个字中，极尽简约，又尽可能准确。建党、建军、建政、建国，囊括无遗；红军、八路军、新四军、解放军、志愿军……一路走来，却又不是事件罗列，自话名词后必然紧随“虚”词华章。一韵到底，处处呼应，长句遥遥相望，短句两两相对。每个对句在人们的脑海中都能铺排出意蕴无穷的画面，动时金戈铁马，静时河清海晏。何其凝练！

第二个“筐”装人民军队作为军事组织的职责所在，分为战争年代与和平时期的不同任务。“唱我军歌，声自大江。威武之师，百炼成钢。”中国军队的使命，前22年，后60年，以290字加以勾勒，依然有情有景荡气回肠，还巧妙地将八路军进行曲和新四军军歌嵌入。其中，“山呼海啸，扬我国威；铁甲丹心，是我栋梁”最是动人心魄。

第三个“筐”，按原定思路，写军队的精神理念、价值观等，但建军以来部队提倡的各种精神多达47种，表彰的英模人物4000人，如何精练？即使能够精练，那么多的现代词汇、概念又如何与前两个“筐”的语感气势相衔接？

1月，元旦、春节之间，正是最忙时节，身为新闻出版总署官员，职责所在，公务不能丝毫松懈。写赋的时间，只能是海绵里用力挤出的最后几滴水。

夜半挑灯，面对电脑，字斟句酌，好容易得三言两语，又不得不一笔划去。斜一眼钟表，已过凌晨3点……写得最艰难的三四天，踌躇终日，难以取舍，她便及时邀请战友、专家“会诊”。解放军报社、军事科学院和军事博物馆的战友们，你一言我一语，终于豁然开朗：写虚不写实，以虚带实，烘托精神。当晚，李东东下笔如有神助：“耀我军徽，亮自东方。人民之军，永铸辉煌。”从当代军人的价值观写到军民关系，从理想写到精神，短短231字，概括得干脆利落。

而最终完稿则缘自一场军民联谊晚会。

《八一赋》最初完成稿是999个字，为了多加一字，李东东煞费苦心，最后将“人民军队为人民，八一精神放光芒”改为“人民军队为人民，八一精神永放光芒”。前短后长，固然不够完美，却也只能如此。千字《八一赋》交《解放军报》排版了。就在见报前两天，李东东参加2010年军民庆新春“双拥”晚会，她翻看着手里的节目单，一行字突然撞入心头：人民子弟兵！“军队”是两个字，“子弟兵”是三个字，而且文中没用过、不重复，后半句便可以减掉一字了。她向邻座的将军借了支笔，在节目单上写下：“人民子弟兵为人民，八一精神放光芒。”一晚上，她都紧紧捏着这张节目单。第二天，就给《解放军报》打电话做这一字之改。

至此，历经20多个夜晚，千字《八一赋》终于完成。

李东东应战友之约写赋，为彰显盛世军魂，呕心沥血，打破了那种认为“旧瓶装不了新酒”的陈见，以传统的文学体裁，表现崭新的时代内容，无疑将成为文学史上成功的创新尝试，而载入改革年代文化成就的历史记录。

（原载于《中国妇女》2010年第4期）

让“半边天”发出更强音

——女委员“对话”女记者

舒　静　史竞男

“今天，我们几位女委员同女记者们相聚，谈谈心，交流交流思想，并通过你们的报道，向女新闻工作者致意、致敬。”政协委员、新闻出版总署副署长李东东说。7日，李东东、李瑞英、杨澜、海霞等8位女政协委员与女记者围坐一桌，畅谈女性在参政议政、社会生活中发挥的日益重要的作用。

李东东说，“近几年，每逢‘三八’，政协新闻出版界女委员都要向报道一线的女新闻工作者们道声辛苦，今年是首次以对话形式谈心交流。”

从女性参政议政到职业女性形象，从如何提高职业素养到如何增强话语权，女记者开始频频发问，女委员娓娓作答。

——女性是否已经撑起“半边天”？

李东东不假思索地列出一组数据：2009年，全国新闻出版从业人员449.7万人，女性221.9万人，占49.3%。新闻媒体中申领记者证总人数为21.9016万名，其中女记者9.271万名，约占记者总数的42.3%。“女新闻工作者勇立时代潮头，展现巾帼风采；她们勤于思考，善于学习，形成了过硬的专业素养；她们同男同事一道，真实记录新闻，忠诚书写历史。可以说，女性已经在新闻界撑起‘半边天’，越来越成为一支主力军。”李东东说。

——女性参政议政水平的提高反映在哪些方面？

政协委员、全国政协民族宗教委员会副主任陈洪说：“中国妇女参政议政的情况，我想用事实和数字说话。2010年全国人大女代表占总数比例从1954年第一届的12%，提高到2008年第十一届的21.33%。全国政协女委员占总数比例也由1949年第一届的6.06%上升至2008年第十一届的17.7%。女委员和代表在国家政治生活中都发挥着重要作用。”

海霞说：“女性委员特别重视利用提案来参政议政的机会，提案数量大，内容既有基于产业政策的宏观关注，也有充满女性人文关怀的切实建议，在积极履职的过程中，也增加了对弱势群体的关注与帮助。”

——女性如何提高参政议政的能力，提升话语权？

黄庆、许明、范冰冰委员表示，尽管女性代表委员已经构成一道亮丽风景线，然而，妇女的政治生活参与度依然有限。要改变这种男女比率的“结构性”问题，不仅需要改变传统意识，还需不断提升女性自身的能力与主动性，同时更要完善女性人才的培养和选拔机制。

——女性如何不断提升职业素养，平衡事业与家庭的关系？

李瑞英结合自己20多年的新闻工作经验说，首先应奠定坚实的专业基础，更重要的是，要珍惜和把握每一个机会，认真对待每一项任务，工作时间越长，越不能懈怠，每次都要“从零开始”，不断充实与提升自我。

杨澜表示，女性在积累一定工作经验后，应该制订更长远的职业规划。在为女性创造公平环境的同时，也要打破潜意识里的偏见。比如记者采访一位事业成功的女性，经常会问其如何平衡事业与家庭，其实不应仅向女性发问。只有先摒弃潜意识中的偏见，前进步伐才能更有力。

（新华网2011年3月8日）

参政议政，妇女能撑半边天

邹维荣

春风和煦，阳光晴好。

“我们几位女委员同女记者们相聚、谈心，交流思想，并通过你们的报道，向全体女性新闻工作者致敬……”

妇女节前一天，全国政协委员、新闻出版总署副署长李东东，以及李瑞英、杨澜、海霞等8位女政协委员与10位女记者围坐一桌，畅谈女性在参政议政中发挥的作用，以独特的方式庆贺属于自己的节日。

“近几年，每逢‘三八’国际劳动妇女节，政协新闻出版界女委员都要向两会新闻报道一线的女记者们道声辛苦，今年是首次以集体对话形式谈心交流。”李东东委员在对话开始时这样说。

“从事新闻工作20多年，我把握每一个机会，认真对待每一次出镜，从来不敢懈怠。”全国政协委员、中央电视台新闻主播李瑞英发言说。

“记者工作能给我带来满足感和很多人生体验，我真心爱我的工作。”知名媒体人杨澜的发言坦率而知性。

从女性如何参政议政到如何提升职业女性形象；从如何提高女性职业素养到如何增强女性话语权……女记者频频发问，女委员娓娓作答。

李东东委员对在座的记者介绍：2009年，全国新闻出版从业人员有449.7万人，其中女性有221.9万人，占49.3%；新闻媒体中申领记者证总人数为21.9016万，其中女记者有9.271万名，约占记者总数的42.3%，女性已经在新闻界撑起了半边天。

“关于女性参政议政的情况，我想用数字说话。据统计，在政协十一届三次会议上，女委员共提交立案件数1053件，占所有立案件数的21.21%……”全国政协民族宗教委员会副主任陈洪拿出一份材料介绍说。

肩负使命，为民立言。交流中，女委员们对民生的关切，切中肯綮。身为新闻出版总署副署长的李东东委员，一直关注新闻出版公共服务体系建设，她这次提交了两个提案，其中一个是建议加大财政投入，加快盲文出版事业发展；针对食品药品监管方面存在的问题，陈洪委员建议加大对食品安全犯罪的惩治力度；李瑞英委员的提案内容是农村妇女法律救助问题；杨澜委员关心青少年失学问题；中国国际广播电台俄语首席范冰冰委员，建议尽快修缮在莫斯科的中国共产党六大会址……

妇女能撑半边天。黄庆、许明、范冰冰等委员表示，要提高女性参政议政比例，不仅需要更多的关注与支持，同时还需要不断提升女性自身的能力和素质。

参政议政，中国女性在路上。每一个进步，都值得喝彩与期待。

（原载于《解放军报》2011年3月7日）

李东东捐赠了父亲李庄采访记录政协第一次会议、中华人民共和国开国报道的相关画册和图书

3月9日，全国政协新闻出版界向正在筹建的中国政协文史馆捐赠了《参政五载　朋友一生》画册等24件文史资料。全国政协委员、新闻出版总署原副署长、中国新闻文化促进会会长李东东代表全国政协新闻出版界赠送画册。

记者了解到，《参政五载　朋友一生》由李东东与新闻出版界有关委员一同编纂，以新闻摄影纪实手法记录了新闻出版界委员在十一届政协期间关注社情民意，积极参政议政，努力建言献策，加强团结友谊的一个个生动瞬间。

捐赠现场，全国政协文史和学习委员会驻会副主任卞晋平带头捐赠了两件珍贵文物。一件为1949年太原解放时，其父卞庆亭受聘担任太原市各界人民代表会议代表的证书，一件为卞庆亭任太原铁路局安全监察员的任命证书原件。李东东捐赠了父亲李庄采访记录政协第一次会议、中华人民共和国开国报道的相关画册和图书。范冰冰、马胜荣、张胜友、赵昌平等委员也现场捐赠了自己的作品。

卞晋平告诉记者，中国政协文史馆去年开始征集文史资料和历史文物，今后将把接受社会各界捐赠作为一项常态性工作。他呼吁政协委员自愿捐赠有价值的文史资料和历史文物，全国政协将颁发收藏证书，将这些资料和文物永久保存下去。

记者了解到，即将建成的中国政协文史馆是人民政协系统唯一的国家级史料馆，将于今年建成并对外开放，全国政协将推动其成为宣传中国共产党领导的多党合作和政治协商制度的重要窗口。

（原载于《中国新闻出版报》2012年3月12日）

母亲教我家国情怀

家　铭

2012年3月3日，中国新闻文化促进会会长李东东早早给89岁高龄的母亲打了电话，就到人民大会堂参加两会党员负责人会议了。这一天是她亲爱的父亲，《人民日报》创始人之一、前总编辑李庄逝世六周年的日子，五年来，每年这一天，李东东要参加全国政协会议，不能同家人一起去八宝山看望老父亲。母亲赵培蓝理解女儿，对李东东说，爸爸在时总说，你们尽忠就是尽孝，人要有精神，有家国情怀，有点儿大义千秋的襟怀气度。

从容淡定　平凡中坚守伟大

今年清明，李东东的母亲像每年一样，对着遗像上微笑的丈夫，拉起了家常：

“今年我要跟你汇报三件事。第一，明明当爸爸了，东东当了奶奶，咱们有了重外孙；第二，牛牛（李东东的侄子）5月底就要从哈佛毕业了，孩子已决定回国发展；第三，东东又出了两本书，一本词赋辑，另一本是再版《远离北京的地方》，当年你在北京医院住院时看过的，这次书里添了好几张你在莫斯科抱着东东的照片呢！”

母亲平和的话语是那样的淡然，就像老伴靠在她身边倾听。六年前，父亲李庄离世的那一刻，相濡以沫59年的母亲在悲痛无比时也有着同样的淡然：“你这一辈子太辛苦，太累了，你休息吧！我不和你告别，托个梦告诉我走到哪儿去了，我会去找你，永远和你在一起。”

从战火纷飞的年代，到刚刚解放后去朝鲜前线，从和平又走向战争，再到“文革”时期被打倒的11年风雨如磐，父亲走过了波澜壮阔又大起大落的家国之路，母亲一直以同样的从容，和父亲肩并肩，拉着儿女的手，坚守着同样的家国情怀。这一切，也在母亲的言传身教中传递给李东东，又通过女儿一代代薪火相传，浓缩成为家族血脉里流淌的珍贵基因。

李东东拉着母亲的手，感受着母亲话语里绵长的思念，而她自己的思绪，也被带回童年少年时的记忆。

父母终生都在党中央机关报工作，父亲担任领导职务，始终谨言慎行，但始终站在意识形态和宣传战线的最前沿。1966年春，未能幸免地成为“文革”还没正式开始就被最早打倒的一批。当李庄在人民日报副总编辑兼总编室主任的位置上，因为一次惹怒了康生的“删社论”事件被打倒时，母亲选择了坚定地同父亲站在一起。

“当时我们家里就像什么事都没发生一样，母亲仍然一如往常照顾我们三个孩子的日常生活，过问我们的学习。后来到了1966年底，中央、国家机关运动都开始了，当权派全被打倒了，我们还以为爸爸是这时被打倒的呢！”而“十年浩劫”李东东父亲落难11年的日子里，也正是母亲的坚持和从容淡定，使这个“四分五裂”的家一直维系运转。“那些混乱的年月，大字报满天飞，不光是对‘走资派’，造反派对一般干部也乱写乱贴，恶心恶心人。我妈妈从来没被贴过一张大字报，可见为人低调，人缘也好。”

母亲这么多年所做的事情，不像父亲那么辉煌，她也从不抱怨，她的伟大之处在于，无论外面如何风风雨雨，她总是从容淡定，平静如水。父亲去干校了，李东东到陕北插队，姐姐在内蒙古放羊，哥哥去了云南的橡胶林，只有妈妈守在家里，维系着五个人在五个地方的家。

“后来，珍宝岛事件发生，中苏关系进一步恶化，战事一触即发。我就从陕北辗转去了中蒙边境放羊，想着一旦战事起来，就在前线为国效力了。那时生活条件艰苦，路途也不安全，妈妈还是支持了我，她和父亲一样教育我有国才能有家。在内蒙古，一点儿蔬菜水果都没有，我是整天盼信、盼东西，‘家书抵万金’，妈妈经常写信给我，还不时寄来水果罐头，那个时候，这些东西在条件极为艰苦的牧区绝对是奢侈品了，拆开包裹，同学们立刻就共产主义了。后来常想，当年母亲的书信和邮包真是让我心头无比甜蜜。”李东东回忆道。

父亲李庄的战友和同事，都觉得李庄平易近人、和蔼可亲，几乎从未见他生过气、发过火。但他内外有别，责人宽责己严，责家人严。他的有道理的火和无名火全都发在家里。“20世纪五六十年代，政治运动频繁，政治环境紧张，一个常常处在风口浪尖且长期超负荷工作的大男人，纵然千锤百炼笑对人生，内心也不免会有紧张和恐惧，他的压抑、他的愤懑、他的疲惫，不朝老婆孩子发朝谁发呢？幸亏我有个通情达理、性格温婉的母亲，几十年来，承托着工作、丈夫、儿女这一副副重担，以她内心的坚强与从容，成为家庭这艘航船停泊的港湾。”李东东说。

亲情荫庇　分离中期盼相聚

1970年底，李东东来到顾册，那是铁道兵当年集训全兵种新征女兵的训练营，穿上了绿军装，戴上了红帽徽红领章，成为一名解放军战士。“文革”还没有结束，在父亲李庄还没有被“解放”的情况下，李东东当兵已是很难得的事了。临近春节，一边接受着正规的军事训练，李东东一边开始盘算着春节回家探亲，先看到的是爸爸还是妈妈，第一个军礼敬给谁。就在她掐着指头算日子的时候，一个突然的消息使她的愿望变成了梦想。母亲托人捎信儿，不让她回家过年了，如果新兵营春节不留人，就是回北京也不能回家！

原来，中央不久前开了九届二中全会，批判了陈伯达、李雪峰，而不知铁道兵学院怎么有人把她的入伍与李雪峰联系起来，有的传说李雪峰是她父亲的老上级，有的说她是李雪峰的“黑侄女”。母亲听说了部队那边的周折，还听说人民日报社的造反派有查问“走资派”子女入伍的动向，担心女儿的兵当不稳当，所以李东东只能按母亲给她的地址，住到一个亲戚家里。

妈妈白天上班，不能来看她，晚上，母女俩约在王府井南口见面。昏暗的冬夜，一位坚定、智慧的母亲与一个单纯、想家的女儿，像李玉和同表叔粥棚接头似的，秘密相会。母女二人不能一同回到近在咫尺的家，也不能让社址就在王府井的报社造反派看见，就悄悄地沿着王府井大街的东侧，冒着凛冽的寒风，从南走到北，又从北走到南。

在那以后的五年里，李东东要好的同学都不知道她身在何方，实际上她就在离北京不远的石家庄的部队里，好脾气的母亲这次断然“命令”女儿不能与任何人通信，除了母亲一个人。不要受父亲影响，也不要影响父亲——母亲的这种坚持和保护，让李东东在外界风云变幻的日子里，得以用工作、训练、读书的方式，不受干扰地度过了安静、单纯的部队生活，直到“文革”结束。

后来，李东东又以不同的领导身份，到湖南、宁夏等地任职，多年来与母亲聚少离多，无数次的分离，已成为这个家庭生活的常态，但这样的分离，也永远蕴含着心与心的团聚，无论相隔多远，母女始终连心。

勤俭朴素　严格中包裹宽厚

“母亲出身于山西左权的四代中医世家，小的时候，家教很严，女孩子读书，也算早的，但十几岁时战争来了，日本侵略者使她失去了学习环境，后来参加了革命，与父亲相识相恋。她非常遗憾没能在年轻的时候接受良好的教育，因此任何时候都不放弃学习机会。1955年中国人民大学创办新闻系，她成为第一批考上人大新闻系的学生，那个时候她已经是三个孩子的母亲，我姐姐上小学一年级，她上大学一年级，还是非常努力地去读书。”

母亲告诉李东东，孩子们小的时候，幼儿园、小学，还有中学，姐姐、哥哥和妹妹所有的家长会都是母亲参加的，寒暑假所有的作业也是母亲挨天检查的，因为父亲工作太忙，实在顾不了家。在李东东的生活经历中，多数情况是不缺书读的。在北京西郊万寿路上中直育英小学的六年里，十二个寒暑假，母亲从不认为那是孩子们应该纵情玩乐的时间，总是随着三个孩子年龄的增长，买来古今中外各种不同的书籍，从一句一句教儿女背唐诗宋词起，培养了兄弟姊妹良好的阅读习惯，直到上中学时，父亲已经被打倒了，李东东还可以在母亲的荫庇下，躲在家里看父母多年来陆续购置的中外名著。

“上山下乡离开北京时，妈妈为我们收拾行装，我们兄弟姐妹最关心的就是分书，当时我们想，把家里的书带走是最安全的，谁知道哪一天造反派会跑来抄家！我们兄妹带走了家里藏书的精华，可惜后来随着行踪的流徙，几乎全数没能回到家中。”

李东东说，母亲的学习习惯和对子女的严格要求，深深影响着她一生，而除了学习教育，母亲给她的另外两样珍贵品质，就是严谨作风和勤俭习惯。

在各种会议和社交场合，人们都说李东东有风度，气质好，而李东东认为，这不是在摄影摄像镜头前能逼出来的，母亲极其严格的家庭教育，使之成为她行为举止的习惯。在李东东很小的时候就被教会，女孩子坐要怎么坐，站要怎么站，笑要怎么笑，吃饭时不能出声，包括吃面条不能吸溜。说话时要诚恳专注地看着对方的眼睛，不打断别人讲话；无论打电话还是接电话，通话后都要后放下电话，等等。“直到现在，无论是对上级、同级、部下，还是儿子的同学这些小年轻打电话来，我还是习惯后放电话。”李东东笑着说。

在宁夏工作时，李东东已是自治区党委常委，仍然保留着多年简朴的习惯。有一次下乡，司机告诉她可以从老乡家买到荞麦皮，想到全家都喜欢睡荞麦皮枕头，她就买来很多，和司机一桶一桶洗，洗了在小院里晒干，做枕芯。待买了布做枕套，装进去荞麦皮，司机说，还是送裁缝师傅那儿做吧！李东东说，这点儿活我就能做，帮我找点针线，一会儿就能弄好。秘书和司机看到李东东手里的针线活如此熟练、细致，都觉得非常不可思议，从小生活在条件比较好的家庭里，怎么会有这么一手针线活？

李东东说，在自己很小的时候，母亲就将她锻炼积累的生活技能一一教给女儿，还告诉女儿，无论什么时候，什么条件，都要保持勤俭朴素的生活作风。钉扣子，补衣服，织毛衣……这些活儿李东东都会做，虽然由于后来工作繁忙，这些技能的使用频率不高，但只要做，就像模像样。更可贵的是，这种扎扎实实、追求完美的生活态度又延续到了工作和事业上，几十年来，李东东的工作也像妈妈从小要求的那样，要么不做，做就做好！

母亲的从容、低调、平和贯穿一生，贯穿生活的每个点滴。在接受《家庭》记者采访前，李东东知道是聊有关母亲的话题，就一些问题征求了89岁的老母亲的意见。母亲还在说：“要说我对儿女的教育，就是两句话，对人诚恳，做事勤恳。但家里就是给你们打了一个好底子，一个正的根基，一定要看到，最重要的是这么多年党的教育，组织上和同志们的支持帮助。我觉得部队那一阶段，对你后来的成长尤其重要。”

（原载于《家庭》2012年第11期）

为实现365天委员积极探索新模式

秦一娥

全国政协十二届二次会议于今日上午在梅地亚两会新闻中心举行记者会。全国政协委员、新闻出版总署原副署长、中国新闻文化促进会会长、中国报业协会副会长李东东委员在会上就如何充分发挥人民政协作为协商民主重要渠道作用、健全社会主义协商民主制度回答了光明网记者的提问。

光明日报和光明网记者：全国政协34个界别包括经济、农业、社科、教育等，他们在政协工作中做了很多工作。我从媒体上注意到，新闻出版界别近年来开展活动比较活跃，请问李东东委员，你们开展这些活动是基于什么考虑的？另外，到目前为止又取得了哪些成效？

如何充分发挥界别作用需要深入探讨

“界别作为人民政协的基本组成单位，是政协区别于其他政治组织最显著的特色，也是政协履行政治协商、民主监督、参政议政职能的主要依托。现在政协委员按界别分组讨论、协商，已经成为政协全会和常委会议共商国是、议政建言的主要形式。但是在政协闭会期间，如何更加充分地发挥界别的作用，依然是个需要深入探讨、研究和实践的重要课题。”李东东回答说。

李东东表示，新闻出版界委员在讨论的时候提出，要使政协组织更加充满活力就必须充分发挥界别的功能。通过开展界别活动，解决好参加每年10天的全体会议和会外履职的关系，也就是俗称的10天委员和365天委员的关系。

“去年以来，新一届全国政协领导提出要更加充分地发挥界别的作用，建立起副主席联系界别和专委会联系界别的制度，为委员们进行界别活动搭建了新的有效平台。卢展工副主席联系我们新闻出版等界别，工作很忙，但他参加了新闻出版界别的两次活动。”她告诉记者。

围绕热点问题开展系列活动

谈及具体开展的活动，李东东说：“新闻出版界委员，围绕当前国家改革发展和业界改革发展的热点问题开展了一系列的活动。比如说以‘开发性金融助推文化发展’、‘全媒体时代的文化责任和网络安全’、‘探索建立健全现代文化市场体系’、‘体认当代中国价值观念，弘扬中华民族文化精神’等等，组织本界别委员深入到新媒体、深入到影视制作机构，更好地开展调查研究，进行专题研讨、提出意见建议，应该说收到了积极效果。”

她还向记者展示了新闻出版界别一年来履职的工作记录，称“这样就有助于委员们把自己的研讨成果和深入基层的这些工作记录下来，也加深了凝聚力，委员们也很高兴”。

最后，她表示：“卢展工副主席是联系新闻出版界别的政协领导，卞晋平委员所在的全国政协文史和学习委员会是联系我们界别的专委会，我所在的中国新闻文化促进会是国家新闻出版广电总局主管的联系新闻业界的桥梁和平台。我们积极配合文史和学习委员会，就新闻出版界委员做好协调和服务工作，为实现10天委员和365天委员的结合，我们积极探索新的工作模式。”

（光明网2014年3月7日）

充分运用新媒体满足公众对信息的需求

人民网前方报道组

今日上午，两会新闻中心在梅地亚二层多功能厅举行记者会。多位政协委员就如何充分发挥人民政协作为协商民主重要渠道作用、健全社会主义协商民主制度回答记者提问。

中国社会科学报、中国社会科学网记者：请问李东东委员，您一直以来在新闻出版战线工作，请问您认为在互联网时代如何利用新媒体手段宣传政协工作？在以往工作中，政协组织和政协委员有哪些实践探索？这方面是否有什么困难和挑战？

全国政协委员李东东：人民群众的利益和愿望是政协工作的出发点和立足点。政协的工作也需要让人民群众了解，并且接受群众的监督。我们感到新闻媒体可以说是政协和人民群众之间互相沟通与联系的桥梁纽带，因此做好新闻宣传工作是十分重要的。

在互联网时代，大家都看到了以网络为代表的新媒体已经逐渐担负起跨媒体、跨区域、跨层次舆论传播的传播介质的角色。我们强调充分运用新媒体、新业态、新技术做到传播方式的多样化和呈现的立体化。现在公众对信息传播的手段和方式，要求都高了。说到底是通过提升传播能力让民众更好地了解到人民政协作为协商民主重要渠道的作用。比如说不少报社、电台、电视台、网站都设立了直播间，让政协委员和群众直接面对面，零距离的接触和交流。这种方式是最直接的、最便捷的，也是最有效的。

政协现在有《人民政协报》、《中国政协》杂志、《纵横》杂志等传统的纸媒，同时建立了相应的网络宣传平台，“两会”期间记者朋友们已经收到了我们会议动态的短信，特别需要提出的是今年首次启用了微信公众平台，把会议最新情况等及时推送给大家，在第一时间多角度宣传政协委员的履职情况和成果。记者朋友们还可以搜索“政协新闻组”的公众号关注。

在新闻宣传方面，希望在座各位记者朋友多配合、多给我们提出意见和建议，共同做好政协的新闻宣传工作。

（人民网2014年3月7日）

互联网时代如何利用新媒体

——李东东在人民网强国论坛的访谈

人民网强国论坛

一、全国政协十二届二次会议刚闭幕，您能从人民大会堂直接来到人民网强国论坛，我们非常高兴。您以前在新闻出版管理部门工作，现在担任全国政协委员，虽然角色不同，但都与新闻出版紧密相关。请问，您是如何看待这种角色转变的?

我的工作，一直围绕宣传系统和新闻出版，早期做过新闻工作；后来到地方党委工作，也是文化范畴；再后来做新闻出版管理工作。担任全国政协委员之后，仍然十分关注新闻出版事业和文化事业的发展，现在主要是参政议政、履行政协委员的职责，在人民政协这个协商议政的平台上，对国家相关方针政策和本界别群众关心的问题提出意见、建议和批评，为新闻出版和文化建设的改革发展建言献策。我所在的中国新闻文化促进会，是国家新闻出版广电总局主管、联系新闻业界的社团组织，本身就做联系新闻人文化人的工作；我们紧密配合全国政协文史和学习委员会，积极做好新闻出版界委员会外履职的协调服务工作，大家从不同角度，都在继续关注和参与业界的改革发展。

二、请问李会长，作为中国新闻文化促进会会长，今年两会您最关注哪些方面的话题？听说您今年带来的提案有一个是关于深化改革体育产业发展的，能否介绍一下这个提案的内容？初衷是什么？提出这个提案的意义有哪些方面?

应该说，今年我关注的大体上是文化民生与环境民生方面的问题。具体说到关于体育产业改革发展的提案，是因为中国新闻文化促进会涉及的工作面不仅是新闻界和新闻文化范畴，也包括体育文化的内容。我认为，中国体育的举国体制在特定的历史时期是发挥了重大作用的，但是，时代在发展，如今竞技体育的奖牌已经不能愉悦人民群众，对于花费巨额纳税人的资金培养少数的尖子运动员，群众也是不满意的，因此，体育改革必须着眼于满足人民群众对于公共体育服务体系的需求，以人民群众的参与度和满意度为标准。

比如，说到中国足球，职业化改革已经20年，但群众对于足球的满意度却不断下降，甚至以调侃国足为乐。我认为，中国足球的问题是没有实行真正的改革，行政之手对足球干预太多，急功近利，虽然请了外国教练，但教练没有真正领兵布阵的权力，没有权威，联赛为国家比赛让路，这种情况下，失败也是必然的。

说到具体改革，一定要坚决管住干预体育的行政之手，实行“政企分开、政事分开、政社分开”，让行政主管守住本分，工作放在产业发展顶层设计，规划产业发展的设施体系、组织体系、运行体系、监督评估体系和政策支持体系。同时，为市场和企业充分提供咨询、服务、优惠政策等，其余的，让企业、市场和专业组织去做。

因此，我们从政协委员参政议政的角度，建议政府加紧落实，尽快制定、实施体育社会组织直接登记的管理办法和实施细则，让体育社会组织真正发挥其独立、专业的作用。在政府和事业单位的关系上，一定要坚决改变事业单位与行政机关不分、代行行政职能的现状，足协是大家都知道的例子。另外，我想强调要积极发挥企业的作用，体育产业化、市场化的关键是企业，我们一定要鼓励和支持民族体育企业做大做强；在改革过程中，尤其应该在群众参与度高、影响力大、传承优秀民族传统的领域内，鼓励体育从业经验丰富、市场竞争表现优异、跨行业资源整合能力强、有资金有实力的优秀民族体育企业脱颖而出。我举个例子，由智美控股集团与中国龙舟协会合作，在海南万宁成功举行了“中华龙舟大赛”，既接地气，为人民群众喜闻乐见，又实现了体育资源与商业资源的整合，具备长期可持续发展的条件，是体育产业化、市场化、社会化的良好范例，有关经验值得总结。

三、您向大会提交的关于建议制定《科学技术名词管理条例》的提案，得到很多名人委员的联名支持，您认为科学技术管理条例的立法能起到哪些作用？后续能带来怎样的效果和影响？

今年的两会，我还有一个提案，就是关于建议制订《科学技术名词管理条例》的提案，这个提案是邬书林委员和我受新闻出版业界的委托——是从出版的最后关口这样倒推的——受业界委托，联合新闻出版、经济、科技、教育、社科、医卫、民族、工商联等多界别委员，包括厉以宁、周伯华、陈锡文、白岩松、李彦宏等等几十位委员联名提出的。建议制订《科学技术名词管理条例》，是因为推进科技名词规范化是实现社会主义文化大发展大繁荣的一项重要的基础性工作。但是，目前社会规范应用科技名词的情况还很不理想，我们不同界别的许多政协委员都认为，应当制订一部行政法规，以立法形式促进科技名词规范化工作。科学技术名词的规范化和管理工作的制度化，是科学技术发展中一项重要的基础性工作，不仅对促进我国教育科研、新闻出版、国计民生与国际合作等方面工作具有重要作用，同时还对建立和传承以汉语言文字为基本表现手段的科技文化知识体系，传播社会主义核心价值观和发展创新民族文化，增强国家文化软实力也都具有积极的意义。

业界反映，目前科技名词的规范推广工作遇到了三大难题：一是科技名词审定规范公布工作缺乏法律保障，不利于科技名词规范工作的可持续发展；二是科技名词使用的意识十分淡薄，错用乱用科技名词的现象仍然非常突出。三是科技名词使用还缺少具体监管措施。据北京语言大学开展的医学名词使用情况专项调研结果表明，约25%的医学名词使用不规范。因此，制定《科学技术名词管理条例》，就是要从制度和规范入手，从国家法规层面进一步明确科学技术名词在科学技术研究、交流和科学技术成果传播、扩散与应用中的重要作用，依法完善和巩固科学技术名词各项工作，解决科学技术名词审定、公布、使用和监管过程中存在的实际问题，确保科学技术名词工作成为科学技术进步的重要保障。

四、我们也曾记得您在接受采访时说到，一届政协委员的职责不仅仅是只有那五个10天，不仅仅是在开会期间发挥自己重要的作用，想问一下您在过去的一些年当中是如何履职的，要履行好一个政协委员的职责，都应该做到哪些呢?

本次大会有三次记者招待会，其中第二次是关于协商民主，我在那次大会回答了记者朋友的提问，谈的就是关于我们新闻出版界别履职的问题。界别作为人民政协的基本组成单位，是政协区别于其他政治组织最显著的特色，也是政协履行政治协商、民主监督、参政议政职能的主要依托。现在，政协委员按界别分组讨论协商，已经成为政协全会和常委会协商国是、议政建言的主要形式——人大是按地域来分布，政协是按界别来分布。但是在政协会议的闭会期间，如何更加充分地发挥界别作用，依然是一个需要深入探索和研究的重要问题。因为政协委员有2200多位，而平时的常设的专委会是9个，参加进专委会的委员是600多位，大约占到四分之一左右，其他大多数委员都是以界别开展活动，如果我们不研究在闭会期间怎么样从界别的角度来履职，那么对大多数委员来说，就是相约年年见，每年3月3日见，政协大会。新闻出版界的委员非常积极，也非常有参与意识，感到要使政协的组织更加充满活力，必须充分发挥好界别的功能。通过开展界别活动，解决好参加会议和会外履职的关系，也就是俗称的“10天委员和365天委员”的关系。

去年以来，新一届全国政协领导已经提出了更好发挥界别作用，实施了这样一些新的机制和举措，就是建立起副主席联系界别和专委会联系界别的制度，这样就为委员们开展界别活动搭建了有效的平台。我们新闻出版界别一方面在由副主席联系、由专委会联系，刚才我说了还有我所在的新闻文化促进会，我们来协调服务，我们就组织了多次围绕当前改革开放的一些热点问题，特别是业界发展的一些主要的问题，我们开展了这样的活动，比如说“以开发性金融助推文化发展”，我们的研讨还深入基层，我们到了新媒体的现场，到网络公司举行了“全媒体时代的文化责任和网络安全”调研，我们还到影视制作机构，也是到现场调研，然后举行了

“探索建立健全现代文化市场体系”研讨，我们还举行了“体认当代中国价值观念，弘扬中华民族文化精神”专题学习会，围绕这些主题，组织界别委员深入开展调查研究、专题研讨，大家提出了很有见地的意见和建议，应该说是收到了积极效果的。

我们界别很活跃，我们委员的通讯录都是独树一帜的，我们的通讯录上有我们委员履职的新闻图片，再加上他的特写照，他还要写一句对大会和对委员的祝愿和祝福。这就是我们新闻出版界别委员的通讯录，这样大家更亲近了，不认识的，通过这个认识了；认识的，更熟悉了，加深了联系和友谊。我刚才说的那几次活动，我们都有会后编印的活动纪实工作画册。

五、1949年9月，您的父亲李庄曾作为中共中央机关报《人民日报》记者进入中南海怀仁堂，参与采访报道中国人民政治协商会议第一次全体会议，生动地记录了新中国的诞生，为我们留下了宝贵的文字遗产。您和父亲与人民政协有65年情缘，父亲留下的精神财富对您参政议政有何启发和感悟？对您平时的工作又有哪些帮助？

我父亲李庄，是抗日战争初期参加革命，后来随着革命形势的推进，从太行山下来，从平山跟着中央“进京赶考”，参与了接收国民党当时在北平的宣传机构，比较早地就进入了北平。随着中共中央号召举行新政治协商会议，和各界人士一起商讨建立一个新的中国，他在1949年初进入北平一直到9月21日开会之前，这一段，都作为中共中央机关报工作人员参与了对中国人民政治协商会议第一届会议的各种准备工作的报道，他本人是全程参加并报道了政协会议。当时北平刚刚解放，百业凋敝，都找不到一个很大的会场，后来就在中南海怀仁堂开会。当时第一届政协，那时候不叫政协委员，叫政协代表，这600多位代表，应该说是中华民族的精英，他们在中国共产党领导下，大家团结共事、共商国是，要建立一个什么样的新中国。因为会场不大，一定要保证代表的座位，其他的工作人员，包括记者，基本上是没有位置的，特别是在怀仁堂的主席台前区，那就更是位置非常紧张了。这样的话，很少的记者能够进到前面去。我父亲回忆，各民主党派都对中国共产党非常尊重，对中共中央也非常尊重，这样就给了中共中央机关报一个记者名额，就是文字记者名额；然后新华社有一位文字记者的名额，还有摄影记者；再就是新影，就是中央新闻记录电影制片厂。就这样几位在前面，他们都深感责任重大，那时候根本没有什么摄像、录音手段，就要凭他们的观察，他们认真参会，在那个位置观察采访，用他们手中的笔和本来记录一天一天会议的进程，来记录开国的光荣而神圣的时刻。

因为从新闻的特点来说，新华社主要是要发消息，每天要把会议消息及时地发出来。报纸的特点在通讯和评论。那时候报纸很少，新中国刚成立，中央的报纸没有几家，地方有的党报都还没来得及建立起来，有些省建立起来了，报纸是很少的。报纸，作为今天说的纸介质媒体的功能，当时一是通讯，一是社论。前方，我父亲受组织派遣，到前方现场采访，他就负责写通讯，后方写社论，发其地会外消息，就这样配合起来，一方面发新华社的消息，然后配上通讯，然后再有社论，这是党报的特点。会议是从9月21日到9月30日，中间休会两天，就是第一届政协的8天会议。在这8天里，600位政协代表在毛泽东、周恩来、刘少奇等中国共产党和各民主党派的领导人共同的领导和努力下，就商讨着建立了这样一个新的屹立在世界东方的人民的共和国。我带来的报纸，是第一天的，开国那天的报道。

这份报纸，时间是中华民国三十八年九月二十二日，因为还没有到决定中华人民共和国改纪年的时间，所以在这一天还是民国纪年。这是人民政协开会的第一天的报道，它的上面是毛主席关于大会的开幕辞。你看消息的标题就知道了，肩题是“中华人民共和国开国盛典”，这个时候已经宣布开国了，主题是“中国人民政协开幕”，副题是“毛泽东主席宣布会议任务”，底下二级副题就是一系列的任务。这就是我说的消息了，这是新华社记者发的消息。我父亲的通讯在这个位置上，他是用的毛主席开幕辞里的一句话“中国人从此站立起来了”作标题，是加了引号的。这边是社论，后方编辑部赶社论，社论的标题也非常简洁，用今天的话说，语言非常鲜明，“旧中国灭亡了，新中国诞生了”，9月21日是大会第一天。会议开下来，一共八天，按照会议的议程，不断地解决各种问题。到了9月28日的时候，公布了27日会议决定的事情。你看到28日的报纸，报眉上是1949年9月28日了，《人民日报》的社址原来一直是北平，现在成了北京了。这天消息的标题，引题是“中国人民政协全体会议重大决议”，这一天决定的事情是非常实质性的，如，“通过中国人民政协组织法”，“通过中央人民政府组织法”，“国都定于北平改为北京”，“国旗、国歌及纪年均已确定”，这是非常庄严的历史时刻。

“历史是昨天的新闻，新闻是明天的历史；历史是新闻的积淀，新闻是历史的瞬间”。通过一个新闻记者承担采访一次具体会议的任务，记录了当时的这个事实，这个瞬间就积淀成了我们人民共和国历史长河里的一掬浪花，或者说是中华人民共和国信史中的一个非常重要的资料。他参与了这个报道，他也忠诚地记录了历史。

六、刚才您也谈到很多新闻工作者应该怎样做，接下来想请问您，您认为一个好的新闻作品有哪些标准？您有哪些想法和网友分享一下呢？

好新闻的标准现在有很多说法，但是我想是能明确起来的。作为党的新闻工作者，新闻作品，或者说好新闻，首先必须以邓小平理论和“三个代表”重要思想为指导，贯彻落实科学发展观，坚持为人民服务、为社会主义服务、为全党全国工作大局服务，贯彻团结稳定、正面宣传为主的方针，坚持正确舆论导向，落实“三贴近”要求，社会效果好。我觉得首先应该把握这样一个正确的方向。其次，内容真实，新闻性强，时效性强，主题鲜明，富于创新，语言文字生动，制作精良，这样就能做到感染力强，为人民群众喜闻乐见。

新闻作品都出自新闻工作者的笔，是人的主观能动的一个劳动的成果。能够写出好新闻的，一定是优秀的新闻工作者。我一直在新闻宣传战线工作，虽然后来比较长的时间不再直接从事新闻工作，但是我还是看到，长江后浪推前浪，很多优秀的新闻工作者不断地产生。我认为，合格的新闻工作者应当具备以下三个方面的素质：第一，能够继承党和人民的新闻事业的优良传统。中国共产党已经建立90多年了，党的新闻事业是在一代一代新闻工作者手中发展的，前赴后继有了今天这样一个很好的局面。“历史是昨天的新闻，新闻是明天的历史；历史是新闻的积淀，新闻是历史的瞬间。”党的新闻工作者记录这些重大事件，当时正在发生着的、他们参与其中的那些事实，可能是重大的，也可能就是一个很局部的、一个地区的，甚至一个村庄的，就是老百姓生活中的事情。但是，只要他们认真地、真实地、生动地记录了那些发生的事实，他们实际上也就记录了历史的瞬间。他们在忠实地记录新闻的时候，也就忠诚地书写了历史。所以，我觉得就是要继承老一辈新闻工作者那种忠诚、执着、敬业、奉献的崇高精神，我觉得不管时代怎么变化，这一点都不能变。第二，要有志于使新闻工作留名青史。不是说新闻工作者自己，你是新闻队伍中的一员，通过我们的工作使党和人民的新闻事业能够流传下来，留下它宝贵的被人民永远纪念的这个成果。事业是由人来从事的，从新闻工作者个人，从我们的队伍建设看，有志于做新闻工作，我觉得就应该有志于使自己的报道留在党的新闻事业史上，留在共和国的新闻史上。对新闻记者定义的表述不少，我看有一种提法不错：新闻的记录者，社会的守望者，历史的书写者。从这个意义上说，那些虚假失实的报道，低俗、媚俗、跟风、追星那些表面喧哗没有多大实质意义，不是扎扎实实为群众服务、为基层服务、为实践服务的报道，我相信不可能留在共和国的新闻事业史上。所以，我想要使新闻事业彪炳青史，新闻工作者应该对自己有不同一般的要求。第三，要着力提高自身的学养。前面谈到新闻工作者的道德修养、政治操守应当不同一般，与此同时，我认为能够成为一个优秀的新闻记者，还应当具有较为深厚的学养，也就是学识和修养较为深厚的积淀。文化的功能在于通过对人的塑造和影响来增强或者涣散一个民族的凝聚力，从而最终影响综合国力的实现。从这个意义上说，政治品质、道德修养加学养，是做一个有竞争力的优秀新闻工作者的重要条件。我认为优秀的新闻工作者比较高的水平是“写人所不写，写人所不能写”，因为有了前者，就是说新闻的敏感性，写人所不写，就是别人没有发现的、没有捕捉到的、没有升华出来的东西，就抓住了当下社会生活的事实，捕捉了别人没有留意，因而很可能独树一帜的新闻话题；有了后者，就能使那些事实、思想、学问、文采俱佳的新闻作品，立足新闻史册。

七、随着网络的发展，全球报业似乎都受到了冲击，许多报业也关门大吉了，有的则停发纸质刊物转而进军电子阅读。想问一下您对这个现象是怎样看的？纸质阅读领域该如何绝处逢生呢？

这确实是一个大家都很关注的问题。随着信息网络技术的迅猛发展，电子媒体异军突起，对纸质媒体造成巨大冲击。当一代又一代网络人成长起来的时候，纸质媒体势必受到加速的冲击，因为新媒体发展的速度非常快，年轻人的思维转换也非常快。据资料统计，在美国1964年的时候，还有80%的美国人看报纸，今天只有50%了。其中年轻人不到20%。近几年，我国期刊和报业发展不但没有出现快速下滑的情况，反而随着我国国民经济的快速发展，以及国际金融危机的逐渐消退，还在某种意义上拥有了良好的发展机遇。我们分析一下，首先中国的市场发展，就是我们整个经济发展非常迅速，企业之间的竞争越来越激烈。这样企业在广告投放上就不断增加，这对所有的媒体都是机会，无论是纸介质还是新媒体。此外，中国读者的数量、基数比国外大很多，这一点也是非常重要的，你有那么大的阅读人群，它从百分之多少降低到百分之多少了，还是有一个巨大的阅读人群。另一方面，中国互联网发展的普及率相对国外还不算高，目前4亿人，听起来是非常大了，是欧洲好几个国家的人口了，但是目前的4亿人也仅占中国人口的30%左右，而美国互联网的普及率已经占到国家人口总数的80%，这样客观地看起来，还是各有各的阅读人群。当然，中国报业的发展空间，也跟报业自身不断地努力有关。报业早就有这种危机感和应对的措施了，通过不断地改变自身和报业之间的这种竞争来改善自己。

尽管随着新媒体的发展，越来越多的核心受众市场被抢占，但是应该说报纸是永远不可能消失的。相反，报业还可能催生新的形态。阶段性上涨的情况还将持续。当然，将来的报业不再是原来形态下的报业，也将整合很多新媒体的技术，受众也在不断变化。我感觉对受众也不能一刀切，就说他就是只看新媒体，不看纸介质了，读者是会有参差的，同样的人群里也有在不同阶段的不同选择。所以，我感到未来报业仍将有它的引领作用。未来报业的发展，一定要搞清楚自己的核心资源是什么，尤其是在和互联网竞争的时候，要根据环境不断地做出调整。整个报业也应该严格实行优胜劣汰，按照产业需求整合报纸，否则将陷入恶性竞争。然后，要进一步确定自己的读者特点，做好定位，注重培养创新能力，不断提高自身生产技术，加强企业竞争优势，与此同时，期刊和报纸业内企业，还应该全面把握行业的市场运行态势，不断学习行业最新生产技术，了解行业国家政策法规走向，掌握同行业竞争对手的发展动态，这样才能使企业充分了解行业发展动态以及自身在行业中所处的地位，制定正确的发展策略，以使企业在激烈的甚至是残酷的市场竞争中取得领先优势。

八、我们还有最后一个问题，这个问题也是当下比较流行的一个话题，就是中国梦。想问一下您是如何理解中国梦的，您的中国梦是什么?

梦想是人类追求进步的精神动力。习近平总书记在最近的几次讲话中既强调了实干兴邦，又强调了要胸怀实现中华民族伟大复兴、实现共产主义的崇高理想。我长期在宣传文化战线工作，更关注于文化建设，尤其是新闻出版强国建设。要实现建设新闻出版强国的梦想，具体说应该做好以下六大方面的工作：一是要坚持正确的出版方向和舆论导向，认真做好重大主题出版，扎实推进新闻出版精品战略；二是继续深化新闻出版体制改革，要深化经营性出版单位改革，深化公益性事业单位改革，积极引导非公有制企业发展，以改造流通为重点，建立和完善统一开放竞争有序的市场体系，深化行政管理体制改革；三是要抓紧落实重大项目，抓紧培育新兴产业，抓紧转方式调结构，抓紧培育消费市场；四是要大力推进全民阅读，巩固提高农家书屋工程，扎实推进“东风工程”，健全新闻出版公共服务体系；五是要扩展国内市场网络，开发农村潜在消费能力，满足基层文化产品需求，实施对外传播品牌工程，构建对外传播技术平台，拓展对外传播国际渠道，培育对外传播知名企业；六是要导向管理不放松，阵地管理不放松，版权保护不放松，“扫黄打非”不放松，依法行政不放松。

建设新闻出版强国，也是几代新闻出版人孜孜以求的梦想。把梦想变为现实，全面实现新闻出版强国建设的宏伟蓝图，需要站在新的历史起点上，付出大量艰苦的努力。我们新闻出版人要牢记“空谈误国、实干兴邦”的道理，脚踏实地地奋斗，扎扎实实地工作，锐意改革，大胆探索，以只争朝夕的精神和真抓实干的行动，推动梦想的实现。

（人民网强国论坛2014年3月13日）

加快网络出版立法，解决管理部门分散缺乏法律依据等问题

白　瀛　熊争艳

全国政协委员、中国新闻文化促进会会长、新闻出版总署原副署长李东东今年两会提交提案，建议在大数据背景下规范网络出版的准确概念，对互联网出版进行立法，解决网络出版管理部门分散、管理领域存在盲区、管理缺乏法律依据等问题。

李东东说，互联网信息发布属于网络出版，但目前我国对于网络出版的管理分散在多个部门，如公安部负责国家安全信息的监测，工业与信息化部负责设立网站批复，国家互联网信息办公室负责互联网内容的管理、对网站的处罚等，国家新闻出版广电总局负责审批电子报刊，涉及色情、淫秽的网络内容的打击处罚，网络著作权的保护等。

“各部委、机构在依法对网络出版实施管理时，存在分工缺乏相关法律依据、工作职能交叉、管理领域尚有盲区等问题，难以适应大数据时代错综复杂的局面。”她认为。

李东东说，网络传播的内容存在真假混杂等多种问题，也不容忽视。在大数据时代，每个人都是信息发布源，不受时间、地域、语言的影响，海量的信息可以在最短的时间内发布到全世界。

她还说，大数据时代到来太迅速，导致国家机构来不及应对，出现了不少问题，直接影响社会的稳定与和谐。如：网络谣言一旦传播，要花费大量的成本去澄清；对于网络上的一些“问题”言论，有关部门删除时缺乏法律依据，有被发布者告上法庭的风险；传统报刊、出版社设立的微信公众号、网络

版、微博客、iPad版等数字出版内容，目前没有相关的法律法规明确审批与监管的部门与机构，导致内容的管理成为盲区；网络发布内容被侵权的问题十分严重。

“诸如此类实践中的问题都在证明，如不及时对网络出版立法，实施规范管理，将会直接影响社会安定和谐，并导致种种社会问题的爆发。”她说。

李东东建议全国人大与国务院有关部门尽快立法，规范网络出版的准确概念，依法设立统一归口管理网络出版的机构。

她建议由多年分管出版机构与出版活动的国家新闻出版广电总局依据《出版管理条例》对网络出版实施管理，在国家层面立法来不及的情况下尽快出台相关的规章和规范性文件，覆盖网络出版的所有内容，以规范网络出版活动，保障网络出版安全。

（新华社北京2015年3月3日）

虚假广告钓鱼欺诈搭搜索引擎“直通车”，有偿推广服务亟待纳入广告法监管

白 瀛 彭 卓 熊争艳

网搜“减肥”，网页首推的减肥药商家打出广告“安全减肥，月瘦20至60斤”；网搜“整形”，网页力荐的却是违法商家……

近年来，搜索引擎作为网络生活“必需品”，却因身处“法外之地”，成为虚假广告、钓鱼欺诈等违法信息“直通车”。全国政协委员、中国新闻文化促进会会长、新闻出版总署原副署长李东东今年两会提交提案，建议将搜索引擎有偿推广服务明确纳入广告法监管，虚假广告不可在互联网“法外逍遥”。

搜索引擎显示顺序只看“出钱多少”？

“今天做手术，明天就上班”、“整形大变身，留住老公心”、“零抵押零担保，工资四千轻松贷款”……打开搜索引擎，输入“整形”、“人工流产”、“小额贷款”等关键词，映入眼帘的是数家相关机构的广告推介，页面排序远超新闻信息、词语解释等。

然而在这些推介商家中，虚假广告和钓鱼欺诈内容屡见不鲜，更有机构是非法“小门脸”。26岁的沈阳求美者杨小姐告诉记者，自己曾在某搜索引擎输入“美容整形”，前往页面主推的一家整形机构。“本以为网页推荐的会是正规机构，结果不仅涉嫌非法行医，两个月后更是被有关部门查封。”

李东东指出，搜索引擎服务运营商自身监管缺陷、竞价排名模式下的利益驱使，使其正在替代传统媒体形式，无论在PC端和移动端都成为虚假广告泛滥的主战场。“这些广告的夸大或虚假宣传，诱导一些不了解该行业的搜索

者轻率、扩大消费，造成身心和财产损伤。”

她表示，在搜索引擎用户规模激增与互联网市场营销价值凸显的背景下，通过搜索引擎推广产品已成为企业营销重要手段，以竞价排名服务为主的商业推广成为搜索引擎运营商的主要收入来源。

“现在搜索引擎页面显示顺序只看‘出钱多少’，企业资质和用户点击量并不重要。”北京一位不愿具名的业内人士透露，山寨机构和搜索引擎服务商通过人工干预，使虚假信息通过高价竞争排到搜索结果前列，对拒绝交钱参与竞价排名的商家进行恶意屏蔽，并通过占用关键词等方式，使其“冒名”知名品牌、机构、产品进行混淆推广。

广告法最新修订草案未涉及，消费者权益难保障

中国互联网络信息中心今年1月发布的《第35次中国互联网络发展状况统计报告》显示，截至2014年12月，我国搜索引擎用户规模达5.22亿，使用率为80.5%；手机搜索用户数达4.29亿，使用率达77.1%。移动搜索的使用频率已跃升至各类手机应用的第二位，搜索引擎对社会生活服务的渗透不断扩大。

庞大的用户集群、高频度的使用，使搜索引擎在互联网广告行为中占据重要地位，也为违法广告提供了“温床”。国家工商总局等五部门近期披露数据显示，通过主要商业网站、广告监测发现，一些网站发布的医疗药品、医疗器械、保健食品广告的违法率高达90%。

李东东说，通过调研发现，目前搜索引擎广告市场上，搜索竞价排名为虚假药品广告打开方便之门，搜索竞价排名为山寨机构提供推广途径。

李东东表示，无法可依是导致虚假广告在搜索引擎“法外逍遥”的重要原因。去年底提交审议的广告法修订草案二审稿已将互联网广告明确纳入了广告法的调整范围，但具体条文上仍缺少对互联网广告如何适用的规定，特别是针对搜索引擎有偿推广的广告模式，在广告法修订草案中未见涉及。

辽宁社会科学院哲学研究所所长张思宁指出，由于广告法并未将搜索引擎有偿服务纳入范畴，使之成为漏洞频出的“法外之地”。即使运营商的逐利行为使消费者权益受到损害，运营商也会因“无法可依”难以追责。

明确搜索引擎有偿推广的“广告”属性

窝窝团信息技术有限公司董事长兼首席执行官徐茂栋曾表示，搜索引擎是互联网的基础应用，也是网民获取信息的重要工具和主要入口，拥有社会性、公共性等特殊属性。“如果搜索引擎运营商是以盈利为目的的商业公司，逐利行为导致难以平衡社会责任与商业利益。”

李东东建议，明确搜索引擎有偿推广等新型互联网广告的“广告”属性，将其纳入广告法管理，并尽快制定、颁布专门的互联网广告管理规定，对广告发布的相关主体认定、行为规范、权利义务、监管措施、处罚做出具体规定。

张思宁表示，工商部门应积极介入搜索引擎广告监管，在搜索结果展示页面必须明确区分自然搜索结果和广告推广，各级管理机关也应督促各大搜索引擎服务商切实建立并完善广告审查机制。“对搜索引擎上的虚假违法广告应加大处罚力度，搜索引擎发布虚假信息也应承担连带责任。”

（新华社2015年3月4日）

“这就是文化软实力”

——委员热议《习近平用典》

刘　峰

连日来，刚刚出版的《习近平用典》一书为社会各界所关注。记者在全国人大会议中心、北京建银饭店等多个两会驻地的新华书店购书点看到，代表委员们纷纷购买阅读。

3月7日下午，结束小组讨论后，李东东、邬书林、郝振省等7位新闻出版界的全国政协委员在驻地会议室，就该书展开了热烈的讨论。大家都表示，翻开《习近平用典》感到非常亲切，该书从文化角度阐释和传播总书记治国理政的思想，值得向读者推荐。

“这就是文化软实力。”中国出版协会常务副理事长邬书林委员一语中的，“这本书有很厚重的思想底蕴，出版得非常及时。我们看到了领导人在继承和弘扬民族思想文化传统的基础上对经典的娴熟运用，并直面国家亟待解决的重大问题，从古训中汲取智慧，汲取营养。”

中国新闻文化促进会会长李东东委员表示，通读全书，感觉非常亲切接地气，非常厚重有深度。总书记从中华民族优秀传统文化中汲取治国理政的睿智，同时紧紧联系当下改革开放的实际提出要求。这部书的推广，将对进一步改进文风起到很好的作用。

中国编辑学会会长郝振省委员说，“选题非常到位。从文化角度能够更深刻、更深入地理解总书记的思想，更好地贯彻‘四个全面’的战略布局。”

“执政有底蕴，用典有传承。这部书告诉我们要实现民族复兴，要实现中国梦，还得从优秀传统文化中汲取营养。总书记为我们树立了很好的榜样。”中国电视艺术家协会副主席欧阳常林委员说。

（原载于《人民日报》2015年3月8日）

新闻出版界委员热议《习近平用典》

刘 峰 鲍聪颖

3月7日下午，结束小组讨论后，7位新闻出版界别的全国政协委员在驻地会议室，就近期出版的《习近平用典》展开了热烈的讨论。

委员们纷纷表示，翻开《习近平用典》感到非常亲切，该书从文化角度阐释和传播总书记治国理政的思想，值得向全社会推广和传播。

“这本书有很厚重的思想文化底蕴，出版得非常及时。”中国出版协会常务副理事长邬书林委员说，“我们看到了领导人在继承和弘扬民族思想文化传统的基础上对经典的娴熟运用，并直面国家亟待解决的重大问题，从古训中找到力量、找到方法、找到路径。”

中国新闻文化促进会会长李东东委员说，“通读全书，感觉文风一变，非常亲切接地气，非常厚重有深度。总书记从中华民族优秀传统文化中汲取治国理政的睿智，同时紧紧联系当下改革开放的实际提出要求。这部书的推广，将对进一步改进党风、文风起到很好的作用”。

中国作家出版集团党委副书记艾克拜尔·米吉提委员表示，书中梳理了过去一个时期总书记讲话中的引经据典，总书记把古人的智慧和中国传统的智慧和今天的问题衔接得非常到位。这种文风，将会对我们的社会带来一个新风，比空话、大话、假话更朴实，贴近民心、贴近现实。

中国编辑学会会长郝振省委员说，“选题非常到位。从文化角度能够更深刻、更深入地把握治党、治国、治军的思想。我们看到总书记的治国理政思想不仅和马列主义、科学发展观紧密结合，也和中国优秀传统文化紧密结合。”

“执政有底蕴，用典有传承。这部书告诉我们中国要实现民族复兴，要实现中国梦，还得要去老祖宗留下的典籍中吸取营养。总书记为我们树立了很好的榜样。”中国电视艺术家协会副主席欧阳常林委员说。

《习近平用典》由人民日报社社长杨振武作序，人民日报社副总编辑卢新宁组织撰写解读文字。全书26万字，从习近平总书记数百篇讲话和文章中遴选出使用频率高、影响深远、最能体现他治国理政理念的典故135则，分敬民、为政、立德、修身、任贤、天下、信念、法治等13个篇章。针对每则典故，分别阐述总书记用典的现实意义，诠释所引典故的背景义理。据介绍，该书被列为新华书店向全国两会重点推荐图书，目前，首印30万册已经预售完毕。

（人民网2015年3月8日）

家风无言，却奠定一生的原则

——三位女委员讲述成长故事

熊争艳　王　茜　徐　硙　于文静

家庭，每个人成长过程中的第一个课堂。

家风，父母播撒在孩子心中的第一颗种子。

政协大会期间，新华社记者采访3位女性政协委员，倾听她们对父母的回忆，对家风的理解。

“敦煌女儿”樊锦诗：既然选择了，就要好好干

年过七旬的敦煌研究院名誉院长樊锦诗委员，生在北京，长在上海，却扎根敦煌，从事文物研究50余载。这份选择和坚守，与她的父亲有关。

樊锦诗的父亲毕业于清华大学，喜欢文化。樊锦诗很小的时候，父亲就爱带她逛美术馆，看艺术展。她至今还记得当年看过的电影《出水芙蓉》，背过的《古文观止》。

樊锦诗第一次知道莫高窟，是通过历史课本。她一看到，就着迷了，并开始积攒有关敦煌的画片。这种兴趣越来越浓厚，直到高考时她报考了北京大学考古系。

1962年樊锦诗到敦煌莫高窟实习，单位有意留下她。“洞窟很震撼，但生活条件太差了，没有电灯，水又苦又咸，我真不想去那里。”樊锦诗说。父亲心疼她，就写了一封长信，请求校领导不要把她分配到甘肃。但后来她把信藏起来，毕业后还是去了敦煌。

父亲得知后，只说了一句话："既然选择了，就要好好干。"

后来，樊锦诗每次回家探亲，父亲从来不问她敦煌有多苦，只嘱咐她要认真执着。

"其实那时候没想在敦煌干一辈子，结果50多年就这样过去了。我想我之所以能坚持下来，和父亲的那句话有很大关系。"她说。

樊锦诗记忆中的父亲，不善表达，都是言传身教。母亲文化不高，话也不多，对孩子很严格。"我们去看电影，一毛钱一张票，除此以外，一分钱都不多给我们。"她说。

作家迟子建：母爱如伞，阴晦给自己，晴朗给儿女

作家迟子建委员开始并不愿接受采访，但当得知主题是母亲，迟子建答应了，并讲述了下面的故事：

"写作《额尔古纳河右岸》那年初春，一个雨雪交加的黄昏，正写得如醉如痴，电话响了。是妈妈打来的。妈妈说，我就在你楼下，我来给你送伞，今天早点回家吃饭吧。

"没有比写到亢奋处遭受打扰更让人不快的了。我懊恼地对妈妈说，雪有什么可怕的，我用不着伞，你回去吧，我再写一会儿。妈妈说，我看雪中还夹着雨，怕把你浇湿，你就下来吧！我终于忍耐不住了，冲妈妈无理地说，你也是，来之前怎么不打个电话，问问我需不需要伞？我不要伞，你回去吧！

"挂断电话，听筒里的声音消逝的一瞬，我马上意识到自己犯了最不可饶恕的错误！我跑到阳台，看见飞雪中的母亲撑着一把天蓝色的伞，微弓着背，缓缓地朝回走。她的腋下夹着一把绿伞，那是为我准备的啊。我想喊住她，但羞愧使我张不开口，只是默默地看着她渐行渐远。"

迟子建后来写了篇文章《龙眼与伞》。她说，母爱就像伞，把阴晦留给自己，而把晴朗留给儿女。母爱也像那一颗颗龙眼，不管表皮多么干涩，内里总是深藏着甘甜的汁液。

迟子建说，妈妈结婚很早，所以，她们的关系，有时是母女，有时是姐妹。母亲是她的第一读者，有一次还挑出她文章里的失误之处。

迟子建说，妈妈喜欢接济别人。她家在大兴安岭，小时候，粮食还定量供给。哪个邻居有困难，妈妈都会借米、面给他们。“我家的咸菜都是一盆一盆往外送，结果才刚春天，家里就没咸菜吃了。”迟子建记得这样的细节。

迟子建说，她的外婆也是这样的人。在那个饥饿年代，只要家里有一点米，外婆就要接济邻居。有一次，家里只有一把米了，外婆就去地里收了好多烂菜，熬了一锅菜粥，分给邻居喝。

“这就是家风，淳朴、厚道。外婆传给妈妈，妈妈传给我们。”迟子建说。

“报人之后”李东东：尽职尽责，做就做好

政协大会开幕后的一天晚上，曾担任新闻出版总署原副署长的李东东委员，给母亲打电话，说很想念她。

91岁的母亲说，在电视新闻里看到她了，“不要惦念，好好开会，要尽好一个政协委员的职责”。

对于尽职尽责的理解，李东东最早是从父母身上学到的。

李东东的父母都任职于人民日报。父亲李庄担任领导职务，一生波澜壮阔大起大落。“我父亲在抗战烽火中离家投身革命，从此‘小家’让位给了国家。”李东东说。

她说起一段往事：父亲刚进北京城时为了恶补文化，与两位同事相约学习马列著作，每天至少读两小时。父亲在报社值夜班，一般凌晨5点下班，回到家再读两小时，睡觉时已是上午……

母亲虽不像父亲那样辉煌，但在李东东看来，她严谨认真，从容淡定，从不抱怨。

“她做事情要么不做、做就做好的要求，成为我做事追求完美的根源。”李东东说。

母亲对孩子们的学习要求很严格。小时候，哪怕寒暑假，也不允许孩子纵情玩乐。母亲给孩子们买来古今中外经典名著，一句一句教儿女背唐诗宋词，还要挨天检查作业。

李东东认为，一个人能以较好的风度、得体出席各种社交活动，也得益于母亲的严格家教。她们姊妹从小就被要求，女孩子坐要怎么坐，站要怎么站，笑要怎么笑；吃饭时不能出声，包括吃面条不能吸溜；与人谈话时要诚恳

专注地看着对方的眼睛，不能打断对方讲话；无论打电话还是接电话，通话结束时都要后放下电话等。

李东东说，父母很注意不让他们滋长干部子女的优越感。从小时候起，母亲就注重锻炼他们的生活技能，钉扣子、补衣服、缝棉被、织毛衣……

“直到今天，只要做，仍能做得像模像样。”她说。

父母进入晚年后，李东东曾两度离开北京工作。“为国尽忠和事亲尽孝，常常在我心中纠结。”李东东说，可父亲从来没有埋怨过她，父亲常对她说：为国尽忠就是最大的尽孝，好好工作。

李东东说，家风无言，却可以奠定一个人一生尊崇的做人做事基本原则。父母没有说教过做人做事的道理，而是用自己一生的所作所为，做了子女最好的教科书。

（新华社2015年3月9日）

新闻出版界的界别发言是这样炼成的

汪俞佳

3月10日上午，全国政协十二届三次会议第三次全体会议结束后，李东东委员代表新闻出版界做的题为《加快推动传统媒体和新兴媒体融合发展》的大会发言，引起媒体和社会广泛热议。

热议原因主要有两个，一方面是李东东代表新闻出版界做的题为《加快推动传统媒体和新兴媒体融合发展》的大会发言内容精彩，契合当下社会热点；另一方面，界别发言这件事本身也引起各方关注。

那么，今年新闻出版界的界别发言是怎样炼成的？当天下午，趁着小组讨论会间隙，记者赶紧走到李东东面前，表明来意。

“你先看看这些材料。”李东东首先递给记者三本纪实摄影画册，上面以文字和图片详细记录了去年以来新闻出版界开展的界别活动。“工作做得这么细啊！”看着记者略微吃惊的表情，李东东认真地说：“委员的界别活动在闭会期间没有工作机构的依托，大会之外，其实平时相聚并不容易。我们新闻出版界的界别活动没有停留在大会小组讨论时的关注和议论，而是扎扎实实坚持在闭会期间探索实践。”

事实的确如此。2013年以来，新一届全国政协领导提出要更加充分地发挥界别的作用，建立起副主席联系界别和专委会联系界别的制度，为委员们进行界别活动搭建了新的平台。从十一届起，界别活动就开展得有声有色的新闻出版界，在此基础上更加积极活跃了。“我们陆续组织本界别委员开展了许多调研活动，比如‘全媒体时代的文化责任和网络安全’、‘探索建立健全现代文化市场体系’、‘体认当代中国价值观念，弘扬中华民族文化精神’等。每年选取不同的课题展开调研其实是新闻出版界的‘老传统’了，课题选取既围绕当前国家改革发展大局和业界关注的热点问题，又是老百姓关心的话题。”李东东告诉记者。

中共十八大以来，中央高度重视媒体融合发展，出台了重要指导意见，既着眼于宣传思想文化阵地的巩固和政权安全，又关系到主流媒体的生存发展与现代传播体系的建立。2014年，“推动传统媒体和新兴媒体融合发展”不仅成为业内外关注的焦点，也“顺理成章”成为新闻出版界调研的主要课题。

2014年春，全国政协十二届二次会议结束后，新闻出版界委员很快展开了会外履职工作，先后赴上海、湖北、广东、北京等地开展调研，实地了解传统媒体和新媒体在中央和地方媒体、在发达地区和中部地区的实际发展情况，并在2015年1月18日专门召开了“深化改革推动媒体融合建设新常态下促进新闻文化发展”专题座谈会。李东东特别告诉记者，这次座谈会的与会人员除了参与调研的委员，还有国务院有关部委领导和国内媒体行业的领军人物。“邀请各方参与，就是希望把问题研究得更透彻，这样提出的建议才能更有实效。”

说到这里，李东东想起新闻出版界曾经展开过的一次讨论，那就是，在政协闭会期间，如何更加充分地发挥界别的作用？“当时委员们就‘10天委员’和‘365天委员’的问题讨论得很热烈，大家一致认为，政协委员既是荣誉，更是责任，这种责任是对国家的责任、对人民的责任、对政协事业的责任，要使政协组织更加充满活力，就必须充分发挥界别的功能，委员自己更应该在会内外都积极履职。”

今年两会召开前夕，新闻出版界在总结归纳委员们一年来会内外履职成果的基础上，形成了界别发言初稿。3月4日，新闻出版界小组讨论会上，李东东把拟向大会提交的界别发言初稿现场发给所有委员，再次征求大家意见。会上，委员们对发言初稿提出肯定，也有委员就发言中的对策建议提出了具体修改意见。在数易其稿的过程中，郝振省、黄友义、王涛、白岩松、王求、黄扬略等委员都提出了中肯的意见。

“就这样，在新闻出版界全体委员的共同努力下，这篇发言稿终于形成了大会发言时的定稿，前后大约改了七八稿。”

其实，这并不是李东东的第一次发言。早在全国政协十一届二次会议第三次全体会议上，李东东就曾做了题为《加大投入，优化政策，发挥新闻出版业在“保增长”中的重要作用》的发言。不过，那一次的发言是委员发言。

“两次发言的感受是不一样的。”这一次，李东东明显感到压力更大。“我最大的感受是，界别发言必须建立在扎实的、充分的调研之上，而且能够取得界别委员的共识，凝聚集体的智慧，真正就某一具体问题发表有分量的、有见解的声音。”

发言结束了，是否有种如释重负的感觉？面对记者的提问，李东东轻轻摇头。“今年，俞正声主席在政协常委会工作报告中提出，要探索以界别为单位推荐大会发言、提出集体提案，活跃界别工作，这让我们很受鼓舞。目前，新闻出版界委员已经开始着手研究今年的调研选题，希望明年我们可以形成更多的、有价值的界别发言和界别提案。”

（原载于《人民政协报》2015年3月12日）

履职始终在路上

王　玫　卜羽勤

两会期间，全国政协委员、中国新闻文化促进会会长、中国报业协会副会长李东东做客人民网强国论坛，探讨“政协委员履职如何在会外保持‘常态化’”等相关话题。李东东表示，要使政协组织更加充满活力，就必须充分发挥界别功能，在会内外都积极履职。

李东东表示，政协委员既是荣誉，更是责任，这种责任是对国家的责任、对人民的责任、对政协事业的责任。对此，她认为要使政协组织更加充满活力，就必须充分发挥界别的功能，委员要有担当，功夫不光在大会上，更应该在会内外都积极履职。

事实上，委员的界别活动在闭会期间没有工作机构依托，大会之外，平时相聚并不容易。“但新闻出版界的界别活动没有停留在大会小组讨论时的关注和议论，而是扎扎实实坚持在闭会期间探索实践。从2013年起陆续组织本界别委员开展了多次调研活动，比如‘全媒体时代的文化责任和网络安全’、‘探索建立健全现代文化市场体系’、‘体认当代中国价值观念，弘扬中华民族文化精神’等。”李东东介绍。

“有句话叫‘在路上’，我们说‘履职始终在路上’，我将继续与新闻出版界委员一起，尽心尽力为新闻出版和文化领域的改革发展积极建言献策。”李东东最后表示。

（人民网强国论坛2015年3月13日）

聚焦2015年两会新闻出版热点

张晓燕

三月的北京又迎来盛会。今年两会期间，记者发现有越来越多的代表委员关注文化产业的发展，畅谈互联网带给人们的切身变化，热议传统媒体与新兴媒体融合发展，观察的视角更加多元，涉及的领域更加宽泛，提案议案更加有建设性。

一年来，新闻出版业加速发展，呈现了勃勃生机，新常态不断涌现，新闻出版人努力调整自我，积极适应新常态，用不懈的追求与努力迎接未来。据相关统计数据显示，2014年新闻出版产业主要经济指标平稳增长，产业规模继续扩大；出版传媒集团骨干地位进一步巩固，发行集团业绩突出。一年来，媒体积极践行融合发展理念，在此次两会报道中，多家媒体运用各种报道手段和表现方式，视频、音频、图表、漫画、深度报道等，引起受众极大兴趣。例如，人民日报的“中央厨房”报道模式，每天都呈现新鲜美味；新华社的“两会新华全媒头条”队伍深度融合报道两会；光明日报融媒体工作室也侧重多元发布，通过纸媒、微博、微信、光明云媒等8个平台同时报道两会盛况。

这一年，新闻出版人蛮拼的。

文化领域立法成新关注点

十八大以来，党中央全力推进依法治国，文化领域的立法提到了重要日程，这是大力推进社会主义核心价值观建设，促进文化事业和文化产业发展的必然要求。今年两会上，文化领域的立法成为代表委员热议话题之一。

3月8日，十二届全国人大三次会议举行第二次全体会议，全国人大常委会委员长张德江做全国人民代表大会常务委员会工作报告。在报告中，张德江指出，2015年将加强文化、教育、生态领域立法，制定公共文化服务保障法等；另外，还将修改广告法等。

无独有偶，在3月10日举行的十二届全国人大三次会议记者会上，记者提出的第一个问题就是关于文化领域立法。对此，全国人大教科文卫委员会主任委员柳斌杰介绍了目前我国文化领域立法的一些基本情况：到现在为止，全国人大制定的关于文化方面的法律仅有4件，包括文物保护法、档案法、著作权法、非物质文化遗产法；通过了互联网信息传播方面的两个决定；国务院制定的各门类的文化法规有40多件。柳斌杰说，现有的这些法律法规远远不能适应当前文化大发展大繁荣的需要。党的十八大以后，三中全会、四中全会都明确提出“加快文化领域的立法”，文化领域的立法现在已经进入快车道。

在柳斌杰看来，文化立法在我国是一个短板，因为改革开放以来我们首先集中解决经济发展领域的问题，立法的重点一直放在维护市场经济、推进改革发展这个方向，文化领域的法律相对滞后。而目前需要在四个方面重点推进文化领域的立法：公共文化服务保障法；文化产业促进法；有关文化市场管理的法规；互联网新闻信息服务有关方面的法规。

中国电视艺术家协会副主席程蔚东认为，文化立法需要与时俱进，跟上社会发展的节奏，需要加强创新，符合文化事业和文化产业发展的客观要求。中国电影集团原董事长韩三平则认为，在法律框架下促进文化发展，是文学艺术界从业者肩负的重大使命。他呼吁加快推动文化立法，特别是电影产业促进法，以保证中国电影业的长期繁荣稳定发展。

代表委员们还就文化领域的具体门类的立法谈了各自的看法。全国政协委员、中国国家画院艺委会副主任李延声呼吁加大对非遗传承人的保护力度，“非遗的保护和传承关键是对传承人的保护”。他提出，“在制定《非物质文化遗产法》配套规章时，应特别注重加大对传承人的保护”等6项具体措施。全国政协委员、中国新闻文化促进会会长、中国报业协会副会长李东东带来了《呼吁尽快立法加强互联网出版管理》《搜索引擎有偿推广服务明确纳入〈广告法〉监管》的提案，她认为，随着互联网的兴起，在全面推进依法治国的前提下，针对互联网等重点领域应逐步加快立法进程。

推动传统媒体与新兴媒体融合发展

传统媒体与新兴媒体融合发展在刚刚过去的2014年是一个热得不能再热的话题。去年8月，习近平总书记已就融合发展给出了顶层设计框架，媒体界经过一年来的观察、实践、讨论，融合发展已成为共识。

3月10日上午，全国政协十二届三次会议第三次全体会议上，全国政协委员、中国新闻文化促进会会长、中国报业协会副会长李东东代表新闻出版界委员作大会发言，就如何加快推动传统媒体和新兴媒体融合发展提出4个方面对策建议。

李东东说，要解决内容资源版权保护问题，以立稳融合发展根基。她说，传统媒体以成熟的采编队伍和巨额成本，采写了及时有效的重大新闻和难以复制的深度报道，大都被新媒体无授权无偿使用；新媒体很多投入巨大的原创内容，也轻易被传统媒体和其他新媒体无偿转载。双方都是侵权者，也都没有得到法律保护，凸显了现行法律的不足，更多媒体因此失去“内容为王”的追求。她建议：强化对于内容资源有效保护的宣传；加强与完善网络著作权保护的立法工作；加大版权执法监督力度。

李东东在发言中提出，要改革滞后的文化体制机制，以增强融合发展动力。她认为，体制机制改革滞后是传统媒体在数字化发展中落后于新兴媒体的关键。不解决滞后问题，融合就缺乏根本的推动力。她建议：按照中央深化改革的决定，加快公司制、股份制改造，打造合格的市场主体；在现代企业制度基础上，探索实行股权激励，特别是对优秀骨干人才实行股权激励制度；积极鼓励和扶持传统媒体与新媒体开展良性合作，实现优势互补、利益共享、融合发展。

李东东认为，要创新媒体管理思路和方式，以提供融合发展保障。随着新技术、新媒体的兴起，对媒体的传统管理方式已不适应新态势的发展，应不断创新，与时俱进。她建议：应从不断强化传统媒体影响力的高度着眼，多给他们“松松绑”，鼓励其对重大事件早发声、发强声，以引导舆论；应创新新媒体考核机制，对投入新媒体资金的效益合理放宽考核周期，并给予一定的宽松政策，促使传统媒体敢于和肯于将足够的资金转投到数字化项目上来，反哺主流舆论阵地。

李东东谈道，要构建媒体健康发展良性生态圈，以彰显融合发展活力。目前，以网络媒体为代表的新媒体在搜索引擎、即时通信等流量入口渐成一家独大的垄断格局，极易导致传统媒体影响力、话语权完全受控，不利于构建融合发展、健康竞争的新局面。对此，她建议，传统媒体应从战略高度和长远角度出发，加强自身新媒体舆论阵地建设，结合云媒体等形式开拓移动互联网生态布局，充分利用自身优势，与开放性互联网技术公司加大在技术、大数据、渠道领域的深度合作，打造出个性鲜明、人民群众喜闻乐见的新媒体产品，实现业务全面融合。

文化产业与金融资本如何有效联姻

加快文化产业的发展，做大做强文化产业，离不开金融资本的大力支持。相关管理部门这几年陆续出台了一些指导文化产业与资本对接的文件和规定，但文化产业要想与金融资本实现真正意义上的联姻并非易事。因为文化产业有其特殊性，既附着精神意义，又带有物质属性，有自己独特的生态环境，它不可能像一般产业那样拥有更多实体性特征，比如厂房、土地等固定资产，文化产业更多拥有的是无形资产，因此，从金融资本支持的角度，对待文化产业的发展不能一概而论。

对于这一点，全国人大代表、中南传媒董事长龚曙光看得很清楚，他说，之所以出现文化产业与金融资本难以有效对接的一个重要原因，就是现有金融担保制度下，文化企业缺少担保物。根据现行规定，抵押资产必须是机器设备、房屋、产品等有形资产，以便于估价和变现。但文化企业多为轻资产企业，难以设定抵押物品。尤其是中小微文化企业的融资难依然非常突出。

龚曙光借用“文化例外”的概念说，对文化企业融资方面，政府要考虑其特殊性，出台特殊政策给予支持。“文化例外”这个词最早源于20世纪90年代初，是法国人在关于关贸总协定的谈判中为保护本国民族文化而制定的规则。他建议由政府出资，牵头成立专门针对文化产业的信用担保机构，或者将直接补贴到文化项目上的部分专项资金改成对银行贷款的担保资金。此外，文化企业除了使用传统的专利权、版权、商标权进行质押，还可以结合行业特点用发行权、播映权等设定质押。

龚曙光说，创新文化产业金融担保制度离不开信用评级和资产评估，政府应当协助银行和市场中介来共同建立这一体系。他举例说，要想以一台话剧的收益作抵押贷款，这就需要对剧本、演职人员组成及演艺市场进行专业判断，对其收益进行准确评估，可这些工作银行不一定有能力去做，这就需要政府积极引导和推动专业信用担保机构去完成，如果贷款出现风险，由专业评估担保公司来承担。

倡导全民阅读建设书香社会

3月5日上午，十二届全国人大三次会议开幕。国务院总理李克强向大会做政府工作报告时指出，要让人民群众享有更多文化发展成果，倡导全民阅读，建设书香社会。这是继2014年政府工作报告中提出“倡导全民阅读”后，第二次将全民阅读写入政府工作报告，并在报告中首次提出建设书香社会。

全国政协委员、国家新闻出版广电总局原副局长、中国出版协会常务副理事长、中国图书评论学会会长邬书林是全民阅读的鼎力支持者，连续三年的提案都谈到了全民阅读。他就如何深入推进全民阅读在今年两会上呼吁：“2015年，全民阅读工作应紧紧围绕党和国家中心工作，力争在建立长效机制、开展阅读活动、实施公益助读和加强宣传推广等方面整体推进、重点突破、全面提升。”

在全国政协委员、韬奋基金会理事长、中国出版集团公司原总裁聂震宁眼中，我国全民阅读的热潮正在到来。他建议，设立国家“全民阅读日”，会有利于将目前全国各地自行开展的读书节、读书日、读书周、读书月等统一规范起来，形成全民阅读活动的集聚效应。据全国国民阅读状况调查显示，2013年，我国0-17岁人群阅读率为76.1%，这意味着有超过20%的未成年人没有接触书本。对于如何使阅读成为生活的一部分，全国人大代表、上海电视台主持人曹可凡认为，关键是要营造阅读风气，比如营造阅读家风。曹可凡说他每次出差都要带七八本各种类型的书。“这种习惯是我父亲带给我的。我小时候住的房间就是父亲以前的书房，我从小就睡在书堆里。”曹可凡认为，书店也要营造氛围，“在很多欧美国家的书店里，人们进去后摸一摸、坐一坐、看一看，都是一种满足”。

全国人大代表、国家图书馆原副馆长詹福瑞注意到，现在人们坐地铁几乎都在低头看东西，但是大多数人是用手机看电视剧、发微信、玩游戏，真正通过手机阅读的很少。“碎片式、快餐式阅读导致人们越来越追求感官享受，深层次的、触及灵魂的阅读越来越少，长此以往，人的思考、判断、理解能力也会越来越差。”在詹福瑞看来，现在一些人不读书或者没有阅读习惯，读书人不愿意读经典。他认为，不要把读书当成一种负担，而要作为一种兴趣。“提倡全民阅读，不只是让大家多读书，更是要读对人的灵魂有滋养的书。”

“全民阅读不能停留在口头上，而应落到实处。”全国人大代表、《躬耕》杂志编辑廖华歌表示。她举例说，《南阳晚报》十几年来坚持到学校、厂矿、监狱等地推广阅读、号召读书；设置读书栏目，调动新华书店、博物馆以及各界知名人士、团队参与，并形成读好书、善读书的良性循环，取得了很好的效果。

加强广告监管营造和谐传播环境

近两年，国家新闻出版广电总局的例行年度工作重点中，我们都可以发现“加强监管”这个关键词。频出的违法违规广告、假记者、假记者站、新闻敲诈让监管一再成为管理工作的重中之重。全国政协委员、中国新闻文化促进会会长、中国报业协会副会长李东东曾担任新闻出版总署副署长，对这一情况深深了解，她在今年的提案中建议，搜索引擎有偿推广服务作为互联网广告的一种形式，应属于广告范畴，理应明确纳入新修订的《广告法》的调整范围之中。

当下，一些搜索引擎服务商为牟取暴利，肆意助长各类违法信息的传播，扰乱正常的传播环境。李东东认为，在互联网领域监管方面，危害最大、问题最突出的就是搜索引擎服务商为牟取暴利严重损害公众权益。她说：“搜索引擎是互联网基础应用，是网民获取信息的重要工具和主要入口，拥有社会性、公共性等特殊属性。但作为商业公司，搜索引擎运营商的逐利行为导致其难以平衡社会责任与商业利益，令我国搜索引擎领域坑害人民群众的事件频发。目前，由于搜索引擎有偿推广服务还未被明确认定为广告，相关运营商可轻易逃脱责任，使搜索引擎推广成为‘法外之地’，消费者权益难以保障。”

输入关键词查询，跳出来的信息先后顺序只看“出钱多少”，因此在搜索引擎推荐的商家中，不乏虚假广告和钓鱼欺诈内容。李东东说，通过调研发现，在搜索引擎用户规模激增与互联网市场营销价值凸显的背景下，通过搜索引擎推广产品已成为企业营销重要手段，以竞价排名服务为主的商业推广成为搜索引擎运营商的主要收入来源。

为此，李东东建议，必须依法规范网络搜索业务发展，尽快将其纳入《广告法》统一监管。在新修订的《广告法》颁布实施之前，建议由国家工商行政管理总局尽快制定相应法规，严格规范此类行为，为公众创造一个真实、安全的信息搜索环境。

而与此相反，在大力惩治虚假违法广告的同时，也应扶持公益广告的创新。全国政协委员、中央人民广播电台播音员于芳今年的提案就是进一步支持公益广告创新发展。于芳认为，导致公益广告刊播量不足特别是精品缺乏，不能入脑入心，主要有两方面的原因，一是法制缺位，二是资金不足。对此，于芳建议，首先，应在《广告法》修订中，明确各类媒体刊播公益广告的义务和权利，建议出台专门促进公益广告发展的法规，同时，法规应更加注重鼓励国家、企业、媒体、个人等积极参与公益广告的创作、传播。其次，按比例返还文化事业建设费。公益广告的制作和播出机构均应按照规定上缴文化事业建设费，如果公益广告达到规定的制作、播出比例，则可以在次年向财税部门申请，将上缴文化事业建设费总额的5%返还至原缴纳单位，但必须专款专用。再次，允许企业和媒体将投入公益广告创作的费用列入经营成本，或在税收方面予以减免。最后，成立公益广告创新发展基金，以财政拨款为主，政府出一部分，企业再捐助一部分，由中央文明办、国家新闻出版广电总局、财政部、国家工商总局共同管理使用。

（原载于《中国报业》2015年第5期）

新媒体不是新在技术而是新在机制

梁春武

学过初中物理化学的人都知道，物理反应和化学反应的根本区别是有没有新物质生成。把这两个概念运用到媒体融合上，显而易见，融合期待的是化学反应，而不是简单的物理合并。

期待更深层次的融合，是全国政协教科文卫体委员会“推动传统媒体和新兴媒体融合发展”专题调研组在广西、四川以及人民日报社开展调研中听到的最多的呼声。

努力探索深度融合的路径

现在很多传统媒体都开通网站，推出官方微博、微信和移动客户端，表面上看是为传统媒体的新闻报道增加了新的传播渠道和平台，其实质是对原有新闻进行重复发布，没有实现各种媒介资源、生产要素的有效整合，没有形成一体化发展的组织结构、传播体系和工作机制，没有生产出更多适应不同受众的新闻产品。

很多传统媒体感觉到了这种弊端，也在努力尝试改变。调研组看到，在工作机制上，《人民日报》从2015年两会报道开始，依托建设中的全媒体新闻平台，试行了“中央厨房”工作机制，打通全社采编资源，初步实现记者一次采集，编辑多次生成，渠道多元传播；《成都商报》则更进一步，已经把“中央厨房”工作机制完全日常化，在那里，调研组成员看到，一条条新闻线索在屏幕上滚动，后方编辑发出指令，采访记者到达现场，生成新闻产品后，后方各个渠道各取所需，结合自身媒介特点按需取用，一个完整的新闻生产传播链条清晰呈现。在传播体系上，很多传统媒体非常注重各类媒介的特点，差异化传播已经凸显。调研组在四川日报社看到，他们新打造的6个新媒体产品，侧重点各有不同，目标受众也定位明确："川报观察"客户端重点面向四川党政商学界人群，迅速实现从报纸到移动端的影响力转化，"问政四川"则主要回复解决网友关切的问题，"天府问计"被省政府法制办等列为立法项目指定征求意见平台。

虽然有了一些成绩，但调研组在调研中也发现了一些共性的问题在影响着传统媒体和新兴媒体的融合发展：比如机制问题，比如投入问题，比如人才问题等。中央对媒体融合的要求是推动传统媒体和新兴媒体在内容、渠道、平台、经营、管理等方面的深度融合，在调研组看来，真正要做到深度融合，需要努力的地方还有很多。

新媒体不是新在技术而是新在机制

整个调研过程中，全国政协委员李东东一直高度关注融合发展过程中的人员身份转换、股权激励等问题。"这个问题解决不好，传统媒体优秀人才流失的趋势可能会愈演愈烈。"对此，全国政协委员白岩松深有同感，他说，现在很多新媒体公司让他去，薪酬不是现在一倍两倍，而是十倍二十倍。他认为，媒体融合，首先就是融机制，归根结底是融动力。新媒体不是新在技术，而是新在机制，它们一出生就是建立现代企业制度。而传统媒体的机制落差越来越大，已经无法产生对传统媒体下一步发展的动力。

在李东东看来，体制机制改革滞后是传统媒体在数字化发展中落后于新兴媒体的关键。她认为，不解决滞后问题，融合就缺乏根本的推动力。今年全国两会期间，她代表新闻出版界做了大会发言，主题就是《加快推动传统媒体和新兴媒体融合发展》。发言中针对改革滞后问题，她提出按照中央深化改革的决定，加快公司制、股份制改革，打造合格的市场主体；在现代企业制度基础上，探索实行股权激励，特别是对优秀骨干人才实行股权激励制度；积极鼓励和扶持传统媒体与新媒体开展良性合作三条建议。调研过程中，很多地方希望调研组为他们向上反映的建议与此不谋而合。

数字化版权保护是融合不能回避的问题

传统媒体人才流失除了薪酬，劳动成果得不到保护也是原因之一。在调研组看来，数字化版权保护是媒体融合过程中不能回避的问题。传统媒体以成熟的采编队伍和巨大成本，采写的重大新闻和深度报道，很多被新媒体无授权无偿使用；同时，新媒体的一些原创内容，也轻易地被传统媒体和其他新媒体无偿转载。双方都是侵权者，也都是受害者，凸显了现行法律的不足。调研组成员、全国政协委员郝振省对此提出，应该在新修订的《中华人民共和国著作权法》中，加强对网络侵权的明确界定并制定侵权赔付标准，改变现有侵权界定模糊和赔偿标准过低的现状，同时加大版权执法监管力度。

数字版权需要依法保护，互联网空间出现的诸多乱象也需要依法管理。当前，新媒体领域竞争十分激烈，一些新媒体传播出现内容克隆化、求快不求真、迷信点击率、标题玩惊悚、广告硬推销、剽窃成重症、媚俗无底线等问题，严重影响新媒体的公信力和权威性。在全国政协委员、调研组成员聂震宁看来，这些现象亟须有关管理部门依法加强规范和管理，建立违规警告、惩处机制推动形成更加理性、有序的网络传播秩序。

坚持行政推动与发挥市场作用相结合

还有一个困扰传统媒体发展新兴媒体的共性问题，就是资金投入。在没有找到合适盈利模式的情况下，新媒体需要的大量投入对于很多传统媒体来讲都形成了不小的压力。调研组看到，尽管各方面对融合发展的资金投入和支持力度进一步加大，但与发展新兴媒体的巨量资金需求差距还很大，为此，调研组建议坚持行政推动与发挥市场作用相结合，支持传统媒体控股或参股互联网企业、科技企业，鼓励符合条件的重点新闻网站上市融资。

媒体融合资金投入的最大需求是技术，而技术投入中的重复建设问题引起了调研组的关注。是否能够建立统一的技术平台？是否能够借力运用已经成熟的平台？调研组对很多媒体借助微博微信平台拓展影响力的做法表示了赞赏。对于四川日报报业集团提出设立国家级媒体融合共性技术研发中心，建立开放的公用技术平台，为主流媒体推进融合发展提供技术支撑的想法，调研组认为，这样可以减少各地媒体的探索过程，弥补传统媒体普遍存在的技术短板，也可减少重复投资，避免低水平重复建设，使融合效率进一步提升。

（原载于《人民政协报》2015年4月17日）

推进媒体融合　讲好中国故事

——全国政协推动传统媒体和新兴媒体融合发展综述

梁春武

5月7日下午，全国政协第30次双周协商座谈会在政协礼堂金厅举行，这场主题为“推动传统媒体和新兴媒体融合发展”的座谈会，由俞正声主席主持。十几位全国政协委员、传媒领域的专家学者以及相关政府部门的负责同志齐聚一堂，共谋媒体融合发展之策。

推动传统媒体和新兴媒体融合发展，是党中央着眼巩固宣传思想文化阵地、壮大主流思想舆论做出的重大战略部署。习近平总书记强调，要加快传统媒体和新兴媒体融合发展，充分运用新技术新应用创新媒体传播方式，占领信息传播制高点。去年8月，中央全面深化改革领导小组第四次会议审议通过了《关于推动传统媒体和新兴媒体融合发展的指导意见》，对新形势下如何推动媒体融合发展提出了明确要求，做出了具体部署。

委员们认为，媒体融合发展，既是媒体自身发展的必由之路，更是落实“四个全面”战略布局、实现中华民族伟大复兴进程中，汇聚思想智慧，振奋民族精神，有效平衡世界传播格局的战略选择。目前迫切需要的媒体融合，就是用主流传统媒体的价值取向、公信力、专业性，通过新媒体的传播渠道、语境、互动性，造就具有互联网思维的新媒体。

“不管时代怎么变，技术怎么变，媒体的使命不会变。通过融合发展，使我们的主流媒体科学运用先进传播技术，增强信息生产和服务能力，更好地传播党和政府的声音，更好地满足人民群众的信息需求。”这是与会人员的共识，也是媒体融合发展的目标。

高效务实体现政协作风转变

推动传统媒体和新兴媒体融合发展是2015年全国政协的重点协商议题，调研的组织和双周协商座谈会的筹备工作任务分配给了教科文卫体委员会。

两会刚刚结束一周，3月23日，全国政协副主席卢展工率领的调研组就来到八桂大地，而在此前19日举行的调研组座谈会上，每位与会者都拿到了一本内容非常丰富全面的参阅资料。这样的工作节奏和效率，让委员们非常满意。"两会后我们一天也没有休息，加班加点邀请委员、收集资料、协调地方，忙而不乱，累并快乐着。"教科文卫体委员会办公室文体处处长张京华这样向记者表述她的感受。

这次持续一周的调研是全国政协围绕推动媒体融合发展调研的一个延续。据记者了解，2014年新闻出版界委员围绕这一主题分别赴上海、湖北、广东、北京进行了实地调研，了解发达地区和中部地区在推动传统媒体和新兴媒体融合上的鲜活经验。调研不仅形成了调研报告，还制作了精美的调研纪实画册，更显著的成果则是今年政协全会期间题为"加快推动传统媒体和新兴媒体融合发展"的界别大会发言，反响颇佳。

教科文卫体委员会组织的这次调研，成员以新闻出版界委员为主，同时为了更全面剖析这一问题，吸纳了科技界以及民主党派中的全国政协委员；地点选择在广西和四川，是为了更全面地了解不同发展阶段地区在媒体融合进程中的状况：在广西，调研组了解到了西部地区尤其是民族地区在媒体融合进程中面临的困难和挑战，也看到了特色发展实现弯道超车的可能；在四川，调研组感受到了传媒川军的闯劲和成效，也看到了面对机制障碍的探索。

这次调研充分发挥委员主体作用。记者看到，在参与的每一场座谈会、调研点的"立谈会"上，委员们都逐一发言，结合看到的情况谈自己的思考和建议，这不仅让调研的质量有所提升，对地方的工作也大有裨益。

从外地调研回来短短几天之后，4月10日，调研组又来到人民日报社，实地调研这一传统主流媒体的融合之路。

调研之后来不及休整，教科文卫体委员会又紧锣密鼓地投入到双周协商座谈会的筹备之中，从征集委员发言到邀请委员参会，从邀请部委领导到遴选专家学者，事无巨细，而这一切都是为了一场高质量的协商座谈会。

一场智力密集的思想盛宴

推动传统媒体和新兴媒体融合发展，目的是为了打造一批形态多样、手段先进、具有竞争力的新型主流媒体集团，巩固宣传思想文化阵地，壮大主流思想舆论。全国政协在调研中发现，虽然融合发展总体态势很好，但也存在诸如体制机制、资本运作、技术、人才等普遍困难，成为实现这一目标的制约。

为了破解这些困境，充分发挥政协智力密集的优势，一场双周协商座谈会如约而至。5月7日下午，全国政协礼堂金厅圆形会议桌旁，高朋满座：参与调研的新闻出版界委员来了，对这个问题有独到见解的其他界别的委员也来了；从业多年的专家学者来了，相关国家部门的负责同志也来了。情况介绍、委员发言、互动交流，现场协商气氛浓烈；言简意赅，直奔主题，说问题不遮遮掩掩，谈建议直切要害，时间虽短，效果颇丰。

如何让主流舆论在互联网等新媒体传播中也能占据引领地位？对于这一事关媒体融合目标的问题，全国政协委员翟惠生给出的建议是：讲好中国故事。“如果我们不会讲故事，或者故事讲得不到位，那么即便融合了，出现在新媒体上的内容也不能吸引人。”他认为，讲好中国故事应该做到不能“歌德”，但必须“讲德”；不能“追俗”，但必须“通俗”；不能“包装”，但必须“化妆”。

讲好中国故事的目的是掌握话语权，在全国政协委员邬书林看来，在这次由技术革命所引起的媒体融合中，要高度重视经济、科技话语权的建设。他举例说，发达国家在经济科技信息的生产和传播上已经形成优势和垄断，路透社的金融信息、彭博社的经济信息，很多国家的经济运行都离不开。所以他建议选择中国经济的优势领域、科技的优势学科，抓紧部署这方面的知识与信息的生产和传播。

在前期全国政协的调研中，一些地区和媒体反映，当前媒体融合的难点集中在机制体制、传输渠道、媒体资本运作、技术、人才队伍等几个方面。此外，打造具有核心竞争力的主导型产品是个比较关键的问题。全国政协委员李从军认为，这些问题找得很准，需要在融合发展中逐步加以解决。“打造媒体融合发展主导性的产品是其中一个突破口和关节点，是重中之重，尤其需要重视。”他说，没有主导型的产品，融合发展就缺少抓手，往往很难从整体上实现突破。

人才一直是媒体融合过程中反映比较集中的问题。“目前，传统媒体在融合发展中遇到的最紧迫的问题不是设备、大楼，甚至不是资金，根本的还是队伍建设、人才问题。”全国政协委员李东东指出，人才问题体现在传统媒体的采编业务骨干频频流失，而所需要的新媒体技术、业务骨干难以引进。她建议，深化体制改革，可以通过搞试点的形式，最大限度走市场化道路，建立现代企业制度；进行股权激励，稳住主流媒体骨干人才流失的势头。

媒体融合过程中版权管理是一个难题，在全国政协的调研过程中，基本上每到一处都有针对这个问题的反映，认为现在维权难度太大，希望法律执行给力。参与了多次调研的全国政协委员聂震宁在座谈会上谈了对这个问题的建议。他认为应该进一步加大对版权侵权的惩戒力度。“现在过低的赔付金额和必要的诉讼成本，已经普遍导致许多被侵权的媒体和个人不敢通过司法程序来维权”，建议最高人民法院对版权侵权行为应当受到的经济惩罚做出更具惩戒性的司法解释。同时进一步提高版权侵权案件的审理水平，进一步发挥著作权法集体管理组织的维权作用。

媒体融合过程中，资金需求是非常大的，单纯依靠政府投入是不现实的。全国政协委员刘春建议积极利用资本市场，通过上市公司平台，运用参股、控股、并购等形式，从产权上进入新兴媒体，在业务上进行上下游整合，打通资源，完善生态，促进融合。他说，传统媒体的发展虽然遭遇了一些问题，但自身的优势还是巨大的，不少新兴媒体都渴望传统媒体成为他们的股东。全国政协委员马利对此深表赞同，她举例说，浙报集团2012年用了近32亿元，收购了杭州边锋和上海浩方的100%股权，表面上买了游戏，实际上买的是一个自主的用户平台，通过打造资本、技术、用户三个基础平台，构建了一个商业价值的媒体融合生态圈。所以传统媒体必须有市场意识，注重市场开发，培育市场运营能力。

新媒体重复建设问题、媒体融合情境下的新语态、处理好事业和产业的关系……三个小时的时间，委员们围绕媒体融合发展的不同侧面贡献自己的智慧，中宣部、国家互联网信息办公室、工业和信息化部、新闻出版广电总局等单位的相关负责同志与委员们进行了充分的协商交流，共同寻找媒体融合的实现路径。

热烈有序的双周协商结束了，但委员们对传统媒体和新兴媒体融合发展的关注不会停止，我们有理由相信，在媒体融合发展的进程中，他们不会缺席。

（人民政协网2015年5月8日）

做一名适应时代需要的女性领导者

——访全国政协委员、中国新闻文化促进会会长、原新闻出版总署副署长李东东

胡　敏　陈雪驰

初见前辈李东东女士，短发修剪有型，佩戴一副烟灰色渐变眼镜，简洁明快的职业套装，整个人清朗利索，一点儿也看不出年过六旬。李东东出身干部家庭，父亲李庄是中共中央机关报《人民日报》创始人之一，先后任中央党报编委、副总编辑、总编辑。“文革”期间，李东东作为知识青年上山下乡，历陕北黄土高坡艰苦岁月，经内蒙古草原雨雪风霜；又在解放军大学校接受部队锤炼，汲取知识营养，砥砺无悔青春。她毕业于中国社会科学院研究生院新闻系，获硕士学位，由《经济日报》入新闻工作大门，十年后从政，历任湖南省张家界市委副书记，国家体改委副秘书长，并曾任中国改革报社社长兼总编辑。2002年奉调宁夏回族自治区党委常委、宣传部长，2006年调任新闻出版总署副署长。现为全国政协委员，中国新闻文化促进会会长，中国作家协会会员。

李东东同志是一位杰出的女性领导者，百忙之余，擅长文墨，撰写词赋和散文。受家庭影响和熏陶，以及自身兴趣与勤奋，对于中国传统文化尤其是古典诗词文赋颇有修养，多部赋作在业界流传。今年两会刚开完，李东东同志前来国家行政学院讲学，为女性领导力专题培训班学员讲授女性领导力的艺术，本刊记者听后极受启发，诚请她接受采访。约谈交流中，她从人生经历谈到工作、学习和生活，从如何理解个人成长与成功谈到作为女性如何发挥优势

成就领导者角色，胸襟视野十分开阔，彰显远见卓识和清明睿智。这里刊登访谈内容，以飨读者，尤其是女性领导读者。

艰苦岁月砥砺意志

记　者：您曾有过一段艰难的青春岁月，17岁离开父母、离开京城，从大都市去到偏远农村，经受陕北高原的酷暑严寒、内蒙古草原的雨雪风霜……对于这段岁月您有何感受？

李东东：我的少年时代赶上“文化大革命”，父亲受冲击、被“打倒”了，子女跟着落难，社会大环境如此，我和哥哥姐姐也不例外。那时北京中学生的命运可以说分五等：当兵，当工人，留北京做任何工作，去生产建设兵团，上山下乡插队。我就处于那第五等——到农村插队。我们那届是分配到陕北偏远农村——延安地区延长县黑家堡公社，那里千山万壑，干旱贫瘠，生活条件艰苦，而且谁也不知道后来的前途命运会怎么样。

陕北的婆姨、女子是不上山的（上山，指的是出工、挣工分养活自己），我们女知青不同，必须和男同学一样上山挣工分。掏地、擂粪、播种、锄草、收割、扬场、打坝……样样都干。每每干活累得不行时，就想起父辈们在战争年代的种种艰难困苦：缺吃少穿，居无定所，遭敌人扫荡，战友牺牲在身旁……那时，前辈们不知道革命什么时候能成功，新中国什么时候能建立，可他们一直坚定理想信念，坚信光明就在前方，并为之坚持不懈地奋斗，终于取得了新民主主义革命的胜利，继而开始了社会主义建设和改革征程。

在父辈们的坚忍不拔、百折不挠、越挫越勇的精神鼓舞下我们这些革命后代在那段不寻常的岁月里始终不气馁、不沉沦，从来没有失去对生活的希望。我本人的经历就实实在在地证明，艰难岁月是一种对意志的磨炼，尤其青春年少时吃些苦绝不是坏事；我感谢那段艰苦岁月炼就了自己性格上的执着、坚毅和韧性，以至在后来的人生路上更踏实、更进取，也更珍惜、更感恩。

领导者要善于工作、生活和学习

记　者：您参加工作早，勤勤恳恳为党工作了四十多年，成绩斐然，现如今仍放不下工作，仍在政协和协会的岗位上以自己的方式积极工作。而从另一方面看，您的业余生活也十分丰富。那么，您是如何看待工作和生活的，又是如何处理好两者关系的？

李东东：对于工作，首先在思想上要有正确认识：工作不只是生存的需要，首先是为组织、为人民、为社会，同时工作也成就着自己。主动积极努力的工作不仅会带来为人民服务的实绩，还是施展抱负、才华的平台，提升自己的历练过程，会收获满足和喜悦。

不同的工作态度会有不同的收获。如果热爱工作，带着满腔热情主动积极去做工作、去付出，尽可能把工作做到最好——久而久之，就会养成严谨认真的工作习惯，每件事尽力了、做好了，心里的满足感就强，自信心就足，人也就越来越能干，能力得以提升，心智渐趋成熟；反之，若得过且过、敷衍了事，那实在是浪费光阴，虚掷年华。

就我个人来说，我的职业生涯主要在新闻宣传文化领域，我本人熟悉并热爱这一事业。我敬佩像范长江、邓拓、穆青包括我父亲李庄等一大批老一辈新闻工作者忠诚、执着、敬业、奉献的工作精神，他们用笔触、镜头记录了我们党在不同时期带领人民创造历史的壮阔画卷，创作出一篇篇、一幅幅传世佳作。他们当中相当一部分人是从普通记者、编辑做起，直至走上领导岗位，依然笔耕不辍，奋斗不止。他们的精神一直激励我从事宣传文化和新闻战线的工作，不断追求卓越，精益求精。

当然，会休息、会生活也是为了更好地工作。在任何一个阶段，领导岗位的工作总是繁忙的，但时间就如鲁迅先生说的，好像海绵里的水，还是能够挤出来的。工作上总会有挫折和不顺，但不要抱怨太多，把时间浪费在无谓的纠结上；相反，心态要阳光积极，少些消极少些抱怨，把时间充分利用好。再忙再累也要写些东西，多少参加点儿运动，多去大自然走走，与大自然对话，在山川湖海的美好感悟中修心养性、汲取力量。比如，端起相机，留下大自然的美；拿起笔，记录整理种种思绪。久而久之，随笔积成作品，思绪炼成思想，内心更丰富强大了，工作能力也会随之提高，日积月累，工作生活两不误，双丰收。

记　者：您平时工作十分忙，但写了不少优秀作品，您也一刻没有离开过学习。您是如何看待领导干部学习的？

李东东：工作对于实施者的要求不会是一成不变的。随着社会的进步、科技的发展，工作环境和要求也在不断地发生着深刻变化，这就需要适应发展变化，不断与时俱进。其中最重要的是不断学习，向书本学、向实践学、向同事学、向同行学，才能有所收获，才能胜任工作。

对领导干部来说，加强学习，勤学敏思，以学益智，学以致用，更是一种责任。与时俱进的学习，有利于拓宽视野、调整思维，提高工作效率与质量。当然学什么、怎样学，也是有方法的。

我个人体会，在学习内容上，一要加强政治理论学习，二要加强履职尽责所需要的专业知识学习，三要广泛学习其他各方面知识。领导干部最好多读点经典。习近平总书记指出，人的学习追求应当是无止境的，但人的精力是有限的，我们不可能把所有的书读完。而经典是古今中外的文化精华、传世之作。读经典就是汲取人类文明优秀成果最为有效的方法和途径，不仅增知亦可修身，正所谓“取法于上，仅得为中。取法于中，故为其下”。读经典，读的是智慧、方法、胸怀和境界。

读经典还要随时读、反复读、在用中读。孔子曰：“学而时习之，不亦说乎。学如不及，犹恐失之。”苏轼对经典的态度是，“故书不厌百回读，熟读深思子自知。”经世致用是中国文化的传统，古人从来就不赞成“青灯黄卷，皓首穷经”，主张“行千里路，读万卷书”。正如毛泽东主席在《改造我们的学习》中说的那样：“读书是学习，使用也是学习，而且是更重要的学习。学习的目的全在于运用。”

实践出真知。增强本领只有学习还不够，还需要在创业干事的实践中锤炼。古人讲，“耳闻之不如目见之，目见之不如足践之。”学习贵在实践。作为一名领导干部，一定要勇于实践，把勤政务实紧紧抓在手中，把责任重担稳稳扛在肩上，使个人的工作实践融入改革发展的主战场、维护稳定的第一线和服务群众的最前沿。在中国经济进入新常态的今天，领导干部一定要树立正确的政绩观，要有“功成不必在我”的境界，“不贪一时之功，不图一时之名”、“一张蓝图绘到底”、“一茬接着一茬干”。要遵循这样几个原则指导自己的实践：一是坚持按照客观规律做事；二是按照法律、规章和制度做事；三是敢于担当；四是要讲求科学，立足长远。

成长比成功更重要

记　者：您从基层做起，在不少地方任职，一步步做到副部长岗位，这对一名女性领导者来说实属不易。这个过程中一定遇到过许多艰难曲折，您有什么经验可以与后辈尤其是女性领导干部们来分享？

李东东：工作理念、工作态度决定一个人在工作上能走多远。我认为，一定要带着满腔的热情、带着拼搏的精气神去工作，一要明白自身的责任和担当，认清自己的人民公仆身份。习近平总书记说过：成长为一个好干部，“一靠自身努力，二靠组织培养。”就领导干部个人来讲，自身努力是决定性的，正所谓“打铁还需自身硬”。

当然，除自身勤奋努力外，还要依靠团队的力量。一个人的力量有限，要想成就事业，需要团队的力量和集体的智慧。一个领导者，除了自身组织管理和业务能力过硬外，还要能激发部下的工作热情，能够唤起下属的主动性、积极性、创造性、能动性，同时要能约束下属，使其在法规纪律范畴内工作，在集体组织纪律内实践，这样大家才能方向一致，有凝聚力和战斗力。

这里我也想强调，领导干部在成长过程中一定要正确看待职务升迁问题。一个有远大理想和抱负的优秀干部，不应也不会把职务高低与成功直接画等号。我们都知道，一个干部被安排在什么样的职位上，不仅取决于自身能力素质，还取决于事业发展需要。而发挥多大的能量、干出多大的成绩，是可以通过自己的努力来实现的。从这个角度讲，成长远比成功更重要。我们要时刻记住孙中山先生的名言 “要立志做大事，不要立志做大官”，我们应当谨记在心。

发挥女性自身优势，展示女性领导魅力

记　者：您作为一名女性领导者，在不同工作岗位都做出了很大成绩。如何做一个好的女性领导，如何发挥女性自身优势提高女性领导力？

李东东：女性领导干部是我国整体干部队伍的重要组成部分，是广大女性参与国家和社会事务管理的优秀代表，也是我们国家文明进步的重要标志。我们党历来高度重视女干部的培养和选拔，一直为越来越多的女干部走上各级

领导岗位创造条件、搭建平台。

都说妇女能顶半边天。客观地说，就领导而言，只有能力之分，没有性别之分。当然，由于历史、社会、文化等因素影响，女性领导干部在职业生涯中仍有许多困难需要克服，会遭遇世俗观念的误解，负担家庭的责任，工作压力和难度更大，需要在工作实践中主动适应。其中最重要的还是要发挥自身优势，努力提升领导能力，增强为党和人民服务的本领。从我个人体会，女性领导其实有许多独特优势，主要表现在四个方面：一是亲和力。女性的情感优势比较突出，如细腻、善良、贤淑等等，使得女性在领导工作中往往表现出较强的亲和力。女性特有的亲和力，有助于发扬民主作风，善于沟通和统筹协调各方，更容易密切与干部群众之间的联系。二是洞察力。女性具有明显的认知特征，耐心细致，专注细节，具有较强的观察能力。敏锐的观察力，能帮助女性在领导工作中妥善处理大量的繁复事务，较快接受新生事物，及时发现一些苗头性、倾向性问题，在复杂多变、矛盾叠加的情况下，科学决策，纠正偏差。三是坚韧力。女性承担着家庭和社会的双重责任，培养了女性认真执着、坚韧不拔、不屈不挠的优秀品质。这个特点使女性领导者具备了锲而不舍的精神和较强的执行力，有利于克服事业中的种种困难，打开局面。四是感召力。女性具有伟大的母爱，富有纯洁无私、勇于奉献、勇于牺牲的精神，运用到领导工作中去，会使女性领导者保持很高的工作热情，表现出高度的责任感和使命感。责任感和使命感，促使女性有较强的纪律性和原则性，对待事业严谨慎重，一丝不苟。

只要广大女性领导者充分挖掘和发挥好自身特有的优势，一定能在更广阔领域和更高层次上施展才华、发挥作用。

切身提高新形势下女性领导者素质

记　者：在新的历史时期，各行各业需要更多的女性领导者，请您谈谈如何进一步提高女性领导干部的自身素质？

李东东：女干部要成长为一名优秀的领导者，除了要做好领导干部的必修课外，还要立足女性的自身实际，最大限度地克服性别带来的偏见，发挥自强不息、开拓进取、爱岗敬业、甘于奉献的优秀品质，充分展示女性领导者的时代风采。

这里我想给广大女性领导者提出三点希望：

一是要自信自强，塑造形象。自信自强对改善地位、塑造形象有着积极意义。只有自信自强才能使女性达到新社会环境所认可的最佳状态。女性领导干部要发扬自尊、自信、自立、自强的“四自”精神，把社会属性与家庭属性很好地统一起来，以事业为重兼顾家庭，勤勉工作，热爱生活，争做新时代的知识女性、事业女性和阳光女性，以素质求平等，以作为求地位，果敢干练，端庄大方，当仁不让，塑造巾帼不让须眉的靓丽形象。

二是要认真执着，奋发图强。当前改革发展处于深化转型的关键时期，多重挑战中孕育着重大机遇。要把挑战转化为机遇，就要锻造坚忍不拔的意志，政治上坚定、品格上坚韧、性格上坚强，做事有胆识，创业有智慧，事业有追求，执一念，坚而行，为理想顽强拼搏。要有做事比做官更重要的思想境界，树立担当的勇气，敢唱主角，果断决策，大胆负责，坚持释放正能量，开拓创新，务实进取，创造人民满意、组织认可的业绩，在奋斗中提升能力，在平实中展示女性领导者的魅力。

三是要放眼未来，超越自我。当今世界是错综复杂的世界，当今社会是发展变化的社会。一个优秀的女性领导者，必然要具备开阔的视野和战略思维，立足当前，放眼长远，关注未来；站在高处，想在远处，干在实处。要按照社会发展需求不断调整充实自己，掌握主动思考、多角度分析问题的方法，学会用前瞻的和全方位的眼光看待事物，多抓难度大的工作，多处理棘手的问题，学知识、长能力、练作风、增修养、提气质，丰富领导经验，提高领导艺术水平，不断超越自我，实现自我价值，做一个宠辱不惊、大气自如的女性领导者。

（原载于《人民公仆》2015年第6期）

寻找57年前的“拉丽莎”

——两本新书与一段儿时中俄情

郑汝可

“看了你们的寻访，我想起了当年自己的苏联小朋友拉丽莎，她现在在哪里？她好着呢吧？”昨日上午新书发布会上，全国政协委员、新闻出版总署原副署长、中国新闻文化促进会理事长、中国俄罗斯友好协会高级顾问李东东在发言中讲起自己儿时的一段中俄友谊。57年过去了，两段跨国寻访的新闻故事，让李东东再次忆起20世纪五六十年代，身为新闻工作者的父亲，远赴苏联编纂《苏中友好》杂志的故事。

57年前的一张合影

“你看，这是爸爸带着小时候的我，在莫斯科郊外的田野上。”昨日，李东东向长江日报记者展示了2009年访问俄罗斯时携带的相册，相册里部分照片，是她与父母在莫斯科的留影，时间是1958年夏天。

20世纪五六十年代，中苏友协办了一份《中苏友好报》，邀请苏联专家到中国共同办报。由此，苏联也想办一份苏中友好类的刊物，请中方也派专家组到莫斯科一同办刊。1957年秋冬，受上级指派，李东东的父亲——时任人民日报社编委的李庄同志担任中方高级顾问（专家组组长），带领20余人的中国专家组赴莫斯科，与苏方同志共同办《苏中友好》杂志。

据李东东健在的老母亲赵培蓝回忆，当时，杂志以俄文采写为主、翻译成中文，以中文版式编排，在中国发行，向中国读者介绍苏联。1957年11月，时任专家组组长的李庄率队从北京出发，坐了一周时间的火车抵达莫斯科，与苏方编辑部同志一同工作，建立了深厚友谊。

“左边的小女孩是拉丽莎，她是莫斯科郊区一个集体农庄主席的女儿，右边的就是我了。”李东东指着相册中一幅照片，讲起了她与拉丽莎的故事。1958年夏，妈妈带着她去苏联探望爸爸，在莫斯科郊外美丽的田野，她结识了父亲采访报道的对象、苏联一位集体农庄主席的女儿——拉丽莎。这边，爸爸与农庄主席亲切交谈；那边，编辑部摄影记者给中苏小伙伴拍下了这张合影。照片里，两个梳着羊角辫的小姑娘紧紧靠在一起，脸上都挂着纯真的微笑。

李东东说，俄语中，拉丽莎是一个美丽的、大众化的名字，就像中国的红梅、春妮似的，“这么多年过去，想起来真是遗憾，当时还没上学、不认字，也没有记住她的姓和她爸爸任主席的集体农庄的名字。”让李东东印象深刻的是，长大后知道当时中苏两党关系出现了问题，但在莫斯科时的感觉，苏联人民对中国朋友非常热情友善，丝毫没有影响两国民间交往。“不知道有没有可能找到拉丽莎，小朋友之间真诚的友谊，应当是当年中苏友谊的见证。”

她讲述的另一例，是妈妈带着她从满洲里出境、赴莫斯科长途旅行途中，感冒发烧的李东东吃不惯俄式红菜汤，列车上的大师傅心疼这个中国小女孩，按照李东东母亲的描述和“指导”，竭尽全力地熬着从未做过的稀粥；待李东东烧退了，乘务员们带着她满车厢串着玩儿，变着法儿逗她开心。“几十年来，我早已非常习惯和喜欢俄式红菜汤了。”

两本新书与一份杂志

“中俄两国人民世代友好，情谊深厚”，李东东说，半个多世纪过去了，父亲和当年的苏联同事多已作古，不知道姓氏的拉丽莎恐怕也难以寻觅，但当年《苏中友好》杂志所承载的珍贵情谊，却一直在中苏、中俄民间留存了下来。“中俄友谊源远流长——随着近年来中俄全面战略协作伙伴关系的建立和深入，随着习近平主席和普京总统建立起日益深厚的友谊，随着两国多方面交流的愈加密切，而被我们大家清晰地、温暖地感受着。”

上周，李东东刚刚被推举为中国俄罗斯友好协会高级顾问，她深感这份信任中有着一份沉甸甸的责任，她希望通过多方面努力，把目前暂为内部发行的中俄友协通讯《中俄友好》，早日办成公开出版物，在推介两国的商贸互动和发展合作的同时，也能继续记载像这样两代人乃至几代人的中俄情缘。

“在互联网时代，书籍和杂志让人感到更深刻更温暖，也更容易留存。”李东东说，《长江日报》昨日出版的《武汉上空的鹰》与《重走中俄万里茶道》两书，带有新闻纪实性，又运用了现代的理念和传播方法，可以更好地“讲好中国故事，讲好中俄友谊故事”。

“历史是昨天的新闻，新闻是明天的历史；历史是新闻的积淀，新闻是历史的瞬间。”李东东说，作为地方媒体的《长江日报》，将两组影响一时的系列报道整理编撰成图文并茂的书籍出版，把一时传播变为永续传承，实属不易。

她衷心希望，更多的新闻工作者能够继续扎实关注中俄两国的优秀文化传统和文化交往，同时放眼两国人民友好、国家发展的大环境，“接地气”、“聚民心”地真实记录中俄友好交往。

（原载于《长江日报》2015年12月24日）

擎起父辈的旗帜

——访全国政协委员、中国新闻文化促进会会长、《雷锋》杂志编委会主任李东东

翟元斌

持续半个世纪之久、至今依然保持着热度与鲜度的学雷锋活动，是20世纪60年代我们的父辈激情燃烧起的社会实践。几乎所有人都知道开启这一伟大实践的推动者，是毛泽东等德高望重的老一辈，然而人们也许不曾了解，许许多多关注和致力推动新中国走向前进的普通人一同参与和推进了这一进程。正是这些普通的看似微不足道的力量，触发了伟人豪情挥洒为一个普通士兵写下“向雷锋同志学习”七个撼动中国半个多世纪的大字。

时间回溯到学雷锋活动初期的1963年2月，那时毛主席还没有为雷锋题词。有一位令人尊敬的新闻界前辈，签发了《人民日报》用前所未有的两个半版篇幅报道一位普通战士雷锋的事迹。事后在某位领导点名批评人民日报和那位组稿人宣传因车祸而死的战士、并试图追究组稿者责任时，也是这位新闻界前辈沉稳有力地明确表示，发雷锋通讯是他们的责任，不要有顾虑，一切由他们负责任。

这就是我们的父辈，他们发现美丽的慧眼是如此清澈，他们坚持真理、敢于担当的执着与勇气是如此折服人心。

我们这次专访，自然从这一段令人难忘的父辈的故事开始。专访的对象便是这位令人尊敬的父辈的女儿，如同父辈半个世纪前做了学雷锋活动历史上具有特殊意义的事情一样，半个世纪后，她追奉父亲的信念，和一群志同道合

的人创办了全国第一本以雷锋的名字命名的杂志——《雷锋》。

那位令人尊敬的父辈，名叫李庄，早年参加革命，是中共中央机关报创始人之一，曾经担任人民日报社总编辑。而他的女儿，名叫李东东，曾任新闻出版总署副署长，现任全国政协委员、中国新闻文化促进会会长、《雷锋》杂志编委会主任。

把雷锋写进历史，让人民记住雷锋

翟元斌：今天是中国共产党建党94周年纪念日，选择这样一个日子做专访，除了这一层纪念意义之外，还因为今天是李庄老前辈诞辰97周年纪念日，我们向为学雷锋活动做出独特贡献的李老致敬！

由于比较专注雷锋文化研究的缘故，对于李庄前辈在学雷锋活动历史上所做的特殊贡献感怀在心。特别是前辈面对压力所表现出的从容与担当使人钦佩。如今，凝聚多方面力量、筹备两年多的《雷锋》杂志即将出版发行，这是你与父亲的生命之约，还是开创学雷锋活动常态化新格局的责任使然？

李东东：父亲是在七七事变后走上抗日救国道路的，1938年在太行山参加革命后，找到了组织找到了家，于是将党的生日作为自己的生日。他先后在《民族革命》、《胜利报》、《晋冀鲁豫日报》、《新华日报》（华北版、太行版）、晋冀鲁豫《人民日报》、华北《人民日报》工作。党中央从陕北转战到西柏坡后，决定恢复中央机关报，将华北《人民日报》升格改组为中央机关报。父亲由华北《人民日报》编委进入组建班子，成为中共中央机关报《人民日报》创始人之一。新中国成立后，历任人民日报社总编室主任、编委、副总编辑、总编辑。

父亲是我人生的教科书，给与我的影响是巨大的。他给了我天天向上的阳光童年，他教我在逆境中唱响《在太行山上》，他一字一句教我如何写作、更教我如何做人。我在一篇纪念父亲报道新中国成立的文章中写道，父亲不仅把新闻的真实写进了历史，更是把历史的厚重写进了新闻。当年父辈追随着那个时代的洪流，为揭开学雷锋活动序幕设立了一个支点，把雷锋写进了历史，让人民记住了雷锋；我们这代人前行在改革开放的新的历史时期，如今已经是儿孙辈眼中的老干部了，红色文化的血脉，雷锋精神的弘扬，正在一代一代源源传承。

我经常在想，一个只有22年短暂生命的普通共产党员，为什么能够赢得亿万人民如此长久的崇高敬意；一个普通战士所表现的高贵品质，为什么能够激励几代人的健康成长；一个群众性的活动，为什么能够在几十年历史进程中延续不断，影响一个时代的社会风尚，回答这个问题是我们创办《雷锋》杂志的初衷。学雷锋活动要实现常态化、生活化、日常化，仰赖于理论先行、组织动员、科学设计与制度保障。

创办《雷锋》杂志，就是为学雷锋常态化梳理经验、总结规律、探索科学的组织设计提供一个平台，进而搭建一个推进培育和践行社会主义核心价值观的有影响的阵地。创办《雷锋》杂志得到许多前辈和共和国将军的支持。中央军委原副主席迟浩田上将和父亲有着非比寻常的深厚情谊，多年来也一直关怀、支持我的工作，应邀担任了中国新闻文化促进会名誉会长。当我向他汇报《雷锋》杂志筹备工作，请求他担任杂志总顾问时，又一次予以支持，指示我们凝聚多方面力量，按照习近平总书记“四个全面”要求和三严三实精神，依法依规办好《雷锋》杂志；特别嘱咐要用雷锋精神办《雷锋》杂志，要热爱这项事业，要有奉献精神。这些，我们都要铭记在心。

一本杂志，一个时代的体温

翟元斌：李庄前辈的《我在人民日报四十年》一书披露，69年前创办人民日报时，大家对“起个好的报名”议论风生。有的提议叫《滏阳日报》或者《晋冀鲁豫日报》，多数人建议叫《人民日报》。李庄前辈坚决主张叫《人民日报》，并说，“人民”含义好，为人民服务嘛！四个字音韵也好：“人”、“民”是平声，“日”、“报”是仄声，多响亮！最后大家一致建议用这个名字，张磐石同志报告中央局，很快被批准了。《人民日报》也就成为1948年恢复建立的中共中央机关报的名称。历史总会有某些相似场景出现。今天，为弘扬雷锋精神的新刊取名，应该也是凝聚了许多人的心血智慧吧！

李东东：用专业一点的术语讲，刊名是期刊的第一项基本要素，是核心的著录项目和重要的检索入口，是期刊编辑规范化的重要内容之一。一般说来，刊名反映了期刊的基本属性和它所涉及的特定知识领域，会直接影响到用户的订购意向和阅读情绪，关系到刊物的社会效果和经济收益。

给新刊取名，同志们颇费心思，先后酝酿了十几个刊名，最后选定《雷锋》。所以选择用雷锋的名字做刊名并得到新闻出版管理部门的批准，是基于一个重要的事实：学雷锋活动经过半个多世纪的积淀，已经衍化为一种文化现象。雷锋两个字开始脱离了个体身份识别和称谓意义，成为一个时代的象征，抽象为一个精神符号。

环球舆情调查中心在2014年3月2日至4日，以随机电话调查的方式对全国七个城市的普通民众进行了“弘扬雷锋精神公众态度调查”，可靠的科学数据也支撑了我们的想法。经过多年社会变迁所积淀下来的雷锋精神已被广大民众所接受，雷锋已经成为“中国好人”的典型代表，表征一切美好事物，成为日常道德生活的准则和标准。

雷锋的名字在老百姓心目中认可度最高，品牌号召力最强。用雷锋两个字做刊名，容易与读者达成情感共鸣与价值共识。《雷锋》刊名既表达对一位士兵忠诚的纪念，又凸显刊物属性和知识涵盖范围。极高的辨识度与凝聚度带来的效应，最终会在刊物的社会效益与经济效益上得到验证。

感谢中共中央宣传部、国家新闻出版广电总局领导和同志们的指导支持，人民出版社、中国新闻文化促进会、中国金融思想政治工作研究会的共同创办，编辑团队有信心担负起以“雷锋”做刊名的新期刊的历史责任和时代责任，坚持正确的舆论导向和办刊方向，深入阐释、大力弘扬雷锋精神，讲述新时代雷锋故事，褒扬学雷锋道德模范，交流学雷锋成果和经验，把《雷锋》杂志打造成“主流声音、大众平台、传递温暖、凝聚共识”的有责任媒体，为推进“四个全面”战略布局提供道德支撑和精神动力。

以权威和深度立刊，以刊网融和制胜

翟元斌：随着博客、微信公众号、手机报等新兴信息传播形式的迅速崛起，新媒体凭借其数字技术的优势抢占先机，形成了对传统传播形式的挤压之势。在这种竞争情势下，技术层面的应对固然不可或缺，哲学层面的思考尤为重要。

李庄前辈在《党报传统与新闻改革》（1989年）一文中，总结了1956年《人

民日报》改版的成功经验，指出坚守党报“指导性、党性、人民至上”的传统，通过改革创新走发展之路。文中还举了一个例子，为了《人民日报》海外版创刊，李庄到香港主持记者招待会。美联社记者、《朝日新闻》记者对李庄说，《人民日报》出海外版，我们十分欢迎，我们一定要订。但是无论如何你们不要因为出了海外版而停止《人民日报》在海外的发行。因为我们总是在《人民日报》上看中国共产党和中国政府的主张，看你们国家的面貌和政治走向。

当下纸媒如何应对挑战，从中会得到深刻的警示与启迪。由此我想问主任，《雷锋》这样弘扬正能量的主流期刊问世了，应该如何从党报传统中汲取营养？怎样把握纸媒发展规律，采取相应战略调整，发挥自身竞争优势，逐步地、努力地办成一本品牌期刊？

李东东：《雷锋》杂志的属性使她与党刊有天然亲源性。毛主席有句名言，革命要靠两杆子，即枪杆子和笔杆子。党刊的优良传统和丰富经验，依然是我们今天应该传承、参照、借鉴的文本。你提到的两位外国记者，他们无意中谈到了我们党报的优势。为什么外国人能看出来的一些道理，我们反倒模糊甚至动摇了，有些人还把自己的优势看成了劣势。

如今网络的泛化，读者被网络上海量的信息弄得真假难辨、不知所云，因此，信息的量化和速度今天已不再是人们关注的重点，追求真实、权威资讯，才是真正需要的。《雷锋》杂志致力于以内容为王，坚持真实性、权威性，深入调查研究，把好源头关，层层把关，较之网络、较之一些内部学雷锋资料，能更有效地确保事件、人物的真实性和舆论导向的正确。人们可以从一本《雷锋》杂志里，看到最前沿的理论和实践动态，了解科学严谨的雷锋文化研究成果，把握学雷锋活动常态化规律，浏览最全面的学雷锋志愿服务项目，结识各地最美好的人。无论学雷锋志愿服务工作的决策者、组织者还是活动者，无论研究者、观察者，都可以从中找到感兴趣领域中最权威、最真实、最深度的资讯。

《雷锋》杂志与党刊亲源性是一种优势，她所保有的党刊真实、权威、深度、人民至上传统，严谨、客观的报道风格，所拥有的由富有经验的专业编采人员、国内一流雷锋文化研究学者、最具影响的学雷锋团队实践力量组成的编辑团队和公益平台，将赢得读者的信任，凸显纸媒自身的公信力。此外，以

《雷锋》杂志为依托，搭建全国权威“雷锋”门户网站，推出“好人雷锋”微信公众号乃至客户端等，刊网融合，兼具两个优势，《雷锋》一定会获得人们的喜爱。

雷锋是我们党、我们的父辈、也是老百姓共同树立起的英雄榜样，说得白一点，雷锋是学出来的。为什么学？学什么？怎么学？《雷锋》杂志将与大家共谋方略，共图大业。

《雷锋》的生命力又在于“读”——读出《雷锋》，读出父辈和我们世代的追求。

（原载于《雷锋》杂志创刊号，2015年7月）

图书在版编目（CIP）数据

政协委员履职风采·李东东／李东东著. —北京：中国文史出版社，2017.2
ISBN 978—7—5034—8708—8

Ⅰ.①政… Ⅱ.①李… Ⅲ.①政协委员—生平事迹—中国
②李东东—生平事迹 Ⅳ.① K820.7

中国版本图书馆 CIP 数据核字（2016）第 300272 号

责任编辑：张春霞

出版发行：中国文史出版社
网　　址：www.chinawenshi.net
社　　址：北京市西城区太平桥大街 23 号　邮编：100811
电　　话：010—66173572　66168268　66192736（发行部）
传　　真：010—66192703
印　　装：北京地大彩印有限公司
经　　销：全国新华书店
开　　本：787×1092　1/16
印　　张：19.5　插页：6
字　　数：298 千字
版　　次：2017 年 8 月北京第 1 版
印　　次：2017 年 8 月第 1 次印刷
定　　价：49.80 元